SISTEMA DO IDEALISMO TRANSCENDENTAL

Dados Internacionais de Catalogação na Publicação (CIP)
(Câmara Brasileira do Livro, SP, Brasil)

Schelling, F.W.J., 1775-1854
  Sistema do idealismo transcendental / F.W.J. Schelling ; tradução, introdução e notas de Gabriel Almeida Assumpção. – Petrópolis, RJ : Vozes, 2024. – (Coleção Pensamento Humano)

  Título original: System des transzendentalen idealismus
  ISBN 978-85-326-6851-6

  1. Filosofia 2. Filosofia alemã 3. Idealismo I. Título. II. Série.

24-206290
CDD-193

Índices para catálogo sistemático:

1. Idealismo alemão : Filosofia   193

Eliane de Freitas Leite – Bibliotecária – CRB 8/8415

F.W.J. Schelling

SISTEMA DO IDEALISMO TRANSCENDENTAL

Tradução, introdução e notas de
Gabriel Almeida Assumpção

Petrópolis

Tradução do original em alemão intitulado *System des transzendentalen Idealismus.*

© desta tradução:
2024, Editora Vozes Ltda.
Rua Frei Luís, 100
25689-900 Petrópolis, RJ
www.vozes.com.br
Brasil

Todos os direitos reservados. Nenhuma parte desta obra poderá ser reproduzida ou transmitida por qualquer forma e/ou quaisquer meios (eletrônico ou mecânico, incluindo fotocópia e gravação) ou arquivada em qualquer sistema ou banco de dados sem permissão escrita da editora.

CONSELHO EDITORIAL	PRODUÇÃO EDITORIAL
Diretor	Aline L.R. de Barros
Volney J. Berkenbrock	Marcelo Telles
	Mirela de Oliveira
Editores	Otaviano M. Cunha
Aline dos Santos Carneiro	Rafael de Oliveira
Edrian Josué Pasini	Samuel Rezende
Marilac Loraine Oleniki	Vanessa Luz
Welder Lancieri Marchini	Verônica M. Guedes
Conselheiros	**Conselho de projetos editoriais**
Elói Dionísio Piva	Luísa Ramos M. Lorenzi
Francisco Morás	Natália França
Gilberto Gonçalves Garcia	Priscilla A.F. Alves
Ludovico Garmus	
Teobaldo Heidemann	

Secretário executivo
Leonardo A.R.T. dos Santos

Editoração: Rafaella Nóbrega Esch de Andrade
Diagramação: Sheilandre Desenv. Gráfico
Revisão gráfica: Fernando S.O. da Rocha / Nilton Braz da Rocha
Capa: Editora Vozes

ISBN 978-85-326-6851-6

Este livro foi composto e impresso pela Editora Vozes Ltda.

SUMÁRIO

Consciência de si e idealismo objetivo no jovem Schelling, 9

Metodologia, 20

Agradecimentos, 23

Referências, 24

Prefácio, 27

Introdução, 33

§ 1. Conceito de filosofia transcendental, 33

§ 2. Corolários, 36

§ 3. Divisão provisória da filosofia transcendental, 39

§ 4. Órgão da filosofia transcendental, 44

Primeira seção principal
Sobre o princípio do idealismo transcendental, 47

Primeira seção: sobre a necessidade e caráter de um princípio superior do saber, 47

Segunda seção: dedução do próprio princípio, 55

Explicações, 58

Advertências gerais, 67

Segunda seção principal
Dedução geral do idealismo transcendental, 71

Pré-recordação, 71

Terceira seção principal
Sistema da filosofia teórica segundo princípios do idealismo transcendental, 81

Pré-recordação, 81

I. Dedução do absoluto na síntese contida no ato de consciência de si, 82

II. Dedução do membro intermediário da síntese absoluta, 87

Pré-recordação, 87

Primeira época, da sensação originária até a intuição produtiva, 91

A. Tarefa: Explicar como o eu chega a se intuir como limitado, 91

Solução, 91

Aditivos, 98

B. Tarefa: Explicar como o eu se intui como sentiente, 103

Explicação, 103

Solução, 105

I., 105

II., 109

C. Teoria da intuição produtiva, 118

Pré-recordação, 118

I. Dedução da intuição produtiva, 123

II. Dedução da matéria, 131

Corolários, 135

Observação geral sobre a primeira época, 140

Segunda época. Da intuição produtiva à reflexão, 144

Pré-recordação, 144

D. Tarefa: Explicar como o eu chega a se intuir como produtivo, 146

Solução, 146

I., 146

II., 151

III., 155

IV., 176

V., 187

Observação geral à segunda época, 189

Terceira época. Da reflexão ao ato absoluto da vontade, 191

    I., 191

    II., 197

    III., 202

    IV., 209

    Observação geral sobre a terceira época, 213

Quarta seção principal
Sistema da filosofia prática segundo princípios do idealismo
transcendental, 217

A. Primeira proposição. A abstração absoluta, isto é, o início da
consciência, só é explicável a partir de um autodeterminar, ou de um
agir da inteligência sobre si mesma, 217

    Corolários, 218

Segunda proposição. O ato da autodeterminação, ou o agir livre
da inteligência a partir de si mesma, só é explicável a partir do
determinado agir de uma inteligência externa a ela, 224

    Aditivos, 236

E. Tarefa: Explicar como o querer se torna, novamente, objetivo
ao eu, 241

    Solução, 241

    I., 241

Terceira proposição. O querer se direciona, originariamente e de
modo necessário, a um objeto exterior, 241

    A., 244

    B., 247

   II., 253

    Aditivos, 263

   III., 269

    A., 271

    B., 274

    C., 274

F. Tarefa: Explicar como o próprio eu poderia se tornar consciente da harmonia originária entre subjetivo e objetivo, 286

Solução, 286

I., 286

Quinta seção principal
Teoremas principais da teleologia segundo princípios do idealismo transcendental, 289

[I.], 289

II., 292

Sexta seção principal
Dedução de um órgão da filosofia, ou: teoremas principais da filosofia da arte segundo princípios do idealismo transcendental, 295

§ 1. Dedução do produto artístico em geral, 295

§ 2. Caráter do produto artístico, 302

§ 3. Corolários, 306

Observação geral ao todo do sistema, 311

Referências, 315

CONSCIÊNCIA DE SI E IDEALISMO OBJETIVO NO JOVEM SCHELLING

Gabriel Almeida Assumpção[1]

Expressamos imensa felicidade em apresentar a tradução de uma das obras mais famosas e importantes do filósofo alemão Friedrich Wilhelm Joseph Schelling (1775-1854). Esta alegria é acompanhada de um encorajamento, vindo de alguém que lê Schelling e escreve sobre ele há mais de dez anos, para persistir na leitura, apesar da dificuldade, pois o esforço compensa bastante. Na introdução, o problema central da obra é apresentado de maneira resumida, apresentando duas posturas teóricas com os termos "A" e "B". "Traduzindo" os termos, temos o embate entre o ponto de vista da filosofia da natureza[2], chamado A, e o da filosofia transcendental, denominado B. A identidade originária entre A e B se apresenta nos produtos da natureza, mas como produtos da atividade humana, atividade do intelecto ou do espírito, poderiam parecer produtos de uma atividade consciente e aconsciente ao mesmo tempo?

A obra é um longo esforço demonstrativo de se tentar explicar esse problema, a partir da construção de um sistema filosófico, que parte de um princípio (a consciência de si) e desenvolve toda uma

---

1. Professor Adjunto I na PUC-Minas Virtual.

2. A literatura filosófica sobre filosofia da natureza no Brasil é até expressiva no caso de Schelling, considerando se tratar de um autor ainda pouco estudado no país. Internacionalmente, os estudos em filosofia da natureza fizeram parte do renascimento de Schelling, a *"Schelling-Renaissance"*, e ainda prosperam, embora o foco da pesquisa tenha se deslocado para o Schelling tardio. Indicamos, aqui, algumas obras de referência, inclusive nacionais: Amora (2009); Assumpção (2015a, 2017, 2022); Assumpção e Ferreira (2023); Beiser (2002); Cunha (2021); Durner, Jantzen e Moiso (1994); Jacobs (2004); Leyte (1996); Kussumi (2023); Matthews (2011); Puente (1997); Rincon (2023); Suzuki (2001); Tilliette (1970); Vetö (1998).

série de saberes: o eu, o sentir, o intuir, a reflexão, a natureza, a ciência, o direito, a religião, a história, a arte, entre outros. O ponto de partida, pelo título da obra, é o ponto de vista da filosofia transcendental[3], certamente é grande a influência de Kant e de Fichte no pensamento schellinguiano. Não se pergunta pelo **ser**, mas pelo **saber**. O foco é na busca de um princípio confiável do saber, que aponte para o avanço da filosofia (notando-se a dimensão de progresso, de teleologia): "A consciência de si é o ponto luminoso no todo do sistema do saber, mas ela só lança luz para frente, e não para trás" (HkA I, 9/1, 47)[4]. A pergunta pelo **ser**, todavia, já está presente na filosofia da natureza, que se desenvolve paralelamente à filosofia transcendental, no mínimo deste 1794, quando Schelling estudava o *Filébo* e o *Timeu* de Platão (Assumpção, 2015a, p. 128-134). Além disso, o filósofo frequentava aulas sobre ciência natural no seminário de Tübingen. De todo modo, no texto de 1800, o registro lógico é o do pensamento de uma filosofia da consciência, focada nos problemas de teoria do conhecimento, do **saber**, buscando ser uma espécie de sucessora da filosofia crítica de Kant. De fato, consultando-se o *Opus postumum* e na *Geografia física* de Kant, nota-se que o filósofo mostra mais apreço por Schelling do que por Fichte[5], inclusive inserindo expressamente o *Sistema do idealismo transcendental* de Schelling na tradição da filosofia transcendental (Korten; Ziche, 2005, p. 5). Na obra encontram-se já objeções, ainda recorrentes entre kantianos mais sectários, de que Schelling estaria resgatando as coisas em si de filósofos pré-kantianos, mas Schelling rebate de maneira fichteana que o eu ativo, princípio da filosofia, não é fenômeno e nem coisa em si, é pura ação e atividade (HkA I, 9/1, 65).

---

3. A respeito, cf. Asmuth (2023).

4. Para citações da *Edição histórico-crítica* de Schelling: HkA (*Historisch-kritisch Ausgabe*), série, volume, página. Por exemplo: HkA III, 1, 20 seria *Edição histórico-crítica*, página 20 do volume 1 da série III (Correspondências). A série I é de textos publicados em vida por Schelling e a série II, de textos póstumos.

5. Evidências textuais disso estão em: OP AA 21: 87 e PG AA 09: 7 (sobre teoria do conhecimento e sistema); PG AA 09: 175n (sobre física e filosofia da natureza). Adotamos a numeração da *Edição da Academia* (*Akademie-Ausgabe*) das obras de Kant. Disponível em: http://www.kant-gesellschaft.de/en/ks/e_HinweiseAutorenSiglen_neu.pdf – Acesso em: 2 set. 2023. Kant tinha uma cópia da obra *Sobre o eu como princípio da filosofia* (1795), de Schelling, em sua biblioteca pessoal (Warda, 1992, p. 54).

O primeiro contato escrito de que se tem registro entre Schelling e Fichte é uma carta de Schelling a Fichte, enviada de Tübingen e datada de 26 de setembro de 1794. Nela, Schelling envia seu texto "Über die Möglichkeit einer Form der Philosophie überhaupt" (*Sobre a possibilidade de uma forma da filosofia em geral*) a Fichte e afirma que a doutrina da ciência de Fichte trará novas esperanças ao mundo filosófico (HkA III, 1,12).

Fichte se pergunta, na *Segunda introdução à doutrina da ciência*: A filosofia começa de um fato (*Tatsache*) ou de um ato-ação (*Tathandlung*)? O ato-ação é uma atividade que não pressupõe objeto, mas que o produz. Se a filosofia começasse a partir do fato, seria difícil a passagem ao infinito e ao suprassensível. Ao se partir do ato-ação, por sua vez, permanece-se no ponto onde se unem os dois mundos. Em outras palavras: o ato-ação é o conceito que unifica o sensível e o inteligível. Para Fichte, é possível a identidade entre pensar e agir, e ambos apontam para o caráter dual do ser racional finito: o que se opõe a meu agir é sensível, aponta para nossa finitude. O que é produzido pelo meu agir é inteligível, aponta para nossa infinitude (Fichte, 1971, p. 467-468, § 5).

Esse conceito de ação, por sua vez, só é possível mediante a intuição intelectual do eu ativo, sobre a qual Fichte afirma: "essa intuição intelectual é o único ponto de vista firme para toda a filosofia"[6] (Fichte, 1971, p. 466, § 5). Em *Vom Ich als Prinzip der Philosophie* (1795) (*Sobre o Eu como princípio da filosofia*) é a primeira vez que o termo intuição intelectual aparece na obra do filósofo de Leonberg. Essa noção é explorada em muitos escritos de Schelling, sendo paralela à intuição estética da imaginação, elaborada na sexta seção principal do *Sistema do idealismo transcendental*, obra em que Schelling dialogará bastante com Schiller e com os românticos de Jena (os irmãos Schlegel, Friedrich von Hardenberg [Novalis], Wackenroder e Schleiermacher, entre outros) (Korten; Ziche, 2005, p. 52).

O sistema de 1800 foi desenvolvido por Schelling durante sua atividade de ensino em Jena, entre os anos de 1798 e 1800. Ele

---

6. No original, em alemão: "*Diese intellectuelle Anschauung ist der einzige feste Standpunct für alle Philosophie*". Todas as traduções desta introdução e das notas ao texto de Schelling são de minha responsabilidade.

lecionou, por exemplo, na Universidade de Jena, o curso *"Idealismi transscendentalis initia"* ("Os elementos do idealismo transcendental") no semestre de inverno de 1798/1799; no semestre de verão de 1799, *"Philosophiae transscendentalis universum systema"* ("Sistema universal do idealismo transcendental") e, no semestre de inverno de 1799/1800, *"Philosophia artis principes rationes"* (Os princípios mais preeminentes da filosofia da arte). No semestre de inverno de 1800/1801: *"Philosophiam artis"* ("Filosofia da arte") e *"Philosophiam rationalem et Systema transscendentalis Idealismi"* ("Filosofia racional e sistema do idealismo transcendental") (Korten; Ziche, 2005, p. 10-11).

É central ver a obra como um esforço de superação do idealismo subjetivo de Fichte, ainda que a maior parte dela seja elaborada dentro dessa forma idealista de filosofia. "Idealismo subjetivo" é um termo que deriva de Wilhelm Dilthey (1883-1911), com sua tipologia de sistemas filosóficos. De acordo com ele, há naturalismo, idealismo subjetivo e idealismo objetivo. Vittorio Hösle desenvolve essa ideia, substituindo o termo "naturalismo" por "realismo", apresentando uma lógica de desenvolvimento na história da filosofia: é recorrente, no curso da cultura filosófica ocidental, a passagem do realismo ao idealismo subjetivo e deste ao idealismo objetivo (Hösle, 1997, p. 205).

Para o realismo, a realidade do mundo físico é a única existente e transcende a consciência. A consciência individual e a coletiva somente espelham a natureza, e o conhecimento objetivo é passivo, sendo a experiência fonte de conhecimento. Tal forma de filosofar prescinde, portanto, de proposições sintéticas *a priori* (necessárias e universais, segundo Kant), não sendo possível ética e nem estética objetiva, desaguando em relativismo ou, pior, em niilismo. Paradoxalmente, neste empirismo desprovido de proposições sintéticas *a priori*, acaba-se recusando um mundo exterior independente da consciência, princípio básico do realismo, pois a proposição "existe um mundo exterior independente da consciência" não é analítica, tampouco empírica (sintética *a posteriori*) (Hösle, 1997, p. 206).

Esta aporia do realismo leva à alternativa filosófica mais imediata, o idealismo subjetivo. Na obra que traduzimos aqui, durante a introdução e as seções principais de I a IV, na maior parte do tempo se trata do ponto de vista do idealismo subjetivo, chamado aqui "idealismo transcendental". O idealismo objetivo, presente na filosofia da natureza, será separado metodologicamente e só resgatado na seção principal III, no fim da chamada "primeira época da consciência" (HkA I, 9/1, 136), e em passagens da seção principal IV. Trata-se, no caso do idealismo subjetivo, de filosofias que remetem às funções constitutivas das atividades espontâneas do conhecimento, podendo ser subjetivo ou intersubjetivo. Não há objetividade forte no conhecimento humano, no caso do construtivismo, por exemplo, uma forma vigente e academicamente popular de idealismo subjetivo.

A filosofia crítica de Kant é a forma mais clássica e consequente de idealismo subjetivo. Nessa modalidade há juízos sintéticos *a priori*, mas sua necessidade é subjetiva, e não objetiva. No âmbito moral, isso é eficaz e conduz a uma das mais completas teorias éticas (ainda que insuficiente no que tange à questão dos valores). A separação radical entre fatos e normas presente nessa filosofia é benéfica à moralidade, que se torna irredutível ao natural e ao factual, e a estética kantiana também se beneficia disso, não se reduzindo ao empírico, apontando para uma "voz universal" no juízo de gosto. O grande problema, aqui, é a natureza, que fica com um tratamento insatisfatório – coisa em si em Kant, não-eu em Fichte (Hösle, 1997, p. 206-207). Inclusive, no texto de Schelling, a natureza será parte do que conduz à passagem do idealismo subjetivo ao idealismo objetivo.

O idealismo objetivo, por sua vez, é uma posição filosófica segundo a qual há conhecimento sintético *a priori* e esse conhecimento é, ao mesmo tempo, procedente de algo distinto da razão subjetiva-intersubjetiva (Hösle, 1997, p. 207). Diz o Professor Hösle:

> Esta concepção é, de um lado, a mais natural para a consciência descontraída; de outro lado, para a reflexão raciocinante é a mais excêntrica, pois, de um lado, toda pessoa normal supõe que, por meio da capacidade de pensar, ela está mais próxima da realidade do que um ser não pensante. De outro lado, põe-se à reflexão a pergunta: "Como é possível que o pensamento *a priori*,

portanto o pensar que opera sem relação a um mundo externo, possa apreender a realidade?" Claramente, a única resposta possível é a seguinte: a natureza não é alheia ao espírito (como no idealismo subjetivo), tampouco princípio do espírito finito (como no realismo), mas de um princípio, que precede igualmente natureza e espírito finito[7] (Hösle, 1997, p. 207-208).

Este princípio é a razão objetiva, irredutível à natureza e à consciência objetiva. A razão objetiva é a essência de todas as esferas da realidade, fundamento de todas as normas, valores e reivindicações de validade. A razão objetiva não pode ser percebida sensivelmente e não é objeto de introspecção e de interpretação, sendo objeto do pensar (Hösle, 1997, p. 208). Trata-se do que Schelling chama, a partir de 1801, de maneira intercambiável, "razão", "absoluto" ou "Deus" (Assumpção, 2022, p. 74-101). A razão é imanente ao mundo e essência das verdades *a priori* que determinam o ser do mundo[8]. O idealismo objetivo, portanto, é síntese entre o realismo (que defende haver a independência da realidade em relação à mente subjetiva e intersubjetiva) e o idealismo subjetivo (o qual defende o pensar autônomo) (Hösle, 1997, p. 208).

Paira, no início da obra, um risco de forte subjetivismo, porém quem já está familiarizado com a filosofia da natureza verá que a ideia do eu que se produz, apresentada na primeira seção, é análoga ao mecanismo de produtividade da própria natureza,

---

7. No original, em alemão: *"Diese Auffassung ist einerseits die dem unbefengenen Bewusstsein natürlichste, andererseits für die räsonierende Relfexion die befremdlichste. Denn einerseits nimmt jeder normale Mensch an, er sei durch die Fähigkeit zum Denken der Wirklichkeit näher als nicht-denkende Wesen. Andererseits stellt sich der Reflexion die Frage: Wie ist es möglich, dass das apriorische Denken, also das Denken, das ohne Bezug auf eine Aussenwelt operiert, die Wirklichkeit erfassen kann? Offenbar ist die einzige mögliche Antwort diese: Die natur ist – wie im subjektiven Idealismus – nicht Geistfremdes, aber sie ist – wie im Realismus – nicht Prinzipiat des endlichen Geistes, sondern eines Prinzips, das Natur und endlichem Geist gleichermassen vorausgeht".*

8. Cf. a respeito em Schelling: "O absoluto é identificado com a própria razão, pois a razão permeia o universo e é a própria identidade entre ideal e real, subjetivo e objetivo, liberdade e necessidade, consciência e aconsciente etc. [...] [para Schelling, a partir de 1801] não é o eu que pensa, mas a razão que pensa no eu" (Assumpção; Ferreira, 2023, p. 117).

sendo a obra uma expressão do pensamento sistemático, o que fica implícito pela leitura das seções principais de II a III para quem já conhece a obra de Schelling, mas que o filósofo alemão também torna explícito na chamada "primeira época" da história da consciência de si apresentada na terceira seção principal, "Sistema da filosofia teórica segundo princípios do idealismo transcendental". Vejamos o seguinte trecho da observação geral à primeira época, chamada "Da sensação originária à intuição produtiva":

> [...] Quando Leibniz chama a matéria o estado de sono das mônadas, ou quando Hemsterhuis lhe chama o espírito coagulado, nestas expressões há um sentido bem fácil de reconhecer a partir dos princípios até aqui apresentados. De fato, a matéria não é nada além do espírito intuído em equilíbrio de suas atividades. Não há necessidade de indicar de modo mais pormenorizado como esta anulação de todo dualismo, ou de toda oposição real entre espírito e matéria – na medida em que esta é apenas o espírito extinto ou, inversamente, aquele é a matéria, só que avistada em devir – põe fim a uma série de investigações confusas sobre a relação entre ambos (HkA I, 9/1, p. 149).

Em última instância, natureza e espírito são a mesma realidade, porém em níveis distintos. O trecho acima, além de filiar Schelling conceitual e historicamente ao idealismo objetivo, via Gottfried Wilhelm Leibniz (1646-1716) e o filósofo holandês François Hemsterhuis (1721-1790), aponta para a superação do dualismo e a busca do monismo, isto é, de uma filosofia que zela pela unidade do real, e não oposição radical entre níveis da realidade. A postura monista estará presente também em Georg W.F. Hegel (1770-1831) e, ao menos em parte, em Friedrich von Hardenberg (Novalis) (1772-1801) (Assumpção; Ferreira, 2023). O autor é consciente, na filosofia da natureza, de que o eu é originado da natureza. Portanto, é importante que a leitora/o leitor tenha em mente que, na ordem do **conhecer**, o eu de fato põe a realidade e é o princípio da filosofia e do mundo. Na ordem do **ser**, todavia, a fonte do eu é a natureza produtiva. Não se está, portanto, em risco de construtivismo ou de idealismo subjetivo nos moldes kantianos.

Em sua fase tardia, na *Introdução filosófica à filosofia da mitologia, ou apresentação da filosofia puramente racional*, Schelling insere esta obra de 1800 na tradição do idealismo objetivo, afirmando que ela foi uma tentativa de se reconciliar realidade e idealismo fichteano (Korten; Ziche, 2005, p. 10-11). Inclusive na filosofia prática desenvolvida na quarta seção principal, temos a importância de outras mentes – ou outras inteligências, para usar um termo do autor – no reconhecimento do mundo objetivo (HkA I, 9/1, 241-254), configurando o idealismo objetivo de Schelling, mais especificamente, como um idealismo objetivo da intersubjetividade (Hösle, 1997, p. 213-218). Justamente ao final da filosofia prática, o filósofo alemão explicita sua noção de absoluto, no sentido de razão objetiva, transindividual:

> Ora, se aquele [algo] superior não é nada além do fundamento da identidade entre o absolutamente subjetivo e o absolutamente objetivo, o consciente e o aconsciente, que precisamente em prol do fenômeno se separam no agir livre, então aquele superior não pode ser nem sujeito, nem objeto, tampouco os dois simultaneamente, mas apenas a identidade absoluta, na qual não há duplicidade alguma e que, justamente pelo fato de que a condição de toda consciência é duplicidade, nunca pode atingir a consciência. Esse eterno aconsciente que, por assim dizer, é o eterno Sol no Reino dos Espíritos, oculta-se por meio de sua própria luz pura e, não obstante ele nunca se torne objeto, no entanto todas as ações livres expressam sua identidade. Ele é, concomitantemente, o mesmo para todas as inteligências, a raiz invisível de que todas as inteligências são apenas potências, e o eterno mediador entre o subjetivo que determina a si mesmo em nós, do objetivo, ou intuinte, ao mesmo tempo o fundamento de conformidade a leis na liberdade, e a liberdade na conformidade a leis do objetivo (HkA I, 9/1, p. 299).

Essa passagem, em que o filósofo introduz o tema de absoluto na sua filosofia da história, antecipa as reflexões hegelianas sobre o absoluto na história, além de explicitar uma das teses centrais do idealismo alemão: o absoluto como razão objetiva e síntese entre objetivo e subjetivo. Esse absoluto descrito por Schelling é compatível com o princípio da razão objetiva descrito por Hösle na citação longa acima, reafirmando a postura de Schelling como idealista objetivo já no texto de 1800, antes dos textos da chamada "filosofia da identidade". Dada essa filiação simultânea a duas das formas principais de filosofia idealista, a obra é de grande valor na história do idealismo alemão e do primeiro romantismo alemão, simultaneamente[9].

No caso do idealismo, pelo próprio título se nota a intenção temática de seguir o legado de Fichte e de Kant, embora com suas próprias vocações e influências alternativas – Platão, Espinosa, a teosofia (Puente, 1997, p. 29-30). Além desta pertença à tradição idealista, a obra se insere na tradição das histórias da consciência de si, junto à *Fenomenologia do espírito* (1807) de Hegel, com a diferença de que este dará mais ênfase à coletividade de consciências de si (já desenvolvida em Schelling como pluralidade de inteligências) como **espírito objetivo** e **espírito absoluto** do que Schelling, desenvolvendo mais a fundo as reflexões sobre o mundo da cultura e da história. Schelling também usará o termo "história da inteligência", especialmente na segunda época da história da consciência de si (Terceira seção principal), por exemplo em HkA I, 9/1, p. 182.

Schelling já explicita, no prefácio do *Sistema do idealismo transcendental*, que a obra é a exposição da história da consciência de si, sendo a seção mais importante em termos de desenvolvimento interno e conceitual da obra a III (embora a VI seja mais famosa), cada subseção da qual uma época desta história, os subtópicos constituindo momentos das respectivas épocas. A terceira seção principal apresenta o núcleo de um sistema do idealismo transcendental: a parte teórica do sistema propriamente dito, o desenvolvimento de

---

9. Filosoficamente, podemos pensar o idealismo alemão como um conjunto maior, uma forma de fazer filosofia desenvolvida inicialmente por Fichte, de forte inspiração kantiana, e que teve versões diferentes com Schelling, Hegel, Schleiermacher e outros, dentro do qual o primeiro romantismo alemão, mencionado muitas vezes no original alemão na literatura brasileira (*Frühromantik*), é um subconjunto **na condição de forma filosófica**. Culturalmente, todavia, o romantismo alemão é um movimento mais abrangente que deixou suas contribuições na filosofia, medicina, literatura, religião, tradução, costumes, teoria literária, pedagogia, entre outros campos. Alguns idealistas alemães são, também, do círculo romântico (Schelling, Hardenberg [Novalis]), outros não (Fichte, Hegel, sendo este inclusive um grande crítico dos românticos).

suas categorias e o que é permitido ao pensamento transcendental elaborar sobre filosofia da natureza (por exemplo, algumas considerações sobre produção, matéria, espaço, tempo e organismo). O sumário da terceira seção principal do *Sistema do idealismo transcendental* pode ser lido como um resumo da história da consciência de si em progresso, um mapeamento das épocas dessa história[10]. A diferença entre "para a consciência" e "para nós", tão importante na obra hegeliana, encontra-se já trabalhada por Schelling, com termos variáveis no seu texto aqui traduzido: "para o filósofo", "para nós" *versus* "para o eu", "para a consciência".

Ainda no contexto da consciência de si, convidamos a um interlúdio com outro autor, do campo da psicologia, reconhecedor da grandeza da consciência de si: para Mihaly Csikszentmihalyi (1934-2021), um dos fundadores da psicologia positiva e criador do conceito de *flow*, ou estado de fluxo, a consciência de si é uma descoberta recente na evolução humana, sem determinação precisa (Csikszentmihalyi, 2018, p. 76). Ele acrescenta, sobre o desabrochar da consciência de si:

> Por que este evento foi tão importante? Em parte, é claro, foi porque a manipulação consciente do conteúdo mental tornou novas invenções e novas tecnologias muito mais fáceis de se vislumbrar. Todavia, ainda mais significativamente, uma vez que a mente tenha percebido sua autonomia, indivíduos foram capazes de se conceber como agentes independentes, com seu próprio interesse por si mesmo. Pela primeira vez, foi possível as pessoas se emanciparem do domínio dos genes e da cultura[11] (Csikszentmihalyi, 2018, p. 76-77).

---

10. Apesar da importância crucial na obra, é pequena a literatura secundária sobre este tópico, à qual esta apresentação busca se somar. Destacamos Jiménez (2022), com uma contribuição bem recente e engenhosa, que articula as épocas da consciência de si com as épocas da formação intelectual de Friedrich Schelling, e Matthews (2011).

11. No original, em inglês: *"Why was this event so important? Partly, of course, it was because conscious manipulation of mental contente made new inventions and new technology much easier to envision, and to adopt once invented. But even more significantly, once the mind realized its Autonomy, individuals were able to conceive of themselves as independent agents with their own self-interest. For the First time, it was possible for people to emancipate themselves from the rule of genes and of culture".*

Até mesmo na psicologia dos séculos XX e XXI, fortemente determinista e negativa (no sentido de ser voltada para o sintoma, o tratamento e o sofrimento), temos uma exceção no caso de pensadores como o psicólogo húngaro citado, que reconhece a autonomia humana como diretamente ligada à consciência de si. Não necessariamente na letra, mas com certeza no espírito do idealismo e do primeiro romantismo alemão.

No caso do romantismo alemão, podemos mencionar as reflexões sobre consciência de si, imaginação, história, gênio e intuição estética, além da seção sobre filosofia da natureza (Assumpção; Ferreira, 2023, p. 115-120). A aproximação com conhecidos e colegas de Jena e Weimar é tão intensa que se torna extremamente difícil separar gênese e recepção, no caso desta obra (Korten; Ziche, 2005, p. 52-53). Até mesmo o romantismo britânico foi influenciado pela obra, tendo como exemplo Samuel Taylor Coleridge[12] (1772-1834) (Korten; Ziche, 2005, p. 59). O texto é central na trajetória de Schelling, que não abandona seus conceitos de gênio e de aconsciente. O lugar da arte em relação à filosofia não retoma o peso que possui nesta obra, mas permanece sempre tendo papel elevado em seus escritos, inclusive na fase tardia de seu pensamento, isto é, a partir das *Preleções de Erlangen* de 1821[13]. As densas reflexões sobre símbolo, esquema e imagem são de grande importância para estetas, com uma passagem instigante sobre criação artística em HkA I, 9/1, p. 207-208, na terceira época da história da consciência de si, próximo ao fim da terceira seção principal. Tais reflexões, acrescentadas ao problema da alegoria, reaparecem na *Filosofia da arte* (1802-1805) e na fase tardia do pensamento schellinguiano, mais especificamente na *Introdução histórico-crítica à filosofia da mitologia* (1842). Uma das passagens mais famosas do *Sistema do idealismo transcendental* ilustra a primazia do estético no livro de 1800, amarrando alguns dos conceitos centrais da obra:

---

12. Sobre a influência dos cursos de *Filosofia da arte* (1802-1805) em Coleridge, por sua vez, cf. Suzuki (2001), e o apêndice da tradução feita por ele da *Filosofia da arte* pela Edusp, 2001.

13. Uma produção nacional que trabalha esse ponto de maneira exemplar é a de Azevedo (2013).

O mundo ideal da arte e o real dos objetos são [...] produtos de uma e da mesma atividade; a coincidência de ambos (o consciente e o aconsciente) sem consciência dá o mundo real; [a coincidência] com consciência, o mundo estético. Ora, o mundo objetivo é apenas a poesia mais originária, todavia aconsciente do espírito; o *órganon* geral da filosofia – e a chave de abóbada de todo o seu arco – a *filosofia da arte* (HkA I, 9/1, 39-40).

A sexta seção principal, sem dúvida, é a mais famosa da obra, além de ser a segunda mais importante, ficando atrás apenas da terceira seção principal, a mais densa e importante da obra. Ambas as seções principais afiliam Schelling, pelo menos durante alguns anos, ao primeiro romantismo alemão. A sexta, devido ao primado do estético e à valorização da mitologia, da criatividade e da busca do todo. A terceira, pela abordagem da consciência de si, da liberdade e da filosofia da natureza. Uma recomendação saudável na leitura é a de ver no *Sistema do idealismo transcendental* uma passagem crucial no conjunto da obra deste pensador alemão, adotando o idealismo objetivo, porém não tomando este texto como uma versão definitiva do pensamento schellinguiano. O motivo é que se trata de um filósofo que nunca cessou de repensar suas intuições, de se questionar e de se abrir aos mistérios da consciência, do mito, da arte, do divino, da natureza, e a prova está em seus próprios textos posteriores ao Sistema de 1800.

Metodologia

O texto original que serviu de base para a tradução foi: SCHELLING, F.W.J. System des transscendentalen Idealismus. *In*: *Friedrich Wilhelm Joseph Schellings sämmtliche Werke. Primeira divisão, terceiro volume.* Stuttgart/Augsburg: J.G. Cotta, 1858, p. 327-634. Disponível em: https://archive.org/details/ab1smtli chewe03sche/page/n7/mode/2up – Acesso em: 27 jan. 2024. Traduzimos, portanto, a partir das Obras completas e, para fins de complementos de pesquisa e notas, consultamos as notas do volume 2 da série 9 da Edição histórico-crítica (*Historisch-kritische Ausgabe*, ou *HkA*) das obras de Schelling: SCHELLING, F.W.J.

System des transscendentalen Idealismus (1800). *In*: SCHELLING, F.W.J. *Friedrich Wilhelm Joseph Schelling Historisch-Kritische Ausgabe. Reihe I: Werke 9, Teilband 2*. Herausgegeben von Harald Korten und Paul Ziche. Stuttgart: Frommann-Holzboog, 2005. Este volume conta com um relatório editorial por Korten e Ziche, além das vastas notas ao texto de Schelling. As referências às notas, quando ocorreram, foram mediante resumos ou paráfrases, nunca por citações diretas. O texto alemão foi cotejado com a tradução para língua inglesa: SCHELLING, F.W.J. *System of Transcendental Idealism*. Trad. P. Heath. 5. ed. Charlottesville: University Press of Virginia, 2001.

Colchetes são usados ([]) para indicar intervenções editoriais, feitas ao mínimo possível, apenas com intuito de evitar ambiguidades no texto traduzido e para compensar o excesso de elipses que Schelling usa em sua escrita. O objetivo, portanto, foi zelar por uma clareza maior no texto.

Uma mudança importante foi na tradução das várias perguntas que Schelling escreve ao longo do texto. Muitas vezes, ele as interpola de modo abrupto no texto, entre vírgulas, nem sempre ficando claro que está fazendo uma pergunta até surgir o ponto de interrogação. Para evitar isso e para buscar mais clareza, fizemos uma substituição. O seguinte exemplo é da pré-rememoração à "Segunda seção principal – Dedução geral do idealismo transcendental" p. 71 deste livro. No original, temos:

> *Der Beweis, dass alles Wissen aus dem Ich abgeleitet werden müsse, und dass es keinen andern Grund der Realität des Wissens gebe, läst immer noch die Frage: wie denn das ganze System des Wissens, (z.B. die Objective Welt mit allen ihren Bestimmungen, die Geschichte u.s.w.) durch das Ich gesetzt sey, unbeantwortet.*

Na tradução introduzimos aspas para destacar a pergunta. Isso é feito para auxiliar, especialmente em trechos nos quais há vírgulas apenas separando a pergunta do resto do raciocínio de Schelling. Desta forma, o trecho acima, na tradução, é vertido para:

A prova de que todo saber deve ser derivado a partir do eu, e de que não há nenhum outro fundamento da realidade do saber, ainda deixa a questão: "como, então, todo o sistema do saber (por exemplo, o mundo objetivo com todas suas determinações, a história etc.) é posto pelo eu?" sem resposta.

Outro recurso utilizado, mas não pontuado ao longo da tradução, foi o uso de hífens, parênteses e ponto e vírgula em alguns momentos diferentes do feito por Schelling. O motivo foi sempre zelar por maior clareza no texto, permitindo algumas "pausas" no texto, levando em conta que os períodos do alemão tendem a ser mais longos do que os do português. As indicações desses recursos não ocorreram para evitar a proliferação de notas em excesso. As escolhas específicas, particulares, de tradução foram explicadas na primeira ocorrência dos termos, em notas, e não serão repetidas aqui, pois fazem mais sentido no contexto em que surgem. Julgo que há sempre possibilidades distintas de se traduzir, e zelo por um estilo de tradução que seja mais fluido e sem apego a uma linguagem que não é a nossa (e nem a dos alemães do século XXI). Estou ciente de que esta tradução não é definitiva, pois não há tradução assim, sendo o ato tradutório uma "aproximação infinita".

As minhas notas são marcadas como "notas do tradutor" ("[N.T.]") e as notas de Schelling, relativamente poucas, são diferenciadas como "notas do autor", marcadas em **negrito** ("[N.A.]") para fins de destaque no texto, uma vez que, além de serem notas do autor do texto original, são poucas. Nas minhas notas eu explico não só as (1) escolhas tradutórias, mas também (2) alguns termos no original, para que o leitor/a leitora possa comparar e conferir, inclusive mencionando a grafia arcaica do original; (3) justifico algumas escolhas de intervenção editorial minha; (4) indico fontes do pensamento de Schelling e a origem de alguns temas e conceitos abordados ao longo da obra traduzida, eventualmente (5) sugerindo fontes de leitura. Sugeri obras internacionais e, especialmente, nacionais, por se tratar de uma tradução, também como incentivo para lermos mais pesquisadoras e pesquisadores nacionais.

Agradecimentos

Expresso meus agradecimentos, inicialmente, a Fernando Rey Puente, com quem aprendi bastante sobre Schelling e com quem tive inúmeras conversas sobre ele e outros filósofos, sempre em interações agradáveis. Em segundo lugar, agradeço a Verlaine Freitas, também pelo aprendizado sobre Schelling e outros pensadores, de modo instigante e amigável. Devo-lhe muito, além disso, no que diz respeito à escrita acadêmica e ao alemão. Frutos de sua orientação estão nestas páginas. Em terceiro, expresso gratidão a Vittorio Hösle, que sempre acreditou em minha capacidade filosófica e me deu oportunidades acadêmicas inesquecíveis, inclusive possibilitando melhorar os conhecimentos de alemão e de filosofia. Agradeço, em quarto lugar, a Bruno Cunha, pelas discussões sobre tradução, por valorizar meu potencial e pela amizade. Não posso deixar de ser grato, também, à Editora Vozes, a Leonardo Santos, Rafaella Esch, Naiara Flores, Georg Otte, Marco Aurélio Werle, Márcio Suzuki, Leandro Ferreira e Allan Horta.

Referências

AMORA, K. C. Schelling e o caráter dual da luz. *Philósophos – Revista de Filosofia*, Goiânia, v. 13, n. 1, p. 109-124, 2009. Disponível em: https://doi.org/10.5216/phi.v13i1.7993 – Acesso em: 26 jun. 2023.

ASMUTH, C. "A unidade, o ligante, princípio, substância, suporte, o saber, a imagem precisamente de si mesmo": o programa da Doutrina da Ciência de Fichte. *In*: GUIMARÃES, B. A.; ASSUMPÇÃO, G. A.; OTTE, G. (orgs.). *O romantismo alemão e seu legado*. São Paulo: LiberArs, 2023. p. 81-92.

ASSUMPÇÃO, G. A. *Criação das artes plásticas e produtividade da natureza em Friedrich Schelling*. São Paulo: Loyola, 2022.

ASSUMPÇÃO, G. A. Arte e filosofia *versus* arte e natureza: abordagens schellinguianas. *Artefilosofia*, v. 22, n. 22, p. 104-125, 2017. Disponível em: https://periodicos.ufop.br/raf/article/view/950/799 – Acesso em: 25 jun. 2023.

ASSUMPÇÃO, G. A. Crítica do juízo teleológico e organismo em Kant e Schelling. *Doispontos*, Curitiba, São Carlos, v. 12, n. 2, p. 123-135, 2015. Disponível em: http://dx.doi.org/10.5380/dp.v12i2.38898 – Acesso em: 25 jun. 2023.

ASSUMPÇÃO, G. A.; FERREIRA, L. Críticas à subjetividade moderna em Friedrich von Hardenberg (Novalis) e Friedrich Schelling. *In*: GUIMARÃES, B. A.; ASSUMPÇÃO, G. A.; OTTE, G. (orgs.) *O romantismo alemão e seu legado*. São Paulo: LiberArs, 2023. p. 111-125.

AZEVEDO, C. A. de. A *Filosofia da arte* e os primeiros elementos para a formulação da filosofia da mitologia. *Artefilosofia*, v. 8, n. 15, p. 15-24, 2013. Disponível em: https://periodicos.ufop.br/raf/article/view/531/487 – Acesso em: 26 jun. 2023.

BEISER, F. *German Idealism: the Struggle against Subjectivism*, 1871-1801. Cambridge, Londres. Harvard University Press, 2002.

CSIKSZENTMIHALYI, M. *The Evolving Self: a Psychology for the Third Millenium*. Nova York: Harper Perennial Modern Classics: 2018.

CUNHA, J. G. M. da. O lugar da intersubjetividade no Sistema do idealismo transcendental de Schelling. *Discurso*, v. 51, n. 2, p. 163-183, 2021. Disponível em: https://doi.org/10.11606/issn.2318-8863.discurso.2021.193766 – Acesso em: 25 nov. 2023.

DURNER, M.; JANTZEN, J.; MOISO, F. (orgs.) *Friedrich Wilhelm Joseph Schelling Historisch-kritische Ausgabe. Ergängzungsband: Wissenschafthistorischer Bericht zu Schellings Naturphilosophische Schriften 1797-1800*. Stuttgart: Frommann-Holzboog, 1994.

FICHTE, J. G. Zweite Einleitung in die Wissenschaftslehre. *In*: FICHTE, J. G. *Fichtes Werke. Hrsg. I. H. Fichte. Band I: Zur theoretischen Philosophie I*. Berlim: Walter de Gruyter e Co., 1971. p. 451-518.

HÖSLE, V. *Die Krise der Gegenwart und die Verantwortung der Philosophie: Transzendentalpragmatik, Letztbegründung, Ethik*. 3. ed. Munique: C.H. Beck, 1997.

JACOBS, W. *Schelling lesen*. Stuttgart – Bad Cannstatt: Fromman-Holzboog, 2004.

JIMÉNEZ, A. R. Schelling y las tres *Epochen* del proceso de autodeterminación del absoluto en el *System* de 1800. *Daimon. Revista Internacional de Filosofía*, n. 86, p. 85-99, 2022. Disponível em: https://doi.org/10.6018/daimon.422391 – Acesso em: 8 set. 2023.

KANT, I. Opus postumum. Erste Hälfte. *In*: KANT, I. *Elektronische Edition der Gesammelten Werke Immanuel Kants*. Disponível em: http://kant.korpora.org/Band21/087.html – Acesso em: 2 set. 2023.

KANT, I. Physische Geographie. In: KANT, I. *Elektronische Edition der Gesammelten Werke Immanuel Kants*. Disponível em: http://kant.korpora.org/Band9/175.html – Acesso em: 2 set. 2023.

KORTEN, H.; ZICHE, P. Editorischer Bericht. *In*: SCHELLING, F.W.J. *Friedrich Wilhelm Joseph Schelling Historisch-Kritische Ausgabe. Reihe I: Werke 9, Teilband 2*. KORTEN, H.; ZICHE, P. (eds.). Stuttgart: Frommann-Holzboog, 2005. p. 3-60.

KUSSUMI, M. M. Natureza e Finitude: sobre a noção de individuação em F.W.J. Schelling. *In*: GUIMARÃES, B. A.; ASSUMPÇÃO, G. A.; OTTE, G. (orgs.). *O romantismo alemão e seu legado*. São Paulo: LiberArs, 2023. p. 65-80.

LEYTE, A. Schelling y la música. *Anuário Filosófico*, v. 29, p. 107-123, 1996.

MATTHEWS, B. *Schelling's Organic Form of Philosophy. Life as the Schema of Freedom*. Albânia: Suny, 2011.

PUENTE, F. R. *As concepções antropológicas de Schelling*. São Paulo: Loyola, 1997.

RINCON, M. A. Espinosismo da Física de Schelling. *Cadernos Espinosanos*, n. 48, p. 181-207, 2023. Disponível em: https://doi.org/10.11606/issn.2447-9012.espinosa.2023.203719 – Acesso em: 3 jul. 2023.

SCHELLING, F. W. J. Briefwechsel 1786-1799. *In*: SCHELLING, F. W. J. *Friedrich Wilhelm Joseph Schelling Historisch-kritische Ausgabe. Reihe III: Briefe 1*. Stuttgart: Frommann-Holzboog, 2001.

SCHELLING, F. J. W. *Dedução geral do processo dinâmico*. Trad. G. A. Assumpção. São Paulo: Liber Ars, 2018.

SCHELLING, F. W. J. System des transscendentalen Idealismus (1800). *In*: SCHELLING, F. W. J. *Friedrich Wilhelm Joseph Schelling Historisch--Kritische Ausgabe. Reihe I: Werke 9, Teilband 1*. KORTEN, H.; ZICHE, P. (eds.). Stuttgart: Frommann-Holzboog, 2005.

SCHELLING, F. W. J. System des transscendentalen Idealismus (1800). *In*: SCHELLING, F. W. J. *Friedrich Wilhelm Joseph Schelling Historisch--Kritische Ausgabe. Reihe I: Werke 9, Teilband 2*. Herausgegeben von Harald Korten und Paul Ziche. Stuttgart: Frommann-Holzboog, 2005.

SUZUKI, M. Filosofia da arte ou arte de filosofar? *In*: SCHELLING, F. W. J. *Filosofia da arte*. Trad. M. Suzuki. São Paulo: Edusp, 2001. p. 9-15.

TILLIETTE, X. *Schelling: Une philosophie en devenir I*. Paris: J. Vrin, 1970.

VETÖ, M. *De Kant à Schelling. Les deux voies de l'idéalisme allemand*. v. 1. Grenoble: Jérôme Millon, 1998.

WARDA, A. *Immanuel Kants Bücher*. Berlin: Verlag von Martin Breslauer, 1992.

PREFÁCIO

Um sistema que muda, e até mesmo inverte completamente a concepção dominante das coisas – não apenas na vida comum, mas até mesmo na maior parte das ciências, caso os princípios daquele sejam demonstrados da maneira mais rigorosa – encontra uma oposição permanente, mesmo da parte daqueles que são capazes de reconhecer as evidências de suas provas. Esse fato só pode ter seu fundamento na incapacidade de abstrair do amontoado de problemas individuais que, imediatamente, ocasiona tal concepção modificada da imaginação em movimento com toda a riqueza da experiência e, com isso, confunde e atribula. Não se pode negar a força da demonstração, mas também não se sabe o que seria certo e evidente a se colocar no lugar desses princípios. Todavia, teme-se as consequências preludiadas mais monstruosas que se poderia prever a partir deles, e se desespera para resolver todas as dificuldades que os princípios devem encontrar, infalivelmente, em sua aplicação. Todavia, pode-se exigir, de modo legítimo, daquele que queira participar de investigações filosóficas em geral, que ele seja capaz dessa abstração, e que saiba apreender os princípios em sua maior universalidade, na qual o particular simplesmente desaparece e na qual, se ela for apenas a mais elevada, certamente está contida antecipadamente a solução para todas as tarefas possíveis, então é natural que, na primeira edificação do sistema, todas as investigações que desçam ao particular sejam afastadas, e apenas a primeira coisa necessária seja posta: passar os princípios a limpo fora de qualquer dúvida. Entretanto, em tal sistema se encontra a prova de toque mais certa de sua verdade no seguinte: de que não apenas resolve problemas anteriormente insolúveis com facilidade, mas que até mesmo causa problemas inteiramente novos, até então impensados, e a partir de um abalo geral do que é tomado por verdadeiro, um novo tipo de verdade se origina. Todavia, este é precisamente o característico do idealismo transcendental: que ele, na medida em que é admitido, põe necessidade de deixar que todo saber venha a ser, por assim dizer, a partir do zero; o que já era tido por verdade em vigor há tempos deve ser novamente posto à prova e, supondo que passe no teste, ao menos deve se permitir surgir de uma nova forma e configuração[14].

O propósito da seguinte obra é precisamente o seguinte: expandir o idealismo transcendental ao que ele deve realmente ser, ou seja, a um sistema do todo do saber. Portanto, a prova deste sistema não será conduzida apenas no universal, mas através do próprio ato, isto é, mediante a extensão efetiva de seus princípios a todos os problemas possíveis na consideração dos objetos principais do saber, que ou já foram colocados, mas não resolvidos, ou que foram tornados possíveis pela primeira vez pelo próprio sistema, e são recém-surgidos. Segue-se disso que este escrito deve lidar com questões e com objetos que simplesmente nunca foram mencionados ou abordados por muitos daqueles que se consideram ajuizados nas questões filosóficas, na medida em que eles ainda dependem dos fundamentos iniciais do sistema e não conseguem ir além deles, seja por causa de uma imperícia inicial de compreender o que é exigido pelos princípios primeiros de todo saber, seja por preconceito, seja por quaisquer outros motivos que não podem ser superados. Também essa classe tem pouco a esperar deste escrito – não obstante a investigação, como se entende, retome os primeiros princípios –, uma vez que, em relação às primeiras investigações nele contidas, nada pode surgir que já não esteja, ou nos escritos do inventor da doutrina da ciência[15], ou naqueles nos

---

14. No original, em alemão, *"Form und Gestalt"*. O termo *Gestalt* é complexo e pode significar forma, configuração, figura, desenho, vulto, aspecto, conformação, entre outros [N.T.].

15. Isto é, Johann Gottlieb Fichte (1762-1814), filósofo inaugurador do idealismo alemão. Desenvolveu teorias sobre fundamentação do conhecimento, religião, liberdade, direito, economia, política e história, muitas vezes partindo da filosofia kantiana. Desenvolveu seus próprios conceitos, como intuição intelectual, não-eu e eu absoluto, e radicalizou teses kantianas, buscando enfatizar o papel da consciência de si como ponto de partida do conhecimento. Teve uma relação amistosa com Schelling inicialmente, mas se distanciaram com o tempo. Sua filosofia foi, na parte inicial e mais conhecida da sua obra, idealista subjetiva, mas ele desenvolve uma teoria idealista objetiva em seus escritos tardios. Pode-se, assim, dividir sua filosofia em Período de Jena (1792-1804), período mais famoso e estudado da obra de Fichte, com maior quantidade de material traduzido disponível para vários idiomas, e Período de Berlim (1804-1814), ainda pouco estudado e traduzido da obra

quais o [presente] autor já se pronunciou há tempos[16]. Entretanto, na presente elaboração, tendo em mente alguns pontos, este pode ter conseguido maior clareza na apresentação do que em ocasiões anteriores, por meio da qual, todavia, uma carência mais originária de sentido jamais poderá ser preenchida. A propósito, o meio pelo qual o autor buscou atingir seu objetivo – apresentar o idealismo em toda a sua extensão – é que ele apresentou todas as partes da filosofia em uma continuidade, e o todo da filosofia como o que ela é, vale dizer: como história em progresso da consciência de si, para a qual o precipitado na experiência serve, apenas e simultaneamente, como monumento e escritura[17]. Para conceber essa história de modo preciso e completo, foi questão não apenas de separar as épocas individuais dessa [história] e, por sua vez, os momentos individuais destas, mas também de apresentá-las em uma sucessão, pela qual se pode – por meio do próprio método que permitiu encontrá-las – ter certeza de que nenhum membro intermediário necessário seja saltado e, então, entregar ao todo uma coerência interna, na qual nenhum tempo poderia tocar e que, para toda a elaboração posterior, por assim dizer, permaneça como o arcabouço imutável a partir do qual tudo deverá ser aplicado. O que impeliu, sobretudo, o autor a aplicar peculiar diligência na apresentação desta conexão

---

de Fichte. Nesse período, há radicalização do caráter especulativo da filosofia, e reflexão sobre o mundo como imagem e conhecimento na mente divina. Em grande parte, estas obras são resposta a questões presentes na filosofia da natureza e na filosofia da identidade de Schelling. Esse período é caracterizado, ademais, pelo envolvimento com questões políticas, filosofia da história e filosofia da religião. A ênfase do pensamento fichteano na liberdade e na imaginação fizeram dele um interlocutor muito importante para os românticos, como o próprio Schelling, além de Friedrich von Hardenberg (Novalis), Friedrich D.E. Schleiermacher e os irmãos Schlegel [N.T.].

16. Textos de Schelling que abordam o tema são, especialmente, *Sobre o eu como princípio da filosofia, ou sobre o incondicionado no saber humano*, de 1795, *Sobre a forma da filosofia em geral*, de 1794, e *Panorama geral*, coletânea de artigos, resenhas e reflexões escritas anonimamente entre 1796-1798 em um jornal de Friedrich Phillip Immanuel Niethammer (1766-1848), filósofo, teólogo e importante figura editorial da cultura alemã da época pós-kantiana [N.T.].

17. "Monumento" (*Denkmal*) e "escritura" (*Dokument*") também são utilizados, aqui, no sentido de uma fonte que não só pode ser interpretada, mas que também precisa sê-lo. No contexto teológico, Schelling discute, segundo Korten e Ziche (2005, p. 65), a chamada "Hipótese Documental", também chamada Teoria das Fontes ou Crítica das Fontes. Cf. Danz (1996, p. 36) [N.T.].

que é, propriamente, uma *sucessão de níveis* de intuições, por meio da qual o eu se eleva à consciência na potência mais elevada, foi o paralelismo entre natureza e a Inteligência[18], a partir da qual ele foi, há muito, conduzido. Para apresentar completamente esse paralelismo, nem a filosofia transcendental, tampouco a filosofia da natureza sozinha é o suficiente, mas só *as duas ciências*; precisamente por isso, as duas devem estar eternamente em oposição e nunca poderiam ser vertidas em uma só. A prova convincente da realidade igual das duas ciências na consideração teórica – que o autor, até aqui, apenas observou – deve ser buscada, portanto, na filosofia transcendental e, em particular, na apresentação dessa contida na presente obra, a qual, por isso, deve ser considerada como um equivalente necessário aos escritos dele sobre a filosofia da natureza, pois é precisamente por meio desta que se torna claro que as mesmas potências da intuição que estão no eu poderão ser indicadas até um certo limite, também na natureza, e como este limite é precisamente aquele entre a filosofia teórica e prática, que é, portanto, indiferente à consideração apenas teórica se o objetivo ou o subjetivo é feito primeiro, na medida em que apenas a filosofia prática (a qual, no entanto, não tem voz em sua consideração) pode decidir sobre essa questão, e como também o idealismo não possui fundamento puramente teórico algum. Portanto, nesta medida, quando se admite apenas evidências teóricas, nunca se pode ter a evidência da qual a ciência natural é capaz, sendo tanto o fundamento quanto a demonstração desta inteira e plenamente teóricos. Será precisamente a partir dessas explicações que também aqueles leitores familiarizados com a *filosofia da natureza* tirarão a conclusão de que há um motivo subjacente, consideravelmente profundo, na coisa mesma, pela qual o aut.[or][19] opõe essa ciência à filosofia transcendental e a separou inteiramente dela, ao passo que, certamente, se o todo de nossa tarefa fosse simplesmente

---

18. No original, em alemão, "*mit dem Intelligenten*". Em outras passagens, Schelling utiliza "*Intelligenz*". É possível que o termo seja reminiscente do *nous*, intelecto ("*der Intellekt*") da tradição platônica, da qual Schelling é leitor assíduo desde a juventude. Sobre as proximidades entre idealismo alemão e neoplatonismo, cf. Beierwaltes (1982); Puente (1997). Na obra de Puente, o autor também indica o distanciamento do neoplatonismo na fase tardia do pensamento schellinguiano, com mais aproximação de Plutarco [N.T.].

19. No original, em alemão abreviado, "*der Verf.*", ao invés de "*der Verfasser*" [N.T.].

explicar a natureza, nós nunca deveríamos ter sido impulsionados ao idealismo.

Ora, mas no que diz respeito às deduções que são conduzidas dos conceitos principais de natureza, da matéria em geral e de suas funções gerais, do organismo e assim por diante, então, são certamente idealistas, mas não por isso derivações teleológicas (o que muitos consideram como sinônimos), que podem ser tão pouco satisfatórias no idealismo quanto em qualquer outro sistema[20], pois quando eu, por exemplo, também mostro que, em relação à liberdade ou aos fins práticos, é necessário que haja matéria com esta ou com aquela determinação, ou que a inteligência intua seu agir no mundo exterior como que mediante um organismo, então eu deixo, com esta prova, ainda e sempre sem resposta à questão: como e por meio de qual *mecanismo*, então, a inteligência intui precisamente aquilo que é necessário à sua atividade? Pelo contrário, todas as provas que o idealista aduz para a existência de coisas exteriores determinadas devem ser conduzidas a partir do mecanismo originário do próprio intuir, isto é, por meio de uma *construção* efetiva do objeto. A simples inflexão teleológica da prova não seria, pelo motivo de que as provas são idealistas, avanço no próprio saber em passo algum. Afinal, como se sabe, a explicação teleológica de um objeto não é capaz de me ensinar nada sobre sua origem real.

As verdades da filosofia *prática* podem aparecer em um sistema do idealismo transcendental como tal apenas como membros intermediários, e o que propriamente cabe à filosofia prática no sistema é apenas o objetivo nela e que, em sua maior universalidade, é a história, a qual, em um sistema do idealismo, será tão exigida de se deduzir transcendentalmente quanto o objetivo da primeira ordem, ou a natureza. Essa dedução da história conduz, simultaneamente, à prova de que o considerarmos como o fundamento último da harmonia entre o subjetivo e o objetivo do agir deve ser

---

20. A dedução especificamente a partir da filosofia da natureza está na obra *Allgemeine Deduktion des dynamischen Processes* (1800), que possui tradução para o português: Schelling (2018). O § 63 dessa obra apresenta uma conexão explícita com o *Sistema do idealismo transcendental*. Sobre as críticas de Schelling à teleologia, cf. Assumpção (2022, p. 34-38; 69-71). Críticas mais rigorosas e precisas à teleologia, inclusive em Schelling, encontram-se em Hartmann (1951), e em Assumpção (2023) [N.T.].

pensado, mais precisamente, como algo absolutamente idêntico; embora representá-lo como substancial ou como um ser pessoal não seria melhor do que o pôr em um mero abstrato, cuja opinião o idealismo apenas poderia imputar o mais bruto dos equívocos.

No que tange aos princípios da *teleologia*, o leitor reconhecerá por conta própria e sem dúvida que eles indicam o único caminho de se explicar, de maneira apreensível, a coexistência do mecanismo da natureza com a conformidade a fins da natureza. – Finalmente, quanto ao assunto das proposições sobre a *filosofia da arte*, por meio da qual se encerra o todo, o autor pede àqueles que podem ter um interesse peculiar por ela, para ponderarem que o todo da investigação que, em si, é considerada infinita, aqui é meramente empregado em relação ao sistema de filosofia, por meio do qual um amontoado de páginas desse grande tema teve que ser deixado do lado de fora da consideração.

Finalmente, o aut.[or][21] observa que um objetivo secundário foi fornecer uma apresentação do idealismo transcendental tanto legível em geral e compreensível o quanto possível e que, para ele, precisamente por meio do método por ele escolhido, de alguma forma, isso pôde ser bem-sucedido. Disso, ele está convencido pela experiência de ter ministrado, duas vezes, conferências acerca do sistema[22].

Este curto prefácio, não obstante, será suficiente para despertar algum interesse por esta obra naqueles que estão no mesmo ponto de vista que o autor, e que trabalham com ele na solução das mesmas tarefas, e para convidar os ávidos por instrução e informação; todavia, para aqueles que nem são conscientes do primeiro [ponto de vista mencionado], tampouco exigem se elevar ao outro [caso], intimidar-se-ão pelo que está adiante, pelo qual, então, também todos os seus fins[23] serão atingidos.

Jena, fim de março de 1800.

---

21. No original, em alemão abreviado, *"der Verf."*, ao invés de *"der Verfasser"* [N.T.].

22. Sobre os cursos ministrados por Schelling entre 1799 e 1801 em Jena e Würzburg como centrais para sua escrita e desenvolvimento de textos de filosofia da natureza e filosofia da arte, cf. Korten e Ziche (2005, p. 10-11), e a apresentação do tradutor acima [N.T.].

23. Isto é, os fins do prefácio [N.T.].

INTRODUÇÃO

§ 1. Conceito de filosofia transcendental

1. Todo saber se baseia na concordância entre um objetivo e um subjetivo. – Pois se *sabe* apenas o verdadeiro; a verdade, todavia, será posta em geral na consonância entre as representações e seus objetos.

2. Podemos nomear a incorporação de todo simples *objetivo* em nosso saber *natureza*; em oposição, a incorporação de todo *subjetivo* se chama o *eu*, ou a *inteligência*. Ambos os conceitos se opõem um ao outro. A inteligência é, inicialmente, pensada como o simples representante; a natureza, como o mero representado; aquela, como o consciente; esta, como o aconsciente[24]. Ora, todavia, em cada *saber* há, necessariamente, uma coincidência recíproca entre ambos (o consciente e o em si aconsciente); a tarefa é: explicar essa coincidência.

3. No próprio saber – *na medida* em que eu sei –, o objetivo e o subjetivo se unem de tal modo que não se consegue dizer a qual dos dois se atribui a prioridade. Aqui, não há primeiro e nem segundo: ambos são simultâneos e são um. – Na medida em que eu *quero explicar* essa identidade, eu já devo tê-la *suspendido*. Para explicá-la, como nada me é dado além desses dois fatores do saber (como princípio explicativo), eu devo necessariamente *pôr* um *diante* do outro, *partir* de um, para dele chegar ao outro; pela tarefa em questão, ainda não se determinou de *qual* dos dois eu parto.

---

24. No original, "*das Bewusstlose*". Literalmente, o "sem consciência", o "privado de consciência". Portanto, o termo difere de "*das Unbewusste*", o famoso "inconsciente" freudiano. Schelling pensa que existe razão em certo grau na natureza não humana, mas que animais, vegetais etc. não são conscientes disso. Portanto, esses organismos se mostram não conscientes ou, ainda, aconscientes. A respeito, cf. Assumpção (2022, p. 31-45). Dependendo do contexto, por exemplo, a seguir será usado "sem consciência" [N.T.].

4. Portanto, apenas dois casos são possíveis.

A. *Ou o objetivo é feito o primeiro, e se pergunta: como é acrescentado algo subjetivo a ele, que corresponde a ele?*

O conceito de subjetivo não está *contido* no conceito de objetivo. Pelo contrário, ambos se encerram reciprocamente. Portanto, o subjetivo deve *ser adicionado* ao objetivo. – No conceito *de natureza*, não consta que também haja uma inteligência que a represente. A natureza, parece, existiria, ainda que nada que a representasse existisse. A tarefa, portanto, pode ser expressa *assim*: como a inteligência se soma à natureza, ou como a natureza chega a ser representada?

A tarefa pressupõe a natureza, ou o *objetivo*, como o *primeiro*. Ele é, portanto, sem dúvida uma tarefa da *ciência natural*, que faz o mesmo. – *Que* a ciência natural, ao menos, realmente se aproxima da solução dessa tarefa – e sem sabê-lo – só pode ser brevemente demonstrado aqui.

Se todo *saber* possui, por assim dizer, dois polos, os quais se pressupõem e se exigem reciprocamente, então eles devem se buscar em todas as ciências; consequentemente, deve necessariamente haver *duas* ciências fundamentais, e deve ser impossível partir de um polo sem ser impulsionado ao outro. A tendência necessária de toda *ciência natural*, portanto, é ir da natureza à inteligência. Nisso, e em nada mais se embasa o empenho em conduzir a *teoria* aos fenômenos naturais. – O mais elevado aprimoramento da ciência natural seria a espiritualização[25] completa de todas as leis naturais em leis do intuir e do pensar. Os fenômenos (o material) devem desaparecer inteiramente, e apenas restarem as leis (o formal). Por isso é o caso que, quanto mais na própria natureza o conforme a leis irrompe, mais a casca desaparece, os próprios fenômenos se tornam mais espirituais e, por último, cessam inteiramente. Os fenômenos ótimos não são nada além de uma geometria, cujas linhas são traçadas pela luz, e essa própria luz já é de materialidade ambígua. Nos fenômenos do magnetismo, quase todo vestígio material desaparece, e dos fenômenos da gravitação, que o próprio pesquisador da natureza só pôde acreditar apreender en-

---

25. No original alemão, "*Vergeistigung*" [N.T.].

quanto efeito espiritual imediato, não resta nada, além de sua lei, cuja execução em grande escala é a do mecanismo dos movimentos celestes. – A teoria completa da natureza seria aquela na qual o todo da natureza se dissolveria em uma inteligência. – Os produtos mortos e aconscientes da natureza são apenas tentativas falhas na natureza de refletir sobre si mesma, além disso, a chamada natureza morta [seria] apenas uma inteligência imatura. Portanto, em seus fenômenos, ainda que de modo aconsciente, o caráter inteligente já transparece. – A meta mais elevada, tornar-se inteiramente objeto a si mesma, é alcançada pela natureza apenas por meio da mais elevada e definitiva reflexão, a qual não é senão o ser humano, ou, mais universalmente, aquilo que chamamos razão, mediante a qual, em primeiro lugar, a natureza volta integralmente a si mesma. Por meio da razão, torna-se evidente que a natureza, originariamente, era idêntica com o que discernimos em nós mesmos como inteligente e consciente.

Isso pode ser o suficiente para provar que a ciência natural possui a tendência necessária a tornar a natureza inteligente; precisamente por meio dessa tendência, ela se torna *filosofia da natureza*, que é uma ciência fundamental necessária da filosofia[26].

B. *Ou o subjetivo é feito o primeiro, e a tarefa é o seguinte: como é acrescentado algo objetivo que corresponde a ele?*

Se *todo* saber é baseado na correspondência entre esses dois (1), então a tarefa: explicar essa correspondência, sem dúvida, é a mais elevada para todo saber e se, como é reconhecido em geral, a filosofia é a ciência mais elevada e suprema, sem dúvida, [é] a *tarefa principal da filosofia*.

Todavia, a tarefa exige apenas explicação de cada coincidência, e deixa totalmente indeterminado de onde a explicação parte, o que ela deve tornar primeiro e tornar segundo. – Como também os dois opostos são reciprocamente necessários um ao outro, então o resultado da operação deve ser o mesmo, independente de qual ponto se parta.

---

26. A implementação posterior do conceito de uma filosofia da natureza, e sua tendência necessária, podem ser buscadas no escrito do autor: *Projeto de um sistema de filosofia da natureza* [1799], somado à *Introdução* a esse Projeto, e às elucidações contidas no primeiro caderno do *Periódico* para física especulativa [N.A.].

Tornar o objetivo o primeiro, e derivar o subjetivo dele é, como foi indicado agora mesmo, tarefa da filosofia da natureza.

Logo, se há uma filosofia transcendental, então resta a ela apenas a direção oposta, partir do subjetivo como o primeiro e absoluto, e permitir que o objetivo surja a partir dele. Portanto, nas duas direções possíveis da filosofia, dividiram-se filosofia da natureza e filosofia transcendental e, se toda filosofia deve partir ou da natureza, tornando-a inteligência, ou da inteligência, tornando-a natureza, então a filosofia transcendental, que possui esta última tarefa, é a outra ciência fundamental necessária da filosofia.

§ 2. Corolários

Pelo que foi visto, nós não apenas deduzimos o conceito de filosofia transcendental, mas, simultaneamente, proporcionamos ao leitor um vislumbre do todo do sistema da filosofia que, como se vê, é completo por meio de duas ciências fundamentais que, opostas uma à outra em princípio e em direção, buscam-se e se complementam reciprocamente. Não o todo do sistema da filosofia, mas apenas uma ciência fundamental do sistema será aqui estabelecida. O conceito derivado dela, portanto, receberá em primeiro lugar uma mais precisa caracterização[27].

1) Se, para a filosofia transcendental, o *subjetivo* – é o *primeiro*, e único fundamento de toda realidade, único princípio de explicação de todo o demais (§ 1), então necessariamente ela inicia com a dúvida geral sobre a realidade do objetivo.

Assim como o filósofo da natureza direcionado apenas ao objetivo não busca se prevenir de nada tanto quanto da intromissão do subjetivo em seu saber, inversamente, o filósofo transcendental não busca deter nada tanto quanto a interferência do objetivo no puro princípio subjetivo do saber. – O meio de eliminação é o ceticismo absoluto – não o meio [ceticismo], direcionado apenas às

---

27. Apenas pelo acabamento do sistema de filosofia transcendental que é possível se dar conta da necessidade de uma filosofia da natureza, como ciência complementar e, então, também cessar de fazer, àquela, exigências que apenas uma filosofia da natureza pode cumprir [N.A.].

preconcepções[28] das pessoas, que ainda não veem o fundamento, mas o ceticismo radical, que não se volta contra preconcepções individuais, mas contra a preconcepção fundamental, com a qual todas as outras devem, espontaneamente, sucumbir. Afinal, além das preconcepções artificiais, introjetados pelas pessoas, há preconcepções bem mais primordiais, plantadas não pelo ensino ou pela arte, mas pela própria natureza e que, exceto para os filósofos, servem no lugar dos princípios de todo saber, e valem, ao simples pensador autônomo, como pedra de toque de toda verdade.

A única preconcepção fundamental, a qual todas as outras se reduzem, não é outra além de: *há coisas fora de nós*; um assentimento[29] que, embora não se baseie nem em razões, tampouco em conclusões (pois não há demonstração disso que persista ao teste do tempo), todavia não se deixa extirpar por nenhuma demonstração oposta (*naturam furca expellas, tamen usque redibit* ["você pode querer expulsar a natureza com um forcado: a natureza volta persistentemente"])[30], reivindicando certeza *imediata*. Isso se dá porque ele se relaciona a algo inteiramente diferente, inclusive oposto a nós, do qual não se consegue compreender como chega à consciência imediata – por nada mais que uma preconcepção –, vale dizer, uma preconcepção inata e primordial – mas que, por isso, não poderá ser considerado menos preconcepção.

O filósofo transcendental não sabe resolver a contradição de uma proposição da qual, segundo sua natureza, não se pode ter certeza imediata e que, ainda assim, é aceita tão às cegas e sem fundamentos como se tivéssemos tal certeza. [Tal resolução lhe

---

28. No original, em alemão arcaico, "*Vorurtheile*". Atualmente, grafado como "*Vorurteil*" no singular, no plural "*Vorurteile*". Uma tradução mais comum e literal seria preconceito, mas a direção do texto, especialmente a partir da p. 38, mostra que a ideia é de "concepções prévias", "pressupostos", "preconcepções teóricas" que influenciam nossos julgamentos teóricos [N.T.].

29. No original, "*Fürwahrhalten*". O termo aparece em discussões de Kant sobre fé e razão. Traduções mais literais seriam "tomar por verdadeiro", "aceitar como verdadeiro". Cf. a respeito: Assumpção (2014, 2016); Caffarena (2005) [N.T.].

30. Em latim, no original. Schelling conhecia muitas línguas estrangeiras, como o hebraico, o árabe, latim, francês, grego e até inglês – que não era tão comum um alemão conhecer na época. Aqui, Schelling cita um pouco trocado Quinto Horácio Flaco, *Epistulae*, Lib I. X. V.: "*naturam expelles furca, tamen usque recurret*". Traduzimos da versão alemã por Korten e Ziche (2005, p. 77) [N.T.].

parece impossível,] a não ser mediante a pressuposição de que essa proposição está oculta e que, sem ela, até o presente não se conseguiu perceber – que ela não é não conectada com, mas é idêntica a, e uma e a mesma que um certo imediato[31]. *Revelar essa identidade será* propriamente a preocupação da filosofia transcendental.

2) Ora, todavia, para o uso comum da razão, nada é imediatamente certo, além da proposição: *"Eu sou"*; que, por perder o próprio sentido *fora* da consciência imediata, é a mais individual de todas as verdades, e a *preconcepção absoluta*, que deve, *em primeiro lugar*, ser aceita, caso se deva ser certo de qualquer outra coisa. – A proposição: *"há coisas fora de nós"* também só será, portanto, conhecida para os filósofos transcendentais por meio de sua identidade com a proposição: *"Eu sou"*, e sua certeza será também apenas *idêntica* à certeza da proposição da qual ela toma a própria de empréstimo.

O saber transcendental seria, portanto, distinto do comum por meio de dois pontos.

Em primeiro lugar: que, para ele, a certeza da existência das coisas externas seja uma mera preconcepção, além da qual ele transborda para procurar seus fundamentos. (Por isso, nunca pode ser a ocupação do filósofo transcendental demonstrar a existência das coisas em si, mas apenas que uma preconcepção natural e necessária a ele é supor objetos externos como reais.)

Em segundo lugar: que ele separa as duas proposições que confluem na consciência comum: *"Eu sou"* e: *"há coisas fora de mim"*, precisamente para demonstrar sua identidade e para poder evidenciar, de fato, a conexão imediata, que é apenas sentida. Mediante o ato dessa separação, quando ela é completa, ele se transfere para o modo de consideração transcendental, o qual de modo algum é natural, mas artificial.

---

31. No original, *"unmittelbar Gewissen"*. Pelo contexto, infere-se que *"Gewissen"* seja uma substantivação do adjetivo *"gewisse"*, (certo), e não o substantivo *"Gewissen"* (consciência moral, como recorrente em textos de Sigmund Freud). Está-se falando aqui de conhecimento, de certeza imediata, e não de moralidade, culpa etc. Isso é corroborado pelo parágrafo seguinte, em que Schelling usa *"nichts unmittelbar Gewisses"*, *"nada imediatamente certo"*, e pela tradução para o inglês de Heath. Cf. Schelling (2001a, p. 7) [N.T.].

3) Se apenas o subjetivo possui realidade primordial ao filósofo transcendental, então ele também fará apenas o subjetivo no saber como objeto imediato para si: o objetivo será, para ele, apenas indiretamente objeto e, ao invés de desaparecer no objeto no saber comum, ao contrário, no [saber] transcendental, o objeto *como* tal desaparece no ato de saber. O saber transcendental, portanto, também é um saber do saber, na medida em que é puramente subjetivo.

Então, por exemplo, da intuição, apenas o objetivo atinge a consciência comum, o próprio intuir se perdendo no objeto; ao passo que o modo de consideração transcendental, de fato, apenas enxerga por meio do ato de intuir através do intuído. – Então, o pensamento comum é um mecanismo, no qual conceitos são soberanos, mas sem que sejam diferenciados *como* conceitos; ao passo que o pensamento transcendental rompe com esse mecanismo e, na medida em que se torna consciente do conceito como ato, eleva-se a *conceito do conceito*. – No agir comum, o *próprio agir* é esquecido no objeto da ação; o filosofar também é um *agir*, mas não apenas um agir, e sim, ao mesmo tempo, um *intuir a si mesmo* contínuo neste agir.

A natureza do modo de consideração transcendental deve, portanto, consistir nisto: *que nele, também aquilo de que à consciência escapa em todos os outros pensamentos, saberes ou agires, e é absolutamente não objetivo, é trazido à consciência e se torna objetivo*, em poucas palavras, *em um contínuo tornar a si mesmo objeto* [*de parte do*] *subjetivo*[32].

O artifício transcendental consistirá precisamente na prontidão de se manter constantemente nesta duplicidade entre agir e pensar.

§ 3. Divisão provisória da filosofia transcendental

Esta divisão é *provisória*, pois, em primeiro lugar, o princípio da divisão só poderá ser derivado da própria ciência.

Nós retornamos ao conceito de ciência.

---

32. No original, em alemão arcaico: *"sich-selbst Object werden des Subjectiven"* [N.T.].

A filosofia transcendental tem que explicar como o saber em geral é possível, pressupõe que o subjetivo neste será presumido como o dominante, ou o primeiro?

Portanto, ela não toma uma parte individual, um objeto a mais do saber, mas faz de seu objeto o *próprio saber*, e o *saber em geral*.

Ora, todavia, se todo saber se reduz a certas convicções primordiais, ou preconcepções primárias, a filosofia transcendental deve conduzir de volta a uma convicção originária; esta, a partir da qual todas as outras serão derivadas, será expressa no *primeiro princípio desta filosofia*, e a tarefa de encontrá-la não se chama nada além de: encontrar o absolutamente certo, por meio do qual toda outra certeza é mediada.

A divisão da própria filosofia transcendental será determinada por meio dessas convicções originárias, cuja validade ela requer. Essas convicções devem, por ora, ser buscadas no entendimento comum. – Portanto, quando se desloca de volta ao ponto de vista da opinião comum, encontra-se as seguintes convicções profundamente enraizadas no entendimento humano[:][33]

A. Que não só não existe um mundo de coisas fora de nós e independente de nós, mas também que nossas representações correspondem tanto a elas que nas coisas *não* há *nada* além do que aquilo que representamos delas. A coação em nossas representações será, portanto, explicada pelo fato de que determina invariavelmente as coisas e que, por meio dessa determinidade das coisas, também nossas representações serão determinadas mediatamente. Por meio desta primeira e mais originária convicção, a primeira tarefa da filosofia está determinada: explicar como as representações podem concordar absolutamente com objetos existentes que independem completamente delas? – Então, a possibilidade de toda experiência se baseia na hipótese de que as coisas são precisamente o que nós representamos delas; portanto, que nós certamente conhecemos as coisas como elas são *em si* (afinal, o que seria a experiência, e para onde a física, por exemplo, perder-se-ia, sem essa pressuposição da identidade absoluta entre ser e o aparecer?) –

---

33. No original, Schelling usa ponto-final (.), mas faz mais sentido dois-pontos (:) neste trecho [N.T.].

desta maneira, a solução desta tarefa é idêntica à *filosofia teórica*, que deve investigar a possibilidade da experiência.

B. A segunda convicção, tão originária [quanto a primeira], que as representações, que surgem em nós *sem necessidade, pela da liberdade*, passam do mundo dos pensamentos ao mundo real, e conseguem adquirir realidade objetiva.

Esta convicção é oposta à primeira. Segundo a primeira, suposto que objetos sejam *invariavelmente determinados*, e por meio deles, nossas representações [são determinadas]; de acordo com a segunda, os objetos são *variavelmente* [determinados] e, vale dizer, pela causalidade de representações em nós. Segundo a primeira convicção, tem lugar uma transição do mundo real ao mundo da representação, ou um vir a ser determinado[34] mediante algo objetivo; de acordo com a segunda, uma transição do mundo da representação ao real, ou um vir a ser determinado do objetivo mediante uma representação (livremente concebida) em nós.

Por meio desta segunda convicção, determina-se um segundo problema, o seguinte: como, por meio de algo meramente pensado, algo objetivo pode ser mutável, de modo que este corresponda inteiramente ao pensado?

Como a possibilidade de toda ação livre se ancora nesta pressuposição, então, a solução desta tarefa é a *filosofia prática*.

C. Todavia, com esses dois problemas, nos vemos enredados em uma contradição. – Segundo B, é exigida uma soberania do pensamento (o ideal) sobre o mundo sensível; como, todavia, essa é pensável, se (segundo A) a representação, em sua origem, já é apenas a escrava do objetivo? – Inversamente, se o mundo real é algo que independe inteiramente de nós, ao qual (como seu protótipo[35]) nossa representação deve se orientar (segundo A); então se torna inapreensível como, apesar disso, o mundo real poderia se direcionar às representações em nós (segundo B). – Em uma palavra, pela certeza teórica, deixamos de fora a certeza prática, e

---

34. No original, em alemão, *"Bestimmtwerden"* [N.T.].

35. No original, em alemão, *"Urbild"*. O termo é muitas vezes traduzido por "arquétipo". Outras possibilidades são "prefiguração"; "pré-imagem"; "imagem inversa"; "protótipo" [N.T.].

pela certeza prática, perdemos a teórica; é impossível haver, simultaneamente, verdade em nosso conhecimento e realidade em nosso querer.

Essa contradição deve ser resolvida, se há uma filosofia em geral – e a solução desse problema não é a *primeira* tarefa, mas a tarefa *mais elevada* da filosofia transcendental. É [também] a resposta à pergunta: *como podem ser pensadas, simultaneamente, as representações como se dirigindo aos objetos, e os objetos como se orientando às representações?*

É fácil perceber que esse problema não poderá ser resolvido nem na filosofia teórica, tampouco na [filosofia] prática, mas em uma [filosofia] superior, que é o membro intermediário combinador de ambos, e que não é nem teórica, nem prática, mas *ambas* ao mesmo tempo.

Quem não pressupõe haver uma *harmonia preestabelecida*[36] entre os dois mundos, o ideal e o real, não compreenderá como o mundo objetivo se conforma às representações em nós e, ao mesmo tempo, as representações em nós se adequam ao mundo objetivo. Essa harmonia preestabelecida, todavia, não é sequer pensável, se a atividade por meio da qual o mundo objetivo é produzido não for originariamente idêntica àquela [atividade], que se exterioriza no querer, e vice-versa.

Ora, contudo, é uma atividade *produtiva* que se exterioriza no querer; todo agir livre é produtivo, apenas produtivo *com consciência*. Todavia, como ambas as atividades devem ser uma apenas em princípio, põe-se que a mesma atividade que é produtiva *com consciência* na ação livre é, no produzir do mundo, produtiva sem *consciência*. Então, aquela harmonia preestabelecida é real, e a contradição é resolvida.

---

36. No original, *"vorherbestimmte Harmonie"*. O termo é recorrente na filosofia de Gottfried Wilhelm Leibniz (1646-1716). Segundo esse conceito leibniziano, há duas camadas da realidade, reino da natureza e reino da graça, que não apresentam contato direto. Isso significa que corpo e alma, causas eficientes e causas finais, não se relacionam diretamente, mas indiretamente, mediante uma harmonia preestabelecida, ou seja, uma ordem prévia da realidade, estabelecida por uma mente divina, onipotente, onisciente e onibenevolente. A respeito, cf. Leibniz (1979); Assumpção (2015b); Hösle (2022); Rutherford (1998) [N.T.].

Põe-se que tudo realmente procede dessa forma, então essa identidade originária entre a atividade encarregada com o produzir do mundo e aquela que se exterioriza no querer se apresenta nos produtos da primeira, e esses produtos deverão aparecer como produtos de uma atividade *consciente e aconsciente* ao mesmo tempo.

A natureza, não só como um todo, mas também em seus produtos individuais, deverá aparecer como uma obra produzida com consciência e, todavia, ao mesmo tempo como produto do mecanismo mais cego; *ela é conforme a fins, sem poder ser explicável conforme a fins*. – A filosofia é dos fins naturais, ou a teleologia é, portanto, também este ponto de unificação entre filosofia teórica e prática.

D. Ora, até agora foi postulada apenas a identidade entre a atividade aconsciente, que produziu a natureza, e a consciente, que se exterioriza no querer, sem que tivesse sido decidido a quem o princípio da atividade pertence: à natureza, ou a nós?

Todavia, agora o sistema do saber[37] só pode ser considerado completo se ele retorna ao eu princípio. – Portanto, a filosofia transcendental só seria completa se pudesse demonstrar aquela *identidade* – a solução mais elevada de todo o seu problema – *em seu princípio* (no eu).

Portanto, é postulado que aquela atividade ao mesmo tempo consciente e aconsciente será evidenciada no subjetivo, *na própria consciência*.

Tal atividade é unicamente a *estética*, e toda obra de arte só pode ser apreendida como produto dela. O mundo ideal da arte, e o real dos objetos são, portanto, produtos de uma e da mesma atividade; a coincidência de ambos (o consciente e o aconsciente) *sem* consciência dá o mundo real; [a coincidência] *com* consciência, o mundo estético.

---

37. "O sistema do saber" não seria propriamente o sistema do idealismo transcendental, tampouco o da filosofia da natureza publicado em 1799. Segundo Korten e Ziche (2005, p. 6-8), é possível que Schelling ainda não tivesse totalmente esboçado esse sistema. Retrospectivamente, contudo, ele mesmo escreve que o "sistema do saber" se tratava do sistema da identidade (1801-1806) [N.T.].

Ora, o mundo objetivo é apenas a poesia mais originária, todavia aconsciente do espírito; o *órganon*[38] geral da filosofia – e a chave de abóbada de todo o seu arco – a *filosofia da arte*.

§ 4. Órgão da filosofia transcendental

1) O único objeto imediato da consideração transcendental é o subjetivo (§ 2.); o único órgão desse modo de filosofar, portanto, é *o senso interno*, e seu objeto é do tipo que não pode se tornar objeto de intuição externa, como o da matemática. – O objeto da matemática, certamente, está tão pouco disponível *fora* do saber quanto o da filosofia. Toda a existência da matemática repousa na intuição, portanto, ela existe também apenas na intuição, mas essa intuição é uma externa. Além disso, o matemático nunca se preocupa diretamente com a própria intuição (a construção), mas apenas se preocupa com o construído que, no entanto, se deixa apresentar externamente, ao passo que o filósofo só parece ver o *próprio ato da construção*, que é algo absolutamente interno.

2) Ainda mais, os objetos do filósofo transcendental sequer existem, senão na medida em que são livremente produzidos. – Não se pode ser coagido a essa produção, assim como, por exemplo, pode-se ser coagido a intuir internamente uma figura matemática pelo desenho malfeito dela. Logo, assim como a existência de uma figura matemática depende do senso externo, a realidade inteira de um conceito filosófico depende unicamente do *senso interno*. O todo do objeto desta filosofia não é outro senão o agir da inteligência segundo leis determinadas. Esse agir só pode ser compreendido por meio de uma própria intuição interna imediata, e esta, novamente, só é possível por meio da produção. Porém, isto não é o bastante. No filosofar, é-se não apenas o objeto, mas sempre e simultaneamente o sujeito da consideração. Para a compreensão da filosofia, portanto, são exigidas duas condições. *Em primeiro lugar*, que se esteja em constante atividade interior, em um duradouro produzir daquelas ações originárias da inteligência. *Em segundo lugar*, que se apreenda em permanente reflexão sobre

---

38. Korten e Ziche (2005, p. 82) indicam que o conceito de *órganon*, aqui, deve ser pensado também no contexto de órgão, de relação entre todo e partes da filosofia da natureza [N.T.].

esse produzir – em uma palavra, que sempre e ao mesmo tempo se seja o intuído (produtivo) e aquele que intui.

3) Por meio dessa constante duplicidade entre produzir e intuir, dever-se-á tornar objeto, *o que não seria, de outro modo, refletido por nada*. – *Aqui* ainda não será demonstrado – mas que, todavia, será demonstrado em breve, que este vir a ser refletido[39] do absolutamente aconsciente e não objetivo apenas é possível mediante um *ato estético* da imaginação. Todavia, o que já é bem claro pelo que já foi demonstrado aqui: que toda filosofia é *produtiva*. A filosofia, portanto, depende tanto da capacidade produtiva quanto a arte, e a diferença entre ambas é meramente a direção diferente da força produtiva, pois ao invés de fazer como a produção na arte, direcionando-se para fora, de modo a refletir o aconsciente mediante produtos; a produção filosófica [se direciona] imediatamente para dentro, para refleti-lo na intuição intelectual. – O senso intrínseco com o qual esse tipo de filosofia deve ser apreendido é, portanto, o *estético* e, por isso mesmo, a filosofia da arte é o verdadeiro *órganon* da filosofia (§ 3.).

Há apenas duas saídas da realidade comum: a poesia, que nos transfere a um mundo idealista, e a filosofia, a qual faz desaparecer o mundo real diante de nós. – Não se reconhece por que o senso para a filosofia deverá ser ainda mais universalmente propagado do que o senso para a poesia, especialmente entre a classe de pessoas que perderam totalmente o órgão estético, seja pela obra da memória (nada mata mais imediatamente o produtivo), seja pela especulação morta, aniquiladora de toda a imaginação.

4) É desnecessário se deter nos lugares comuns sobre um *senso de verdade*, é indiferente quanto aos resultados, embora se possa perguntar quais outras convicções ainda poderiam ser sagradas a quem reivindicasse o mais certo (que há coisas externas a nós). – Antes disso, poderíamos ainda lançar mais um olhar às chamadas reivindicações do entendimento comum.

O entendimento comum não tem reivindicação alguma quanto às coisas da filosofia, exceto a de que todo objeto de investigação tem, a saber, de ser *completamente explicado*.

---

39. No original, em alemão: *"Reflectirtwerden"* [N.T.].

Portanto, não é o caso de demonstrar, por exemplo, que seja verdadeiro o que se toma por verdadeiro, mas apenas de descobrir a inevitabilidade de suas ilusões. – Concorda-se que o mundo objetivo pertence apenas às limitações necessárias que tornam possível a consciência de si (o "eu sou"); para o entendimento comum, é o suficiente, se a necessidade dessa concepção é derivada da própria concepção.

Para este propósito, é necessário não só que seja destravado o propulsor interno de nossa atividade espiritual; ou que o mecanismo do representar necessário seja revelado, mas também que seja indicado por meio de qual peculiaridade de nossa natureza se necessita que algo simplesmente dotado de realidade em nosso intuir seja refletido em nós como algo dado externamente.

Assim como a ciência natural produz o idealismo a partir do realismo, na medida em que espiritualiza as leis naturais na forma de leis da inteligência, ou acrescenta o formal ao material (§ 1.), a filosofia transcendental produz o realismo a partir do idealismo. Consequentemente, ela materializa as leis da inteligência em leis da natureza, ou conduz o material ao formal.

PRIMEIRA SEÇÃO PRINCIPAL
SOBRE O PRINCÍPIO DO IDEALISMO TRANSCENDENTAL

Primeira seção: sobre a necessidade e caráter de um princípio superior do saber

1) Adota-se, por hora, enquanto hipótese que, em nosso saber em geral, há *realidade*, e se pergunta: quais seriam as condições dessa realidade? – Se, em nosso saber, *de fato* há realidade, dependerá do seguinte: se as condições anteriormente derivadas serão possíveis de se indicar, efetivamente, em seguida.

Se todo saber se funda na correspondência entre um objetivo e um subjetivo (Intro. § 1.), então o todo de nosso saber se compõe de proposições que não são *imediatamente* verdadeiras, que tomam de empréstimo sua realidade de algo outro.

A mera harmonização entre um subjetivo e um subjetivo não funda saber autêntico algum. E, inversamente, o próprio saber pressupõe uma coincidência de opostos, cujo coincidir só pode ser *mediato*.

Portanto, deve haver algo universalmente mediador em nosso saber, que é o único fundamento do saber.

2) Será tomado como *hipótese* que, em nosso saber, há um *sistema*, o que significa que ele é um todo que suporta a si mesmo e que concorda consigo mesmo. – O cético nega esta suposição, como a primeira, e ela só é, como aquela, comprovável mediante o próprio ato[40]. – E como seria, então, se também nosso saber, aliás, toda nossa natureza em si mesma fosse autocontraditória? – Então,

---

40. Este trecho apresenta influência da filosofia de J.G. Fichte (1762-1814). A respeito, cf. Assumpção (2019) [N.T.].

seria apenas *suposto* que nosso conhecimento fosse um todo originário, cuja planta deveria ser o sistema de filosofia, por conseguinte, a pergunta provisória seria pelas condições de tal todo.

Ora, todo verdadeiro sistema (como, por exemplo, o da estrutura do mundo[41]) deve ter o fundamento de sua subsistência *em si mesmo*. Então, se há um sistema da ciência, o princípio deste *reside no interior do próprio saber*.

3) *Esse princípio só pode ser um*, pois toda verdade é absolutamente *idêntica* a si mesma. Pode certamente haver graus da plausibilidade, [ao passo que] a verdade não possui graus; o que é verdadeiro, é igualmente verdadeiro. – Todavia, que a verdade de todas as proposições do saber seja absolutamente idêntica é impossível, caso ele derive sua verdade de princípios (membros intermediários) diferentes; portanto, deve haver apenas um princípio (mediador) em todo saber.

4) Esse princípio é, mediata ou imediatamente, princípio de toda ciência, mas imediata e diretamente apenas princípio da *ciência de todo saber*, ou da filosofia transcendental.

Por meio da tarefa de dispor uma ciência do *saber*, isto é, uma tal que torna o subjetivo o primeiro e mais elevado, é-se, portanto, imediatamente impelido a um princípio superior de todo saber.

Todas as objeções contra tal princípio superior *absoluto* do saber já são aparadas pelo conceito de filosofia transcendental. Todas surgem, portanto, apenas do fato de que não se nota a estreiteza de espírito da primeira tarefa desta ciência, que abstrai, desde o início, de tudo o que é objetivo, e considera apenas o subjetivo.

Não se trata, de modo algum, de um princípio absoluto do *ser*, pois contra tal princípio vigoram todas aquelas objeções, mas de um princípio absoluto do *saber*.

Ora, todavia, é claro que, se não há um limite absoluto ao conhecimento – há *algo* no saber que, mesmo que não sejamos conscientes dele, magnetiza-nos e nos amarra absolutamente e que, *na*

---

41. Em alemão, no original, "*Weltbau*". O termo também pode ser traduzido por "construção do mundo"; "edifício do mundo", "constituição física do mundo", "tecido do mundo", entre outros [N.T.].

medida em que sabemos, não se torna objeto a nós nenhuma vez, precisamente pelo fato de que é o *princípio* de todo saber – pois, então, nunca poderia chegar a um saber; nenhuma vez poderia chegar a algo individual.

O filósofo transcendental não se pergunta qual poderia ser o último fundamento de nosso saber *fora* desse [saber], mas ["]o que é o último *em nosso próprio saber*, do qual nós não somos capazes de sair?["] – Ele busca o princípio do saber *no interior do saber/* (ele é, portanto, precisamente algo que pode ser conhecido).

A observação de que não há um princípio superior do *saber* não é *positiva*, como aquela de que há um princípio absoluto do ser, mas uma observação *negativa, limitante*, na qual reside apenas o seguinte: há um [princípio] último, a partir do qual todo saber se inicia, e além do qual não há *saber* algum.

Como o filósofo transcendental (Intro. § 1) torna apenas o subjetivo em objeto sob todos os aspectos, então ele observa apenas que há o subjetivo, isto é, que *para nós* existe algum *primeiro saber*: se algo abstrai de nós, além desse *primeiro* saber, não é da preocupação deste filósofo por ora, e deve decidir sobre isso na sequência.

Esse *primeiro saber* é, para nós, sem dúvida, o saber de nós mesmos, ou a consciência de si[42]. Se o idealista torna esse saber em princípio da filosofia, então isso está de acordo com a limitação do todo de sua tarefa, que não possui objeto algum exterior ao subjetivo do saber. – Que a consciência de si é o ponto fixo, a partir do qual tudo está amarrado *para nós*, é algo que não carece de ser demonstrado. – Ora, todavia, que essa consciência de si pudesse ser apenas a modificação de um ser superior – (talvez, de uma consciência superior, e esta, [a modificação] de uma ainda mais elevada, e assim em diante ao infinito) – em uma palavra, que também a consciência de si poderia ser ainda outra coisa mais *explicável* em geral, explicável por algo do qual nós não *podemos* saber nada, pois o conjunto da síntese de nosso saber é primeiramente feito, precisamente, pela consciência de si – como filósofos transcendentais, isto não nos cabe, pois a consciência de si não nos é um modo

---

42. No original, em alemão, "*Selbstbewusstsein*". Pode, também, ser traduzido como "autoconsciência" [N.T.].

de *ser*, e sim uma modalidade de *conhecer* – vale dizer, a mais elevada e mais extrema que há para nós em geral.

Para irmos ainda mais longe, é necessário ser provado, e em parte já foi provado acima (Intro. § 1.), que mesmo quando o *objetivo* é posto arbitrariamente como o primeiro, todavia, nós ainda não *ultrapassamos* a consciência de si. Em seguida, ou nós somos infinitamente impelidos de volta a nossas explicações, de fundado ao fundamento, ou nós devemos romper a série arbitrariamente, pondo um absoluto, que é causa e efeito *de si mesmo* – sujeito e objeto –, e como isso, originariamente, só é possível por meio da consciência de si, consequentemente, pelo fato de que nós pomos novamente uma *consciência de si* como primeiro. Isso ocorre na ciência natural, para a qual o ser é tão pouco originário quanto para a filosofia transcendental (cf. o *Projeto de um sistema de filosofia da natureza*, p. 5), e que põe o único real em um absoluto que é causa e efeito de si mesmo – na identidade absoluta entre subjetivo e objetivo, que nós chamamos natureza e que, em sua potência mais elevada, não é nada além de consciência de si.

O dogmatismo, ao qual o *ser* é o originário, pode explicar em geral apenas por meio de um regresso infinito, pois a série de causas e efeitos, para a qual sua explicação foge, só poderia ser encerrada por meio de algo que fosse, ao mesmo tempo, causa e efeito de si; todavia, precisamente por isso, ele se transformaria em ciência *da natureza*, a qual, todavia, retorna em seu acabamento ao princípio do idealismo transcendental. (O dogmatismo consequente existe apenas no espinosismo; o espinosismo, no entanto, pode perdurar como sistema geral apenas como *ciência natural*, cujo último resultado será, mais uma vez, o princípio da filosofia transcendental.)

De tudo acima, é evidente que a consciência de si delimita o todo do horizonte de nosso saber, também expandido rumo ao infinito, e o supremo permanece em toda direção. Contudo, para o objetivo atual, não se carece destes pensamentos amplamente panorâmicos, mas apenas da reflexão sobre o sentido de nossa primeira tarefa. – Sem dúvida, todos acharão os raciocínios seguintes compreensíveis e evidentes.

É-me, por enquanto, a simples preocupação trazer um sistema a meu próprio saber e buscar, *no interior do próprio saber,* aquilo por meio do qual todo saber individual é determinado. – Ora, todavia, sem dúvida, aquilo por meio do qual tudo em meu saber é determinado é o saber *de mim mesmo.* – Como eu quero fundamentar meu saber apenas *em si mesmo,* então eu não pergunto mais pelo fundamento último deste saber primeiro (a consciência de si) que, caso haja um, deve estar, necessariamente, *fora* do saber. A consciência de si é o ponto luminoso no todo do sistema do saber, mas ela só lança luz para frente, e não para trás. – Mesmo admitindo que essa consciência de si fosse apenas a modificação de um ser independente dela, o que, certamente, nenhuma filosofia pode tornar apreensível, ainda assim ela não seria para mim modo algum do ser, mas uma *modalidade de saber, e eu a considero somente nessa qualidade.* Devido às limitações de minha tarefa, que me encerra infinitamente em um círculo do saber, [a consciência de si] se torna para mim princípio autônomo e absoluto – não todo ser, mas todo saber, como *todo* saber (não somente o meu) deve partir dela. – Que o saber em geral, de modo que, em particular este *primeiro saber* deve ser dependente de uma existência independente dele, é algo que dogmatista algum ainda provou. É, até agora, precisamente tão *possível* que toda existência seja apenas modificação de um saber quanto que todo saber seja apenas a modificação de um existente. – Porém, tendo dito isso e abstraindo inteiramente do seguinte: se o necessário em geral é o existente e o saber é mero acidente do existente – *para nossa ciência,* o saber é precisamente por isso autônomo, de sorte que nós o contemplamos simplesmente tal como é fundado *em si mesmo,* isto é, na medida em que é meramente subjetivo.

Se é *absolutamente* autônomo, permanece indeciso até o presente, até ser decidido pela própria ciência se pode ser pensado algo que não seja derivado desse próprio saber.

Contra a própria tarefa, ou melhor, contra a *determinação* da tarefa, o dogmático já não pode objetar nada pelo fato de que eu posso *limitar* minha tarefa de forma inteiramente voluntária, porém não para *expandi-la* conforme minha vontade a algo que, como já entrevisto, jamais pode beirar na esfera de meu saber, tal como um fundamento último do saber externo ao saber. – A única objeção possível contra ela é que uma tarefa determinada de tal modo não é uma tarefa filosófica, e que sua solução não é a filosofia.

Entretanto, o que a filosofia *pode ser* é precisamente a pergunta sobre a qual até agora não se tem acordo, cuja resposta só pode ser o resultado da própria filosofia. *Que* a solução desta tarefa seja a filosofia é algo que só pode ser respondido pelo próprio ato, *por meio do qual, uma vez resolvida esta tarefa, ao mesmo tempo se resolvem todos os problemas que se buscou resolver na filosofia até então.*

Nós observamos, entretanto, com o mesmo direito com o qual o dogmático observa o contrário, que o até agora entendido por filosofia só é possível como ciência do saber, e não tem o *ser*, mas o *saber* como objeto; seu princípio, portanto, não poderia ser um princípio do ser, mas apenas um princípio do saber. – Se, do saber ao ser, temos mais sucesso em derivar tudo o que é objetivo de tudo o que, por hora, é *suposto* como saber autônomo apenas para o propósito de nossa ciência e, assim, elevá-lo à absoluta autonomia, enquanto ao dogmático cabe a busca contrária, gerar um saber a partir de um ser tido como autônomo, cabe à sequência decidir.

5) Por meio da primeira tarefa de nossa ciência: buscar se é possível ser encontrada uma transição do saber, como tal (na medida em que é ato), do objetivo nele (que não é ato algum, mas um ser, um subsistir); nessa tarefa, o saber já é posto como autônomo; e antes do experimento, nada pode ser objetado contra a própria tarefa.

Por meio dessa própria tarefa, portanto, simultaneamente é posto que o saber possui um princípio absoluto *em si mesmo*, e que este princípio subjacente ao interior do próprio saber *deverá, simultaneamente, ser o princípio da filosofia transcendental como ciência.*

Ora, todavia, toda ciência é um todo de proposições sob *determinada forma*. Portanto, mediante esse princípio, todo o sistema da ciência deverá ser fundamentado, portanto aquele não deverá determinar somente o *conteúdo*, mas também a *forma* desta ciência.

É geralmente aceito que pertence à filosofia uma forma peculiar, que se chama "sistemática". – Pressupor essa forma sem deduzi-la é aceitável em outras ciências, as quais já pressupõem a ciência da ciência, mas não nesta própria ciência, que possui precisamente a possibilidade de tal [forma] como objeto.

O que é *forma científica* em geral, e qual é sua origem?[43] Essa questão deverá ser respondida por meio da doutrina da ciência para todas as outras ciências. – Todavia, essa doutrina da ciência já é *ciência*, portanto seria necessária uma doutrina da ciência da doutrina da ciência; todavia, essa mesma seria, novamente, uma ciência, e assim em diante e ao infinito. – Pergunta-se: como esse círculo, claramente insolúvel, pode ser explicável?

Esse círculo inevitável para a ciência não é explicável, a não ser que possua sua sede originariamente *no próprio saber* (objeto da ciência), ou ainda: que o *conteúdo originário* do saber pressuponha a *forma originária* e, inversamente, *a forma originária do saber* pressuponha o conteúdo originário, e ambos sejam reciprocamente condicionados um pelo outro. – Para esse propósito, portanto, um ponto deve ser encontrado na própria inteligência onde, por meio de um e do mesmo ato indivisível do saber mais originário, conteúdo e forma sejam engendrados simultaneamente. – A tarefa de encontrar esse ponto deveria ser idêntica à seguinte: encontrar o princípio de todo saber.

O princípio da filosofia deve, portanto, ser de tal modo que o conteúdo seja condicionado pela forma e, por sua vez, a forma seja condicionada pelo conteúdo, e que um não pressupõe o outro, mas ambos se pressupõem reciprocamente. – Contra um primeiro princípio da filosofia, pode ser argumentado da seguinte forma, entre outras. O princípio (*Princip*) da filosofia deve ser possível de se expressar em uma proposição fundamental (*Grundsatz*[44]): essa proposição fundamental, sem dúvida, não deve ser formal, mas

---

43. Estes problemas já eram objeto da investigação de Schelling no texto *Sobre a possibilidade de uma forma da filosofia em geral*, de 1794 [N.T.].

44. "*Grundsatz*" também significa "princípio", mas, em determinados contextos de discussão da filosofia pós-kantiana, o termo "proposição fundamental" é recorrente. Aqui, como "*Princip*" é utilizado no início do período, optamos por verter "*Grundsatz*" por "proposição fundamental". Em outros momentos, como na p. 66 (tópico i da segunda divisão da "Seção I"), faremos isso novamente. Outro elemento que pesou nessa decisão foi o contexto da discussão que Schelling trava neste parágrafo, isto é, o da forma e da fundamentação da filosofia [N.T.].

material. Ora, todavia, toda proposição está, qualquer que seja seu conteúdo, sob as leis da lógica. Portanto, toda proposição material, simplesmente pelo fato de que o seja, pressupõe proposições fundamentais superiores, as da *lógica*. – Nada falta nesse argumento, exceto o fato de que deve ser invertido. Pensa-se em qualquer proposição formal, por exemplo, A = A, como a suprema; o que é lógico nessa proposição é meramente a forma da identidade entre A e A, todavia, de onde me vem, então, o próprio A? *Se* A existe, então é idêntico a si mesmo; porém, o que ele é, então? Essa questão, sem dúvida, não pode ser respondida pela própria proposição, mas apenas por uma superior. A análise A = A pressupõe a síntese A. Então, é evidente que nenhum princípio formal pode ser pensado sem pressupor um princípio material, e tampouco um material, sem pressupor um formal.

Deste círculo, em que cada forma pressupõe um conteúdo e cada conteúdo pressupõe uma forma, simplesmente não há saída, caso não se encontre uma proposição na qual, reciprocamente, condicionam-se e se tornam possíveis [tanto] a forma pelo conteúdo [quanto] o conteúdo pela forma.

A primeira pressuposição falsa desse argumento, portanto, é a das proposições fundamentais da lógica como *incondicionadas*, isto é, não deriváveis de quaisquer proposições superiores. – Ora, todavia, as proposições fundamentais da lógica surgem a nós precisamente pelo fato de que nós tornamos o que em outras proposições é simples forma novamente em conteúdo das proposições; a lógica, portanto, em geral só pode surgir por meio de abstração de determinadas proposições. Ela surge de modo *científico*, então, só pode surgir por meio de abstração das proposições fundamentais *superiores* do saber, e como essas, enquanto proposições fundamentais, *já* pressupõem, *elas mesmas*, a forma lógica, então elas devem ser de um tipo em que nelas, *ambos*, forma e conteúdo, condicionam-se reciprocamente e conduzem uma à outra.

Ora, todavia, essa abstração ainda não pode ocorrer, até que esta proposição fundamental mais elevada do saber esteja estabelecida, e a própria doutrina do saber esteja viabilizada. Este novo círculo, segundo o qual a doutrina da ciência, simultaneamente, funda a lógica e, todavia, deverá ser viabilizada segundo as leis da lógica, encontra a seguinte explicação, como indicado anteriormente. Uma vez que, nos princípios supremos do saber, forma e conteúdo são condicionados um pelo outro, então a ciência do saber deve ser, ao mesmo tempo, a lei e o exercício mais perfeitos da forma científica, e [deve ser] autônoma tanto no que tange à forma quanto no que diz respeito ao conteúdo.

Segunda seção: dedução do próprio princípio

Nós falamos de uma dedução do princípio superior. Não se pode falar da derivação do princípio a partir de um *mais elevado*, sobretudo não de uma prova de seu *conteúdo*. A prova só pode proceder da *dignidade* desse princípio, ou provando que ele é o *mais elevado* portando, em si, todas as características que cabem a tal princípio.

Esta dedução pode ser conduzida de maneiras muito diversas. Nós escolhemos aquela que, na medida em que é a mais fácil, ao mesmo tempo nos permite enxergar, de forma mais imediata, o verdadeiro sentido do princípio.

1) Que um saber em geral seja possível – não este ou aquele determinado, mas qualquer um, ao menos um saber do não saber, é algo que até o cético concede. Sabemos alguma coisa, então esse saber é ou condicionado, ou incondicionado. – Condicionado? – Então o sabemos apenas porque ele está ligado a algo incondicionado. Portanto, em todo caso, chegamos a um saber incondicionado. (Que em nosso saber deva haver algo do qual, mais uma vez, não pode haver saber a partir de algo superior, já foi mostrado na seção anterior.)

Pergunta-se apenas: o que se sabe, então, incondicionadamente?

2) Eu sei de modo *incondicionado* apenas aquilo cujo saber é condicionado unicamente mediante o subjetivo, não por meio de algo objetivo. – Ora, é observado que há apenas um saber desse tipo, que é expresso em proposições *idênticas*; só é condicionado pelo subjetivo, pois no juízo A = A abstrai-se de todo o conteúdo do sujeito "A". Se "A" em geral possui *realidade* ou não, é totalmente indiferente para este saber. Ora, portanto, caso se abstraia completamente da *realidade* do sujeito, então A é considerado

apenas na medida em que é posto *em nós* e é *representado* em nós; se essa representação corresponde a algo externo a nós, simplesmente não é perguntado. A proposição é evidente e certa, independendo totalmente se A é algo realmente existente, ou meramente imaginado, ou até mesmo impossível, uma vez que a proposição só afirma o seguinte: "na medida em que eu penso 'A', não penso em nada mais do que 'A'". O saber nessa proposição, portanto, é condicionado meramente *por meio de meu pensar* (o subjetivo), isto é, segundo a explicação, ela é *incondicionada*.

3) Todavia, em todo saber, um *objetivo* é pensado como coincidente com o subjetivo. Na proposição A = A, todavia, não há tal convergência. Todo saber originário, portanto, transcende a *identidade* do pensamento, e a própria proposição A = A deve pressupor esse saber. – Após eu pensar "A", eu o penso certamente como "A", mas como, então, eu chego a pensar "A"? [Se] ele é um conceito formulado livremente, então ele não funda saber algum; [se] ele é um que surge com o sentimento de necessidade, então deve ter realidade objetiva.

Ora, se todas as proposições nas quais o sujeito e o predicado não são mediados *simplesmente pela identidade do pensamento*, mas por algo estranho, distinto delas, chamam-se *sintéticas*, então o todo de nosso saber consiste em puras proposições sintéticas, e apenas nessas há um saber real, isto é, um saber tal que possui seu *objeto* fora de si.

4) Ora, todavia, as proposições sintéticas não são *incondicionadas* – certas por si mesmas, pois apenas idênticas ou analíticas o são (2). Portanto, caso deva haver certeza em proposições sintéticas – e, dessa maneira, em todo nosso saber –, então elas deverão conduzir de volta a uma *certeza incondicionada*, isto é, à *identidade do pensamento em geral* – o que, todavia, se contradiz.

5) Essa contradição seria resolvida apenas pelo seguinte: *se fosse encontrado um ponto no qual o idêntico e o sintético são um, ou alguma proposição que, na medida em que idêntica, seja, ao mesmo tempo, sintética e, na medida em que sintética, seja, simultaneamente, idêntica.*

Como, tendo em consideração tais proposições, nas quais algo objetivo inteiramente coincide com algo subjetivo – (e isto ocorre em todo juízo sintético A = B; o predicado, o conceito, sempre representa, aqui, o subjetivo, o sujeito, o objetivo), podemos atingir a certeza, é algo inconcebível,

a) A não ser que haja algo que, sobretudo, é *absolutamente verdadeiro*[45], pois em nosso saber haveria um regresso ao infinito de princípio a princípio, então deveríamos, para lograr o sentimento desta compulsão (a certeza da proposição), ao menos sem consciência, percorrer esta série infinita – o que é, sem dúvida, absurdo. Se a série for, de fato, infinita, então ela não poderá ser percorrida de modo algum. Caso ela não seja infinita, então há algo absolutamente verdadeiro[46]. – Havendo algo desse tipo, então, o todo de nosso saber, e cada verdade individual em nosso saber devem estar entrelaçados com aquela certeza absoluta; *o sentimento obscuro* dessa conexão produz aquele sentimento de compulsão que temos ao tomar qualquer proposição por verdadeira. – Esse sentimento obscuro deverá ser decantado pela filosofia em conceitos claros por meio dos quais será exibida tanto essa conexão quanto seus elos intermediários principais.

b) Esse absolutamente verdadeiro só pode ser um saber *idêntico*; ora, no entanto, como todo *saber* verdadeiro é sintético, então aquele absolutamente verdadeiro, ao mesmo tempo que é um saber idêntico, simultaneamente é, de modo necessário, mais uma vez, sintético; portanto, se há um absolutamente verdadeiro, então deve haver também um ponto, onde do saber idêntico provém imediatamente o sintético, e do sintético origina-se o idêntico.

6) Para poder resolver a tarefa de encontrar tal ponto, devemos, sem dúvida, penetrar ainda mais profundamente na oposição entre proposições idênticas e sintéticas.

Em toda proposição, dois conceitos são comparados um ao outro, isto é, eles são postos ou iguais, ou desiguais um ao outro. Ora, nas proposições idênticas, *o pensamento* será comparado *consigo mesmo*. – Pelo contrário, as proposições sintéticas ultrapassam o *mero* pensamento; dessa forma, eu pensando o sujeito da proposição, eu não penso também o predicado, o predicado é *acrescentado*

---

45. No original, em alemão, adjetivo *"absolutwahr"* [N.T.].
46. No original, em alemão, substantivo *"Absolutwahres"* [N.T.].

ao sujeito; o objeto, portanto, aqui não é *simplesmente* determinado por seu pensar, ele será considerado *real*, pois real é precisamente o que não pode vir a ser criado mediante o *mero* pensar.

Agora, se uma proposição idêntica é aquela em que o conceito só é comparado ao conceito, [e] uma sintética [é] aquela na qual o conceito é comparado a uma coisa distinta dele, então a tarefa é: encontrar um ponto onde o saber idêntico é, ao mesmo tempo, sintético, o que é o mesmo que: *encontrar um ponto no qual o objeto [Object] e seu conceito, a coisa [Gegenstand][47]e sua representação* são um de modo *originário, total* e *sem qualquer mediação.*

O fato de que essa tarefa é idêntica a: encontrar um princípio de todo saber pode ser exibido ainda mais brevemente. – Como representação e objeto podem concordar é simplesmente inexplicável, se não há um ponto no próprio saber, no qual ambos são *originariamente* um – ou *onde existe a mais perfeita identidade entre ser e representar.*

7) Ora, uma vez que representação é o subjetivo, mas o ser é o objetivo, então a tarefa é determinada de modo mais preciso como segue: *encontrar o ponto em que sujeito e objeto* são um *sem mediação.*

8) Por meio dessa limitação cada vez mais próxima da tarefa, ela está, também, quase como que resolvida. – Essa identidade imediata entre sujeito e objeto só pode existir lá, onde o *representado* é, ao mesmo tempo, também o *representante*, o *intuído* também é o *intuinte.* – Todavia, essa identidade entre o representado e o representante ocorre apenas na *consciência de si*; portanto, o ponto buscado deve ser encontrado na consciência de si.

Explicações

a) Se, agora, nós olharmos de volta ao princípio de identidade A = A, então descobrimos que nós poderíamos derivar nosso princípio imediatamente a partir daquele. – Em toda proposição idêntica,

---

47. *"Gegenstand"* é um termo alemão que significa "objeto", "tema", "matéria" (no sentido de assunto, disciplina), "item", "artigo", "coisa". Para evitar repetição sem comprometer o sentido, optamos por "coisa" nesta passagem, tal como faz Heath em Schelling (2001a, p. 64) [N.T.].

foi observado, o pensamento é comparado consigo mesmo, pois é o que ocorre, sem dúvida, através de um *ato de pensamento*. A proposição A = A, portanto, pressupõe um pensamento que *se torna, imediatamente, objeto para si mesmo*; mas só há tal ato de pensar tornando-se a si mesmo objeto na *consciência de si*. Como se poderia catar tal proposição da lógica, puramente como tal, certamente não é reconhecível. Entretanto, poder-se-ia encontrar como, por meio da reflexão a partir do ato de pensamento nessa proposição, algo real, por exemplo, categorias a partir das funções lógicas do juízo e, portanto, [encontrar] o ato da consciência de si a partir de cada proposição idêntica.

b) *O fato de que*, na consciência de si, sujeito e objeto do pensamento sejam um, poderá se tornar muito claro a cada um[(a)] apenas pelo próprio ato da consciência de si. É exigido que, ao mesmo tempo, conduza-se esse ato e, em tal ato, reflita-se de volta a si. – A consciência de si é o ato pelo qual o pensante[48] se torna, imediatamente, objeto e, inversamente, esse ato e nenhum outro é a consciência de si. – Esse ato é uma ação absolutamente livre, pela qual se orienta, mas não pode ser coagido. – A capacidade de se intuir nesse ato, diferenciando-se como pensado e como pensante, e de se reconhecer novamente como idêntico nessa diferenciação, será pressuposta constantemente na sequência.

c) A consciência de si é um ato; no entanto, por meio de todo ato, algo se realiza. – Todo pensar é um ato, e todo pensar determinado é um ato determinado; todavia, por meio de cada um desses, também se origina a nós um *conceito* determinado. O conceito não é nada além do ato do próprio pensar, e ele não é nada abstraído desse ato. Através do ato da consciência de si, igualmente, um conceito deve surgir e este não é senão o conceito de *eu*. Na medida em que eu, mediante a consciência de si, torno-me objeto, origina-se a mim o conceito de eu e, reciprocamente, o conceito de eu é apenas o conceito do tornar-se auto-objeto[49].

d) O conceito de eu se realiza por meio do ato da consciência de si; portanto, *fora* desse ato, o eu não é nada, toda sua realidade

---

48. No original, em alemão, "das *Denkende*" [N.T.].

49. No original, em alemão arcaico, "*der Begriff des Selbstobjectwerdens*" [N.T.].

se baseia apenas nesse ato e *não é mesmo nada além desse ato*. O eu, portanto, só pode ser representado como *ato* em geral, caso contrário, não é nada. –

Se o objeto *exterior* não é diferente em nada de seu *conceito*, se aqui, também, conceito e objeto são um, é uma questão que deverá ser decidida primeiramente; todavia, que o *conceito* de eu, isto é, o ato por meio do qual o pensamento em geral se faz objeto, e o *próprio eu* (o objeto) sejam absolutamente um, não carece de demonstração alguma, pois o eu claramente não é nada *além* desse ato, e absolutamente apenas é nesse ato.

Aqui, portanto, há aquela identidade originária entre pensar e o objeto, entre aparecer e ser, que nós buscamos e que, todavia, não é encontrada em lugar algum. O eu não é simplesmente nada *antes* daquele ato por meio do qual o pensamento se torna objeto para si mesmo, portanto ele mesmo não é nada além do pensar se tornando objeto para si e, consequentemente, absolutamente nada externo ao pensar. – Que esta identidade entre o ser pensado e o surgir no eu permaneça oculta a tantos possui, todavia, seu fundamento no fato de que ela nem efetua o ato da consciência de si com liberdade, tampouco, nesse ato, pode refletir o gerado na mesma. – No que diz respeito ao primeiro caso, é de se notar, nós distinguimos a consciência de si, como ato, da simples consciência empírica; o que nós chamamos "consciência" em geral é algo sucessivo apenas em representações de objetos e que mantém a identidade na alternância de representações, portanto, de tipo meramente empírico, na medida em que sou claramente consciente de mim mesmo, porém apenas como o representante. – O ato, todavia, de que se fala aqui é tal que, por meio de que eu não me torno consciente desta ou daquela determinação, mas consciente *originariamente*, e esta consciência é chamada, em oposição àquela, consciência *pura*, ou *consciência de si* por excelência[50].

A gênese desses dois tipos de consciência é tornada mais clara da seguinte maneira. Caso se abandonasse à sucessão espontânea de representações, então essas representações seriam tão múltiplas e diferentes quanto poderiam ser, ainda que parecessem pertencer

---

50. Em grego, no original, "$\kappa \alpha \tau \ \varepsilon \xi o X$" [N.T.].

a um sujeito idêntico. Se eu reflito sobre essa identidade do sujeito nas representações, então me surge a proposição: *"eu penso"*. É esse "eu penso" que acompanha todas as representações e é a ele que subjaz a continuidade da consciência entre elas. – No entanto, libertando-se de todo o representar, para se tornar consciente de seu *originário*, então surge – não a proposição *"eu penso"*, mas a proposição: "eu sou", que, sem dúvida, é uma proposição superior. Na proposição: "eu penso" já está expressa uma determinação, ou afecção do eu; a proposição: *"eu sou"*, em oposição, é uma proposição infinita, porque ela é uma proposição que não possui nenhum predicado *real* – embora, precisamente por isso, a posição seja uma infinidade de predicados *possíveis*.

e) O eu não é diferente de seu pensar, o pensar do eu e o próprio eu são absolutamente um; o eu, portanto, não é nada *além* do pensamento, portanto não é nenhuma *coisa* (*Ding*), nenhum *negócio*[51] (*Sache*), mas o *não objetivo* rumo ao infinito. Isso deve ser compreendido da seguinte maneira: o eu, certamente, é um objeto, mas apenas *para si mesmo*, portanto ele não está *originariamente* no mundo de objetos, ele primeiro *se torna* objeto, através do que ele faz a si mesmo objeto, e não é objeto para algo alheio, mas sempre apenas para si mesmo. –

Tudo o mais que não é *eu*, é originariamente objeto, precisamente por isso não objeto para si mesmo, mas para um intuinte externo a ele. O originariamente objetivo é sempre apenas um conhecido, não um conhecedor. O eu se torna, por meio de seu autoconhecer, um conhecido. – A matéria, precisamente por isso, chama-se desprovida de eu (*selbstlos*): ela não possui nenhum interior, e é apreendida apenas em intuição alheia.

f) Se o eu não é coisa ou negócio algum, então também não se pode perguntar por predicado algum do eu; ele não possui nenhum, além do seguinte: ele não é coisa alguma. O caráter do eu

---

51. No original, em alemão, "*Sache*". "*Ding*" e "*Sache*" são termos que podem significar "coisa", "objeto", "assunto", entre outros termos. "Objeto" poderia gerar problemas de interpretação aqui, pois o eu pode ser objeto para si mesmo, como estamos observando ao longo dos parágrafos acima. Optamos por um termo mais informal, "negócio", para enfatizar que é um termo alternativo para "coisa" [N.T.].

está precisamente nisto: que ele não possui nenhum outro predicado além daquele da consciência de si.

O mesmo resultado pode ser derivado, agora, pelo outro lado.

O que é princípio superior do saber não pode possuir o seu fundamento de conhecimento em algo superior. Portanto, também para nós o seu princípio de ser e de conhecer[52] devem ser um e coincidir em um.

Precisamente por esse motivo, este incondicionado não pode ser buscado em uma coisa[53], pois o que é objeto é, também originariamente, objeto do saber, ao contrário daquilo que é *princípio* de todo saber, não pode se tornar objeto de saber originariamente, ou em si, mas apenas *por meio de um ato particular de liberdade*.

O incondicionado, portanto, não pode ser buscado de modo algum no mundo dos objetos (por isso, mesmo para a ciência natural, o puramente objetivo, a matéria, não é nada originário, mas tanto aparência quanto para a filosofia transcendental).

Incondicionado significa o que simplesmente não pode se tornar coisa ou negócio. O primeiro problema da filosofia, portanto, pode ser expresso da seguinte maneira: encontrar algo que simplesmente não pode ser pensado como coisa. Todavia, esse é apenas o *eu* e, inversamente, o eu é aquilo que, em si, é não objetivo.

g) Se apenas o eu, absolutamente, não é objeto algum – nenhuma coisa, então parece difícil explicar como, portanto, um saber sobre ele é possível, ou qual tipo de saber dele podemos ter.

O eu é puro ato, pura ação, que por excelência deve ser não objetivo no saber, precisamente porque é o *princípio* de todo saber. Caso ele deva ser, portanto, objeto do saber, então isso deve ocorrer por meio de um tipo de saber totalmente distinto do comum. Esse saber deve

α) ser absolutamente-livre, justamente porque todo outro saber *não é livre*, portanto um saber a que não se chega por meio de

---

52. Em latim, no original: *principium essendi* e [*principium*] *cognoscendi* [N.T.].

53. Esta ideia aparece mais de uma vez na obra de Schelling. Cf., por exemplo, Schelling (1980, p. 94, 103) [N.T.].

demonstrações, inferências, mediação de conceitos em geral, portanto, em geral um intuir;

β) [ser] um saber cujo objeto não é *independente* dele, portanto um *saber que*, *ao mesmo tempo*, é um produzir de seu objeto – uma intuição que, sobretudo, é livremente produtiva e na qual o produtor é um e o mesmo com o produto.

Tal intuição será, em oposição à sensível – que não aparece como produzir de seu objeto, e na qual, portanto, o *próprio intuir* é distinto do intuído –, chamada *intuição intelectual*.

Tal intuição é o *eu*, pois o *próprio eu* (o objeto) vem a ser, primeiramente, *por meio do saber do eu sobre si mesmo*, uma vez que o eu (como objeto) não é nada além de precisamente o *saber sobre si mesmo*. Então, o eu só vem a ser precisamente *pelo fato de que* ele sabe sobre si; o *próprio eu*, portanto, é um saber que produz, simultaneamente, a si mesmo (como objeto).

A intuição intelectual é o órgão de todo pensamento transcendental, pois o pensamento transcendental procede, pela liberdade, a tornar objeto o que não é objeto; ele pressupõe uma faculdade de, simultaneamente, produzir e intuir certas ações do espírito, de modo que o produzir do objeto e o próprio intuir sejam absolutamente um, mais precisamente, essa faculdade é a faculdade da intuição intelectual.

O filosofar transcendental, portanto, deve ser permanentemente acompanhado pela intuição intelectual; todo suposto não entender desse filosofar possui seu fundamento não em sua própria incompreensibilidade, mas na falta do órgão com o qual ele deve ser apreendido. Sem essa intuição, o próprio filosofar não possui substrato algum que o carregue e apoie o pensamento; essa intuição é o que, no pensamento transcendental, substitui o mundo objetivo e, por assim dizer, sustenta o voo da especulação. O *próprio eu* é um objeto, que, *por isso, é o que sabe de si mesmo*, isto é, é um permanente intuir intelectual: como este produtor de si mesmo é o único objeto da filosofia transcendental, a intuição intelectual, para esta, é exatamente o mesmo que, para a geometria, é o espaço. Então, assim como sem a intuição de espaço, a geometria seria absolutamente incompreensível, pois todas as suas construções são apenas modos e maneiras de se delimitar aquela intuição; então, sem a intuição intelectual, toda filosofia [seria incompreensível], porque seus conceitos são apenas delimitações *do produzir tendo a si mesmo como objeto*, isto é, da intuição intelectual (cf. o texto de Fichte, "Einleitung in die Wissenschaftslehre" [Introdução à doutrina da ciência], no *Jornal filosófico*).

Por que, sob esta intuição, algo misterioso – um sentido peculiar, apenas especificado por alguns é entendido, não há fundamento algum, a não ser o fato de que alguns realmente carecem dela, o que, todavia, sem dúvida, é tampouco de se estranhar, na medida em que carece de muitos outros sentidos, cuja realidade tampouco pode ser posta em dúvida.

h) O *eu* não é nada além de um *produzir a si mesmo tornando-se objeto*, isto é, um intuir intelectual. Ora, todavia, precisamente esse próprio intuir intelectual é um agir livre absoluto, cuja intuição, portanto, não pode ser demonstrada, ela só pode ser exigida; todavia, o eu é, ele mesmo, apenas essa intuição, portanto o *eu*, como princípio da filosofia, é apenas algo que é *postulado*. –

Desde que Reinhold[54] pôs como fim a fundamentação científica da filosofia, falou-se muito de um primeiro princípio do qual a filosofia deveria partir, e sob a qual se entendeu em geral um teorema sob o qual toda a teoria deveria estar envolvida. Todavia, é fácil examinar que a filosofia transcendental não pode partir de teorema algum, já pela razão de que ela parte do subjetivo, isto é, daquilo que só pode vir a ser através de um ato específico da liberdade. Um teorema é uma proposição que parte de algo *existente*. A filosofia transcendental, todavia, não parte de existente algum, mas de uma ação livre, a qual só pode ser postulada. Toda ciência que não é empírica já deve banir todo empirismo por meio de seu primeiro princípio, isto é, seu objeto não será pressuposto como já dado, mas o *produzirá*. Assim procede, por exemplo, a geometria, na medida em que ela não parte de teoremas, mas de postulados. Dessa forma, o fato de que a construção mais originária é postulada nela e é deixado a cargo do próprio discípulo produzi-la é indicado, da

---

54. Karl Leonhard Reinhold (1757-1823), filósofo austríaco da época de Kant que foi interlocutor de Fichte e do jovem Schelling – seja como fonte de inspiração, seja como objeto de crítica [N.T.].

mesma forma, desde o início na autoconstrução. – Igualmente para a filosofia transcendental. Sem já trazer consigo o modo de pensar transcendental, deve-se achá-la incompreensível. Por isso, é necessário que, dede o início, desloque-se mediante a liberdade para aquele modo de pensamento, e isso ocorre por meio do ato livre mediante o qual surge o princípio. Se a filosofia transcendental não pressupõe seus objetos em geral, então, ao menos ela pode pressupor seu *primeiro* objeto, o *princípio*; ela pode postulá-lo como algo a se construir livremente e, assim como o princípio é sua própria construção, então o são todos os seus conceitos acima, e o todo da ciência só possui relação com sua própria construção livre.

Se o princípio da filosofia é um postulado, então o objeto desse postulado será a construção mais originária para o *sentido interior*, isto é, para o *eu*, não na medida em que é determinado desta ou daquela maneira particular, mas o *eu* em geral, como produzir de si mesmo. Agora e por meio dessa construção originária, e nessa construção, realiza-se, de fato, algo determinado – assim como, através de todo ato determinado do espírito, algo é atingido. Todavia, o produto não é, de modo algum, *externo* à construção, ele é, afinal de contas, apenas na medida em que é construído, e abstrai da construção tão pouco como a linha do geômetra. – Também essa linha não é algo existente, pois a linha no quadro-negro não é a própria linha, e só é reconhecida como linha pelo fato de que ela é tida como mantida na própria intuição originária da linha.

"O que *vem a ser* o eu?" é, justamente por este motivo, tão pouco demonstrável quanto "o que vem a ser a linha?"; pode-se apenas descrever a **ação** pela qual ela vem a ser[55]. – Se a linha pudesse ser demonstrada, então ela não precisaria ser postulada. Da mesma forma ocorre com esta linha transcendental do produzir, a qual, na filosofia transcendental, deverá de início ser intuída intelectualmente, e a partir da qual outras construções da ciência, então, seguirão.

---

55. Os tópicos a-g desta subdivisão da seção I lembram algumas sessões da introdução à *Crítica da razão pura* (1781/1787), de Immanuel Kant, enquanto esta passagem h é reminiscente de sessões do prefácio à *Crítica da razão prática* (1788), do mesmo autor, além de várias outras passagens em que Kant explica os postulados da razão prática pura. Schelling leu arduamente Kant nos anos 1790. A respeito, cf. Düsing (1973) [N.T.].

Só se experiencia o que é o eu desta forma: que se lhe produza, pois apenas no eu a identidade entre ser e produzir é originária. (Cf. "Panorama geral da literatura filosófica" no novo *Jornal filosófico*, caderno 10.)[56]

i) O que surge a nós através do ato originário da intuição intelectual pode ser expresso em um princípio que se pode chamar proposição fundamental da filosofia. – Ora, todavia, o eu surge a nós por meio da intuição intelectual na medida em que é *seu próprio produto*, ao mesmo tempo produtivo e produzido. Esta identidade entre o eu, na medida em que é o produtivo e o eu como o produzido será expressa na proposição *eu = eu*, proposição que, ao igualar opostos entre si, de modo algum é idêntica, mas sintética.

Por meio da proposição eu = eu, portanto, também a proposição A = A se transforma em uma proposição sintética, e nós encontramos o ponto onde o saber idêntico surge imediatamente a partir do sintético, e o sintético a partir do idêntico. Todavia, nesse ponto também incide o princípio (Seção I) de todo o saber. Na proposição eu = eu, portanto, deve ser expresso o princípio de todo saber, pois precisamente essa proposição é a única possível que é, simultaneamente, idêntica e sintética. –

A simples reflexão sobre a proposição A = A poderia nos conduzir a este mesmo ponto. – A proposição A = A parece, certamente, idêntica, mas ela poderia muito bem possuir também um significado sintético se, de fato, um A fosse oposto a outro. Dever-se-ia, portanto, substituir A por outro conceito, que expressasse uma *duplicidade originária na identidade* e vice-versa.

Tal conceito é o de um objeto que, simultaneamente, opõe-se a si mesmo e que é idêntico a si mesmo. Todavia, tal é apenas um objeto *que simultaneamente é a causa e o efeito de si mesmo*, produtivo e produzido, sujeito e objeto. – O conceito de uma identidade originária na duplicidade e vice-versa, portanto, é de se encontrar

---

56. Trata-se do volume 4 da série I (obras publicadas em vida) da *Edição histórico-Crítica* das obras de Friedrich W.J. Schelling. Título original: *Allgemeine Übersicht der philosophischen Literatur*. Em *HkA* I, 9, 2; Korten e Ziche (2005) indicam várias notas mostrando afinidades entre as duas obras. Sobre os paralelos, cf. Korten, Ziche (2005, p. 5s.) [N.T.].

apenas no conceito de um *sujeito-objeto*, e tal conceito só surge originariamente na consciência de si. –

A ciência natural parte da natureza, como o ao mesmo tempo *produtivo e arbitrariamente produzido*, para derivar o particular a partir de seu conceito. Objeto imediato do saber é aquela identidade apenas na consciência de si imediata; na potência superior do tornar-se a si mesmo objeto, na qual o filósofo transcendental imediatamente inicia – não arbitrariamente, mas deslocado mediante a *liberdade*, e a duplicidade originária da natureza é, em última instância, explicável apenas pelo fato de que a natureza é tomada como inteligência.

k) A proposição eu = eu preenche, simultaneamente, a segunda exigência que foi feita ao princípio do saber – que ele, ao mesmo tempo, fundamente a forma e o conteúdo do saber, pois o princípio superior formal A = A, precisamente, só é possível por meio do *ato* que é expresso na proposição eu = eu – através do ato do pensar que se torna objeto de si mesmo, idêntico a si mesmo. Portanto, bem distante de firmar uma identidade com a proposição fundamental eu = eu, aquela [identidade] seria, antes, condicionada por esta [proposição fundamental], pois se eu não fosse = eu, então também A não poderia ser = A, pois a identidade que é posta naquela identidade, embora seja expressa apenas uma identidade entre o sujeito que julga e aquele no qual A é posto como *objeto*, isto é, uma igualdade entre o eu como sujeito e objeto.

Advertências gerais

1) A contradição que é resolvida na dedução precedente foi a seguinte: a ciência do saber não pressupõe nada objetivo, pois ela inicia precisamente com a dúvida geral sobre a realidade do objetivo. O certo-incondicionado, portanto, só pode estar para ela apenas no absolutamente *não objetivo*, que também demonstra a não-objetividade das proposições idênticas (como as únicas incondicionadamente certas). – Ora, no entanto, como algo objetivo surge deste originariamente não objetivo não seria compreensível se esse não objetivo não fosse um *eu*, isto é, um princípio que *se torna* objeto a si mesmo. – Ora, o que não *é* originariamente objeto, só

pode tornar a si mesmo objeto e, através disso, tornar-se objeto. A partir desta duplicidade originária nele mesmo, é atribuído ao eu tudo objetivo que vem a sua consciência e apenas aquela identidade *originária* na duplicidade é o que traz unificação e conexão em todo saber sintético.

2) Sobre o uso linguístico desta filosofia, algumas observações poderiam ser necessárias.

Kant acha notável em sua *Antropologia* que uma criança, desde que começa a falar de si mesma por *"eu"*, parece inaugurar um novo mundo. De fato, isso é muito natural; é um mundo intelectual que se abre a ela, pois o que consegue dizer a si mesmo *"eu"*, eleva-se, precisamente por isso, além do mundo objetivo e emerge das intuições alheias à sua própria. – A filosofia deve, sem dúvida, pressupor o mesmo conceito que se ocupa com toda a intelectualidade em si e a partir do qual ela se desenvolve.

Conclui-se, disso, que, no conceito de eu, há algo superior que a mera expressão da *individualidade,* que é o ato da *consciência de si em geral,* com o qual, ao mesmo tempo, de todo modo, consciência da individualidade deve ingressar e que, todavia, não contém em si mesma nada individual. – Ora, até agora só falou do *eu* como *ato da consciência de si em geral,* e, a partir dele, toda a individualidade deverá, primeiramente, ser derivada.

Assim como, sob o eu como princípio, não se pensa o individual, tampouco se pensa o empírico – o eu que vem na consciência empírica. A pura consciência é determinada e limitada de modo distinto, produz a consciência empírica; as duas, portanto, são simplesmente distintas por meio de seus limites. Retire os limites da consciência empírica, e você terá o eu absoluto, do qual falamos aqui. – A pura consciência de si é um ato que está além de todo tempo e que constrói, primeiramente, todo o tempo; a consciência empírica está apenas no tempo, e engendra a sucessão de representações para si. –

A questão: se o eu é uma coisa em si, ou um fenômeno – essa questão é em si absurda. Ele não é de modo algum uma coisa, nem coisa, tampouco fenômeno.

O dilema, com o qual em seguida se responde: "tudo deve ou ser algo, ou nada", e assim em diante, baseia-se na ambiguidade do conceito "algo". Caso *algo* em geral deva indicar algo *real* em oposição a algo simplesmente *imaginado*, então o eu é algo real, pois é *princípio* de toda realidade. Porém, é igualmente claro que, precisamente pelo fato de que ele é *princípio* de toda realidade, não pode ser real no mesmo sentido que aquilo que possui realidade meramente derivada. A realidade que é tida como única verdadeira para alguns é simplesmente tomada de empréstimo apenas reflexo daquela [realidade] superior. – O dilema considerado sob essa luz, portanto, significa tanto quanto: tudo é ou uma *coisa* ou nada; o que pode parecer falso, pois, contudo, há um conceito superior que o de coisa, a saber: o de *ação*, de *atividade*.

Esse conceito deve ser, sem dúvida, mais elevado que o de coisa, uma vez que as próprias coisas devem ser apreendidas apenas como modificações de uma atividade limitada de diferentes modos. – O ser das coisas consiste, de fato, não em um mero repouso, ou inatividade, pois até mesmo todo preenchimento do espaço é apenas um grau de atividade, e cada coisa é apenas um grau determinado de atividade, com o qual o espaço é preenchido[57]. –

Como ao eu, também, não se atribui predicado algum que é atribuído às coisas, então se explica o paradoxo de que não se pode falar acerca do eu que ele é. Não se pode, de fato, falar do eu apenas na medida em que ele é o *próprio ser*. – O ato da consciência de si eterno, não apreendido em tempo algum, que nós chamamos *eu*, é aquilo que dá existência a todas as coisas, portanto, o que não precisa de nenhum outro ser para portá-lo e apoiá-lo, mas que porta e apoia a si mesmo, aparecendo objetivamente como o *devir eterno* e subjetivamente como o *produzir infinito*.

3) Antes que nós possamos passar ao estabelecimento do próprio sistema, não é inútil indicar como o princípio poderia fundamentar,

---

57. Esta concepção de espaço e matéria de Schelling é chamada por ele "atomismo dinâmico" em alguns escritos. É uma resposta ao atomismo materialista de Georges-Louis Le Sage (1724-1803), um enciclopedista e cientista nascido na Suíça. Ver nota 70 abaixo. Cf. Assumpção (2022, p. 46); Durner et al. (1994, p. 36–42s.), e também o final da terceira época da terceira seção principal da presente obra, que dialoga com a filosofia da natureza de Schelling. Cf. tb. Schelling (2018) [N.T.].

ao mesmo tempo, a filosofia teórica e prática, o que se compreende como um caráter necessário do princípio por si mesmo.

Que o princípio da filosofia teórica e prática seja simultâneo, não é possível, sem que ele seja simultaneamente teórico e prático. Ora, uma vez que um princípio teórico é um *teorema*, enquanto um princípio prático é um *imperativo*, deve haver algo no meio entre ambos[58] – e isto é o *postulado*, que está na fronteira entre a filosofia *prática*, pois é uma simples *exigência*, e a *teórica*, pois exige uma *construção puramente teórica*. – De onde o postulado deriva sua força coercitiva é algo explicado, simultaneamente, pelo fato de que é empregado em exigências práticas. A intuição intelectual é algo que se *pode* exigir e esperar; quem não possui essa faculdade, ao menos *deveria* possuí-la.

4) Qualquer um que nos seguiu atentamente até aqui reconhecerá por si mesmo que o início e o fim desta filosofia é a *liberdade*, o absolutamente indemonstrável, que se prova somente por si mesma. – O que, em todos os outros sistemas, ameaça a liberdade ao declínio será, neste sistema, derivado a partir dela mesma. – O ser, neste sistema, é apenas a *liberdade suspensa*. Em um sistema que faz do ser o primeiro e mais elevado, o saber não deve ser apenas a mera cópia de um ser originário, mas também toda liberdade deve ser apenas ilusão necessária, pois não se conhece o princípio cujos movimentos são extrusões aparentes dela.

---

58. Desta vez, a argumentação ressoa a segunda "Introdução" à *Crítica da faculdade de julgar* (1790), de Kant [N.T.].

SEGUNDA SEÇÃO PRINCIPAL
DEDUÇÃO GERAL DO IDEALISMO TRANSCENDENTAL

Pré-recordação

1) O idealismo já foi expresso em nosso primeiro princípio, uma vez que, como o eu também é pensado imediatamente através de seu ser pensado (visto que não é nada além do pensar a si mesmo), então a proposição eu = eu é igual à proposição: *eu sou*. Ao invés disso, a proposição A = A significa tanto quanto *se* A é posto, ele é posto igualmente a si mesmo. A questão: "ele é, então, posto?" não é possível para o eu. Agora, sendo a proposição "eu sou" princípio de toda a filosofia, de fato, então também não pode haver realidade alguma, exceto aquela realidade idêntica a essa proposição. Todavia, essa proposição não diz que eu sou para algo externo a mim, mas apenas que eu sou *para mim* mesmo. Portanto, tudo o que é em geral, só pode ser para o eu, não havendo outra realidade em geral.

2) A demonstração mais geral da idealidade geral do saber, portanto, é também conduzida na *Doutrina da ciência*[59] por meio da conclusão imediata a partir da proposição: eu sou. Todavia, ainda outra prova disso é possível, a fática, que é conduzida em um *próprio sistema do idealismo transcendental* desta maneira: deriva-se, realmente, todo o sistema do saber a partir de um princípio. Ora, como aqui não se trata de doutrina da ciência, mas de um sistema do próprio saber segundo princípios do idealismo transcendental,

---

59. Várias obras de Johann Gottlieb Fichte (1762-1814) possuem o nome "Doutrina da ciência" (*Wissenschaftslehre*) no título. Outra tradução para o título seria "Teoria da ciência". Korten e Ziche (2005, p. 100) indicam que, nesta passagem, Schelling se refere à primeira versão publicada, a de 1794/1795, marco inaugurador do idealismo alemão, chamada *Grundlage der gesammten Wissenschaftslehre* (*Fundamentos do todo da doutrina da ciência*) [N.T.].

então nós podemos, também sobre doutrina da ciência, apenas indicar o resultado geral para que, a partir de pontos determinados por ele, possamos iniciar nossa dedução do mencionado sistema do saber.

3) Nós poderíamos, agora mesmo, proceder ao estabelecimento da própria filosofia teórica e prática, se essa própria divisão não devesse, antes, ser deduzida mediante a própria doutrina da ciência, cuja natureza não é nem teórica nem prática, mas ambas simultaneamente. Deste modo, por enquanto, deveremos conduzir a prova da oposição necessária entre filosofia teórica e prática – a prova de que ambas se pressupõem reciprocamente, e de que nenhuma é possível sem a outra, como já conduzido na **Doutrina da ciência**, para poder especificar o próprio sistema das duas [filosofias] a partir deste princípio geral. –

A prova *de que* todo saber deve ser derivado a partir do eu, e de que não há nenhum outro fundamento da realidade do saber, ainda deixa a questão: "como, então, todo o sistema do saber (por exemplo, o mundo objetivo com todas suas determinações, a história etc.) é posto pelo eu?" sem resposta. Também pode ser demonstrado ao dogmático mais obstinado que o mundo consiste apenas de representações; todavia, a plena convicção só surge do fato de que o *mecanismo de sua gênese* é explicado completamente a partir do princípio interno da atividade espiritual, pois ninguém, caso visse como o mundo objetivo se desenvolve com todas as suas determinações a partir da pura consciência de si, sem qualquer afecção externa, acharia necessário um mundo independente deste, que é, por acaso, a opinião da harmonia preestabelecida leibniziana [quando] má-compreendida[60]. Todavia, antes desse próprio mecanismo ser derivado, surge a questão: "como nós podemos, então, supor tal mecanismo?" Nós consideramos, nesta derivação, o eu como atividade inteiramente cega. Nós sabemos que o eu, originariamente, é apenas atividade, mas como nós chegamos a pôr

---

60. Segundo esta visão, vale dizer, cada mônada individual produz o mundo a partir de si mesma, mas essas, porém, existem simultaneamente de modo independente das representações; entretanto, segundo o próprio Leibniz, o mundo, na medida em que ele é real, consiste ele próprio apenas de mônadas, por conseguinte toda a realidade, em última instância, repousa apenas em forças de representação [N.A.].

o eu como atividade cega? Essa determinação deve, em primeiro lugar, unir-se ao conceito de atividade. Que se ocupe, em nosso saber teórico, com o sentimento de coação, e então se infere: como o eu é, originariamente, apenas atividade, então compreender essa coerção somente como atividade cega (mecânica), como apelo a um fato em uma ciência como a nossa, não é permitido; antes, a existência daquela coação deverá ser deduzida, primeiramente, da natureza do próprio eu; além disso, a questão pressupõe, após o motivo daquela compulsão, uma atividade originariamente livre que, ligada àquela, é uma. E, então, também é assim. A liberdade é o único princípio a partir do qual tudo é esboçado, e nós não avistamos, no mundo objetivo, nada dado exterior a nós, mas meramente a limitação interna de nossa própria atividade livre. O ser em geral é apenas expressão de uma liberdade restrita[61]. Portanto, é nossa atividade livre que está acorrentada no saber. Porém, nós não teríamos conceito algum de uma atividade limitada se não houvesse, simultaneamente, uma ilimitada em nós. Essa coexistência necessária entre uma atividade livre, porém limitada, e uma atividade ilimitada em um e no mesmo sujeito idêntico deve –caso ela seja em geral – ser *necessária*, e deduzir essa necessidade pertence à filosofia *superior*, a qual é teórica e prática ao mesmo tempo.

Portanto, se o próprio sistema da filosofia se divide em teórico e prático, então deve poder ser provado *em geral* que o eu, originariamente e em virtude de seu conceito, não pode ser limitado (não obstante livre) sem, simultaneamente, ser atividade ilimitada, e vice--versa. Essa prova deve anteceder à própria filosofia teórica e prática.

Que esta demonstração da coexistência necessária de ambas as atividades no eu é, em geral, de uma vez uma prova geral do idealismo transcendental em geral, ficará claro a partir da própria demonstração.

---

61. No original, em alemão, *"gehemmten Freyheit"*. O termo alemão *Hemmung* pode significar "restrição", "freio", "inibição", "trava", "desaceleração", "suspensão", "retardo". Adotamos, aqui, "restrição", dada a relação constante com a ideia de "limite" e "beirar o limite". A exceção será em um eventual contexto de filosofia da natureza, no qual o termo adotado por nós é "desaceleração", por exemplo, em Assumpção (2022). Nesse contexto, a tradução do termo foi utilizada para nos referirmos à produtividade da natureza que, segundo Schelling, desacelera-se, tendo como resultado os produtos da natureza, ou seus vários fenômenos: gases, minerais, água, oxigênio, animais, vegetais etc. [N.T.].

A prova geral do idealismo transcendental será conduzida apenas a partir do que está na seguinte proposição derivada: *por meio do ato da consciência de si, o próprio eu se torna objeto para si mesmo.*

Nessa proposição, deixam-se reconhecer, imediatamente, outras duas:

1) O eu em geral é apenas objeto *para si mesmo*, portanto para nada exterior. Pressupondo-se uma influência externa sobre o eu, então o eu deve ser *objeto* para algo externo. Porém, o eu não é nada para tudo o que é externo. Sobre o eu *como* eu, portanto, nada externo pode ter efeito.

2) O eu *se torna* objeto; portanto, ele não é, originariamente, objeto. Nós nos detivemos nesta proposição, para inferir mais a partir dela.

a) Se o eu não é originariamente objeto, então ele é o oposto do objeto. Ora, todavia, tudo o que é objetivo é capaz de algo em repouso, fixo, que não é ele mesmo capaz de ação alguma, mas apenas objeto do agir. Portanto, o eu é, originariamente, *apenas* atividade. – Além disso, no conceito de objeto, pensa-se o conceito de um limitado ou restrito. Todo objetivo é, precisamente pelo fato de que é objeto, finito. O eu, portanto, é originariamente (além da objetividade que é posta nele através da consciência de si) infinito –, *portanto, atividade infinita.*

b) Sendo o eu atividade originariamente infinita, então ele é também fundamento – e quintessência de toda realidade, pois se houvesse um fundamento de realidade externo a ele, então sua atividade infinita seria, originariamente, limitada.

c) Que essa atividade originariamente infinita (essa quintessência de toda realidade) seja objeto para si mesma, portanto finita e limitada, é condição da consciência de si. A questão é como essa condição é pensável? O eu é originariamente *puro produzir* que tende ao infinito, em virtude disto, todavia, nunca chegaria a *produto*. O eu, portanto, e para surgir a si mesmo (e para ser não apenas produtivo, mas ao mesmo tempo produzido, como na consciência de si), deve pôr limites a seu produzir.

d) *Todavia, o eu não pode limitar seu produzir sem se opor a algo.*

Prova. Enquanto o eu se limita como produzir, ele torna a si mesmo algo, isto é, ele põe a si mesmo. Porém, todo pôr é um pôr determinado. Todo determinar, todavia, pressupõe um absolutamente indeterminado (por exemplo, toda figura geométrica [pressupõe] o espaço infinito), toda determinação é, portanto, uma suspensão da realidade absoluta, isto é, negação.

Todavia, negação de um positivo não é possível mediante simples privação, mas apenas por meio de *oposição real* (por exemplo, $1 + 0 = 1$, $1 - 1 = 0$).

Logo, no conceito de pôr, também é necessariamente pensado um opor; portanto, também na ação do pôr a si, também o pôr de algo que é oposto ao eu, e a ação do pôr a si é, apenas por esse motivo, idêntico e sintético ao mesmo tempo.

Contudo, este opor originário do eu surge apenas por meio da ação do pôr a si mesmo e, abstraído dessa ação, não é absolutamente nada.

O eu é um mundo inteiramente fechado em si, uma mônada, que não pode sair de si, na qual, porém, nada de fora pode entrar. Portanto, nunca algo oposto (objetivo) chegaria nele se não fosse por meio da ação originária do pôr a si mesmo ao mesmo tempo que também aquele.

Este oposto (o não-eu), portanto, não pode ser o fundamento de explicação desta ação pela qual o eu, finalmente, torna-se para si mesmo. O dogmático explica a finitude do eu imediatamente a partir do ser limitado mediante algo objetivo; o idealista deve inverter a explicação, devido ao seu princípio. A explicação do dogmático não entrega o que ela promete. Fossem o eu e o objetivo, como ele pressupõe, originariamente divididos, por assim dizer, na realidade, então o eu não seria originariamente infinito, como ele é, pois ele só se torna finito pelo ato da consciência de si. Uma vez que a consciência de si *só* é apreensível como *ato*, então ela não pode ser explicada a partir de algo que só torna compreensível uma passividade. Apesar do fato de que o objetivo surge a mim, primeiramente, mediante o tornar-se finito[62], de que o eu, inicialmente, abre-se à objetividade por meio do ato da consciência de si, de que o eu e o objeto são opostos um ao outro, como grandezas positivas e negativas; de que, portanto, ao objeto só é atribuída aquela realidade que é suprimida no eu, então o dogmático explica a limitação do eu apenas como se explica a de um objeto, isto é, a limitação em si e para si – e não, todavia, um *saber em torno de si mesmo*. O eu como eu, todavia, é limitado apenas desta forma: que ele se intui como tal, pois um eu é, de fato, apenas o que ele é para si mesmo. Até para explicar o limitar[63], a explicação do dogmático é o suficiente; contudo, ela não basta para a explicação do *autointuir no eu*. O eu deverá ser limitado, sem que ele cesse de ser *eu*, isto é, não para um intuinte externo a ele, mas para si mesmo. Ora, então, o que é esse eu *para* o qual o outro deve ser limitado? Sem dúvidas, algo ilimitado; o eu, portanto, deverá ser limitado, sem que ele cesse de ser ilimitado. Pergunta-se: como isso seria pensável?

Que o eu não é apenas limitado, mas também que intui a si mesmo como tal, ou que ele, na medida em que limitado, também é limitado, é algo só possível pelo fato de que ele põe a si *mesmo* como limitado, produz a própria limitação. O eu produz a própria limitação, [o que] significa: o eu suprime a si mesmo como atividade absoluta, isto é, ele se suprime absolutamente. Todavia, essa é uma contradição que deverá ser resolvida, caso a filosofia não deva se contradizer em seus primeiros princípios.

e) Que a atividade originariamente infinita do eu limita a si mesma, isto é, que se transforme (na consciência de si) em algo finito só é compreensível caso se possa demonstrar *que o eu como eu pode ser ilimitado, apenas na medida em que é limitado e, inversamente, que ele seja limitado como eu, apenas na medida em que é ilimitado.*

f) Nessa proposição estão contidas duas outras.

A) *O eu é, como eu, ilimitado, apenas enquanto é limitado.*

---

62. Em alemão, no original, "*das Endlichwerden*" [N.T.].

63. Em alemão arcaico, no original, "*das Begränztzseyns*". Outra alternativa, mais literal, seria "ser limitado" [N.T.].

Pergunta-se: como se pode pensar algo dessa natureza?

aa) O eu é tudo o que é, apenas para si mesmo. "O eu é infinito" significa, também, que ele é infinito para si mesmo. – Caso se ponha por um instante que o eu *seja* infinito, mas sem que ele seja para si mesmo, então seria, de fato, algo infinito, mas esse infinito não seria eu. (Sensibiliza-se o dito por meio da imagem do espaço infinito, que é algo infinito, sem ser eu, e que representa o eu, por assim dizer, *dissolvido*, o eu sem reflexão.)

bb) "O eu é infinito para si mesmo" significa que ele é infinito para sua intuição de si. No entanto, o eu, *enquanto* se intui, se torna finito. Essa contradição é resolvida apenas pelo seguinte: que o eu, nessa finitude, *torna-se* infinito, isto é, que ele se intui como um *devir infinito*.

cc) Porém, um *devir* não é pensável, senão como condição de uma limitação. Caso se pense uma atividade infinitamente produtiva como expansora sem resistência, então ela produziria com velocidade infinita, e seu produto seria um ser, não um devir. A condição de todo devir, portanto, é a limitação, ou os limites.

dd) Entretanto, o eu não deve ser apenas um *devir*, ele deve ser um devir *infinito*. Para que seja um *devir*, ele deve ser limitado. Para que seja um devir *infinito*, os limites deverão ser suprimidos. (Se a atividade produtiva não pressiona para além de seu produto (seus limites), então o produto não é produtivo, isto é, não é *devir* algum. Todavia, se a produção fosse completa em algum ponto específico, os limites também seriam suprimidos (pois os limites são apenas em oposição à atividade que pressiona para além dela), então a atividade produtiva não seria infinita.) Os limites, portanto, deverão ser suprimidos e, simultaneamente, não suprimidos. *Suprimidos*, enquanto o devir for algo *infinito*; não suprimidos, enquanto ele não cessar de ser um *devir*.

ee) Essa contradição só pode ser resolvida por meio do termo médio de uma *ampliação infinita* dos limites. Os limites seriam suprimidos para todo ponto determinado, mas eles não seriam absolutamente suprimidos, mas apenas lançados ao infinito.

A limitação (expandida ao infinito) é, portanto, única condição sob a qual o eu como eu pode ser infinitamente.

B) *O eu é limitado apenas pelo fato de que ele é ilimitado.*

Suponhamos que um limite é posto ao eu, sem sua participação. Esses limites beiram sobre um ponto arbitrário C. Se a atividade do eu não for até esse ponto, ou precisamente apenas até esse ponto, então, não é limite algum para o eu. Porém, que a atividade agora não vá apenas até o ponto C, é algo que não se pode supor, salvo que ele seja originariamente ativo de modo indeterminado, isto é, ativo infinitamente. O ponto C, portanto, existe apenas para o eu na medida em que ele lhe ultrapassa; todavia, além desse ponto está a infinitude, pois entre o eu e a infinitude não há nada além desse ponto. Portanto, a aspiração infinita do eu é a própria condição sob a qual ele é limitado, isto é, sua ilimitação é condição de sua limitação.

g) A partir das duas proposições A) e B), podemos inferir da seguinte forma:

aa) Nós só pudemos deduzir a limitação do eu como condição de sua ilimitação. Ora, porém o limite é condição da ilimitação apenas na medida em que ele é expandido ao infinito. Todavia, o eu não pode expandir o limite sem agir sobre ele, e não pode agir sobre ele, sem que ele exista independentemente dessa ação. O limite, portanto, é real apenas por meio da luta do eu contra o limite. Se eu não direcionasse sua atividade contra ele, então não haveria limite algum para o eu, isto é (uma vez que ele é apenas *negativo* – que se põe em relação ao eu), ele seria simplesmente nada.

A atividade contra a qual o limite se direciona não é, segundo a demonstração de B, senão a atividade do eu que procede originariamente rumo ao infinito, isto é, aquela atividade que se aproxima *apenas* do eu *além* da consciência de si.

bb) Ora, mas essa atividade originária infinita, certamente, explica como o limite é *real*, mas não como ela também se torna *ideal*, isto é, ela claramente explica a consciência do eu em geral, porém não seu saber acerca da limitação, ou seu limitar para si mesmo.

cc) Ora, *todavia o limite deve, simultaneamente, ser real e ideal*. *Real*, isto é, independente do eu, pois o eu, de outro modo, não *seria* efetivamente limitado; *ideal*, dependente do eu, pois o eu, de outro modo, não poria, intuiria a si mesmo como limitado.

As duas observações, a de que o limite é real e de que o limite é meramente ideal, devem ser deduzidas da consciência de si. A consciência de si diz que o eu é limitado por si mesmo; para que ele seja limitado, o limite deve ser independente da atividade limitada, consequentemente, limitado por si mesmo, dependente do eu. A contradição entre essas afirmações, portanto, só pode ser resolvida por meio de uma oposição que ocorre na própria consciência de si. [Dizer que] o limite é independente do eu significa: neste, há outra atividade além da limitada, da qual aquele deve ser independente. Portanto, além daquela atividade que tende ao infinito, a qual nós quisemos chamar real – pois somente ela é realmente limitável –, há outra [atividade] no eu, que nós podemos chamar de ideal. O limite é real para a atividade que tende ao infinito, ou – precisamente porque essa atividade infinita deverá ser limitada na consciência de si – para a atividade *objetiva* do eu, portanto, ideal para uma atividade oposta, não objetiva e ilimitável em si, a qual deverá, agora, ser caracterizada de modo mais preciso.

dd) Além destas duas atividades, uma das quais nós meramente postulamos como necessária para a explicação da limitação do eu, nenhuma outra conta como fator da consciência de si. A segunda atividade, ideal ou não objetiva, deve, portanto, ser do tipo que, através dela, sejam dados, simultaneamente, o motivo do vir a ser limitado[64] do objetivo, e o *saber* acerca desse limitar. Ora, como a atividade originária é posta apenas como a *intuinte* (subjetiva) posta pela outra, de modo a explicar, por meio dela, a limitação do eu *como* eu, então, vir a ser *intuído* e vir a ser *limitado* devem ser um e o mesmo para aquela atividade, objetiva. Isso é algo a ser explicado pelo caráter fundamental do eu. A segunda atividade, caso deva ser a atividade de um *eu*, deve, ao mesmo tempo, ser *limitada*, e deve ser *intuída* como limitada, pois a natureza do *eu* reside *precisamente nesta identidade entre vir a ser intuído*[65] e *ser*. Dessa forma, uma vez que a atividade real é limitada, ela deve também ser intuída e, pelo fato de que é intuída, também será limitada, ambas devem ser absolutamente uma.

---

64. No original, em alemão, *"Begräntztwerdens"*. Uma alternativa seria "devir limitado" [N.T.].

65. No original, em alemão, *"Angeschautwerdens"* [N.T.].

ee) *As duas atividades,* a real e a ideal, *pressupõem-se recipro-camente.* A atividade originariamente aspirando ao infinito, mas limitadora no que tange à consciência de si, não é nada sem a atividade ideal, para a qual aquela, em sua limitação, é infinita (segundo dd). Todavia, a atividade ideal não é nada a [atividade] intuível, limitável e, precisamente por isso, real.

A partir dessa pressuposição recíproca de ambas as atividades, no que diz respeito à consciência de si, todo o mecanismo do eu será derivado.

ff) Assim como ambas as atividades se pressupõem reciprocamente, então também *idealismo* e *realismo.* Se eu reflito simplesmente sobre a atividade ideal, então me surge o idealismo, ou a afirmação de que o limite é posto simplesmente mediante o eu. Caso eu reflita apenas sobre a atividade real, então me aparece o realismo, ou a asserção de que o limite é independente do eu. Se eu reflito sobre *ambas ao mesmo tempo,* então me surge um terceiro a partir dos dois, que se pode chamar *ideal-realismo,* ou o que até agora nós indicamos pelo nome idealismo transcendental.

gg) Na filosofia teórica, a *idealidade* do limite é explicada (ou: como a limitação, que originariamente existe apenas para a ação livre, torna-se limitação para o saber?); a filosofia prática tem que explicar a *realidade* do limite (ou: como a limitação, que originariamente é apenas subjetiva, torna-se objetiva?). A filosofia teórica, portanto, é idealismo, [a filosofia] prática [é] realismo, e apenas as duas juntas, o sistema completo do idealismo *transcendental.*

Como idealismo e realismo se pressupõem reciprocamente, e também filosofia teórica e prática, e [como] são originariamente um e vinculados no próprio eu, nós devemos analisar em relação ao sistema agora em estabelecimento.

TERCEIRA SEÇÃO PRINCIPAL
SISTEMA DA FILOSOFIA TEÓRICA SEGUNDO PRINCÍPIOS DO IDEALISMO TRANSCENDENTAL

Pré-recordação

1) A consciência de si, da qual nós partimos, é *um ato absoluto* e, com esse ato, não é posto apenas o próprio eu com todas as suas determinações, mas também – como é suficientemente claro da seção precedente – todo o resto é posto, o que é posto em geral para o eu. Nossa primeira preocupação na filosofia teórica será, portanto, a dedução desse ato absoluto.

Para encontrar o conteúdo total desse ato, nós somos obrigados a desmontá-lo e, por assim dizer, desmembrá-lo em mais atos individuais. Esses atos individuais serão *elementos mediadores* daquela síntese absoluta.

A partir desses atos individuais unidos, é possível que aquilo que é posto surja, por assim dizer, *sucessivamente* diante de nossos olhos, de uma vez e simultaneamente, mediante uma síntese absoluta na qual eles todos são considerados.

O procedimento desta dedução é o seguinte:

O ato da consciência de si é ideal e real, simultânea e plenamente. Por meio do referido ato, o que é posto realmente, imediatamente também [é posto como] ideal, e o que é posto idealmente é, também, posto realmente. Essa identidade contínua do ser posto[66] entre real e ideal no ato da consciência de si só pode, na filosofia, ser representado como surgindo sucessivamente. Isso ocorre do seguinte modo:

---

66. No original, em alemão arcaico, *"des Gesetztseyns"* [N.T.].

O conceito do qual nós partimos é o de eu, isto é, do sujeito-
-objeto, ao qual nos elevamos por meio da liberdade absoluta. Ora,
por meio daquele ato, *por nós*, que filosofamos, algo é posto no
eu como *objeto*, portanto, ainda não é posto, todavia, no eu como
sujeito (para o *próprio eu*, em um e no mesmo ato, o que é posto
[como] real também é posto [como] ideal), nossa investigação deverá, portanto, progredir tão longe até que o mesmo posto por nós
no eu como objeto seja, também, posto por nós no eu como sujeito,
isto é, até que, para nós, a consciência de si de nosso objeto coinci-
da com a nossa, portanto, até que o próprio eu tenha chegado, para
nós, ao ponto do qual nós partimos.

Esse procedimento é, necessariamente, feito por meio de nosso
objeto e mediante nossa tarefa, pois nós devemos, permanentemente, manter separados o que, no ato absoluto da consciência de si,
está absolutamente unificado – sujeito e objeto – em prol do filosofar, isto é, para permitir que aquela unificação ocorra diante de
nossos olhos.

2) A investigação será, de acordo com o precedente, dividida
em duas seções. Por hora, devemos derivar a síntese absoluta que
está contida no ato da consciência de si; posteriormente, buscar os
elos intermediários dessa síntese.

I. Dedução do absoluto na síntese contida no ato de consciência de si

1) Nós partimos da proposição demonstrada anteriormente: o
limite deve ser, ao mesmo tempo, ideal e real. Sendo assim, então o
limite deve ser posto mediante um *ato*, e esse próprio ato deve ser,
ao mesmo tempo, real e ideal, uma vez que uma unificação originária entre ideal e real só é pensável em um ato absoluto.

2) Todavia, tal ato só ocorre na consciência de si, portanto
toda limitação é posta inicialmente pela consciência de si, e com a
consciência de si.

a) *O ato originário da consciência de si é, simultaneamente,
ideal e real*. A consciência de si é, em seu princípio, meramente
ideal, mas por meio da mesma surge-nos o eu como simplesmente

real. Por meio do ato da intuição de si, o eu também é, imediatamente, limitado; vir a ser intuído e ser são um e o mesmo.

b) Por meio da consciência de si, apenas, o limite é posto, portanto este não possui realidade alguma além daquela alcançada por meio da consciência de si. Este ato é o mais elevado, a limitação é o ato derivado. Para o dogmático, o limitar é o primeiro e a consciência de si é o segundo. Isso é impensável, pois a consciência de si deve ser *ato*, e o limite, para ser limite do *eu*, deve ser, simultaneamente, dependente e independente do eu. Isso só é pensável (seção II) *se o eu for* =[67] *uma ação, na qual há duas atividades opostas*, uma que é *limitada*, da qual, por esse motivo, o limite é independente e uma que é *limitadora*, precisamente por isso ilimitável.

3) Essa ação é precisamente a consciência de si. Além da consciência de si, o eu é *mera* objetividade. Esse mero objetivo (originariamente não objetivo por este motivo: pois o objetivo sem subjetivo é impossível), é o único *em si* que existe. Inicialmente, por meio da consciência de si, a subjetividade chega ao eu. Essa atividade originariamente *meramente* objetiva, limitada na consciência é oposta à [atividade] limitante, precisamente por esse motivo, não pode se tornar, ela mesma, objeto. – Atingir a consciência e ser limitado são uma e a mesma coisa. Somente aquilo que é limitado em mim, por assim dizer, vem à consciência; pela mesma razão, porque ela é a causa de todo limitar. A limitação deve me parecer como independente, pois eu só posso perceber meu limitar, nunca a atividade por meio da qual ela é posta.

4) Pressuposta esta distinção entre atividade limitante e limitada, *não é nem a atividade limitante e nem a limitada a que* nós chamamos "eu", pois o eu é apenas na consciência de si, porém nem por meio desta, nem daquela pensada isoladamente, o eu da consciência de si surge para nós.

a) A atividade *limitante* não chega à consciência, não se torna objeto; portanto, ela é atividade do sujeito puro. Porém, o eu na consciência de si não é puro sujeito, mas sujeito e objeto ao mesmo tempo.

---

67. Símbolo presente no texto original [N.T.].

b) A atividade *limitada* é apenas a que se torna objeto, o *mero* objetivo na consciência de si. Todavia, o eu da consciência de si não é nem puro sujeito, nem puro objeto, mas ambos ao mesmo tempo.

Nem por meio da atividade limitante, nem pela atividade limitada por si sós, portanto, chega-se à consciência de si. Consequentemente, surge uma terceira atividade composta a partir das duas, por meio da qual o eu da consciência de si surge.

5) Essa terceira atividade, oscilante entre a limitada e a limitadora, por meio da qual o eu vem, primeiramente, a ser, pois [o] produzir e [o] ser do eu são um, nada mais é que o *próprio eu da consciência de si*.

O próprio eu, portanto, é uma atividade composta, a própria consciência de si é um ato sintético.

6) Para determinar mais precisamente essa terceira atividade, sintética, deve-se, primeiramente, determinar com maior precisão o conflito das atividades em oposição, a partir das quais aquela procede.

a) Esse conflito não é apenas um conflito de atividades originariamente direcionadas ao sujeito, mas, antes direcionadas a atividades opostas, pois ambas as atividades são de um e do mesmo eu. A origem das duas direções é esta. – O eu possui a tendência a produzir o infinito, [e] esta direção deverá ser pensada como tendente ao *exterior* (como centrífuga), porém ela não é distinguível como tal, sem uma atividade ao *interior*, que retorna ao eu como ponto médio. Aquela atividade que segue para fora, infinita segundo sua atividade, é o objetivo no eu; esta que retorna ao eu não é nada além da aspiração a se intuir naquela infinitude. Por meio desta ação como tal, o interior e o exterior no eu se separam; com essa separação, um antagonismo é posto no eu, explicável apenas a partir da necessidade da consciência de si. Só se explica por que o eu deverá ser consciente de si originariamente pelo fato de que ele não é nada além de consciência de si. Todavia, precisamente na consciência de si é necessária uma disputa entre direções opostas.

O eu da consciência de si tende a essas direções opostas. Ele consiste apenas nessa disputa, ou antes, é ele mesmo essa disputa entre direções opostas. Assim como o eu, certamente, é certo de si mesmo, claramente, essa disputa deve surgir e ser mantida. Pergunta-se: *como* ela será mantida?

Duas direções opostas se neutralizam e se aniquilam; parece, portanto, que sua disputa não pode perdurar. Decorrente disso, surgiria a inatividade absoluta, pois como o eu não é nada além de aspiração de ser idêntico a si mesmo, então o único fundamento determinante da atividade para o eu é uma disputa contínua nele mesmo. Ora, mas toda contradição se aniquila por si mesma e para si mesma. Nenhuma contradição pode persistir, a não ser que *por meio* do próprio empenho em mantê-la, ou em pensá-la; por meio deste próprio terceiro, vem um tipo de identidade, uma relação recíproca dos dois membros opostos entre si nele.

A contradição originária na própria essência do eu não pode ser abolida, sem que o próprio eu seja abolido, tampouco ela pode perdurar em e para si. Ela apenas perdurará mediante a necessidade de perdurar, isto é, de manter o empenho resultante dela [isto é, desta necessidade] e, através disso, de trazê-la à identidade.

(Já pode ser inferido do que precede que a identidade expressa na consciência de si não é de modo algum originária, mas produzida e mediada. O originário é identidade que resulta do seguinte: a disputa entre direções opostas no eu. Originariamente, de fato, nós somos conscientes apenas da identidade, todavia, por meio da investigação a fundo sobre as condições da consciência de si, foi indicado que a consciência só pode ser uma sintética e mediata.)

Aquilo mais elevado de que nos tornamos conscientes é a identidade entre sujeito e objeto, porém, essa é em si impossível, ela só pode ser por meio de um terceiro fator, mediador. Como a consciência de si é uma duplicidade de direções, então o mediador é *uma atividade, que oscila entre as direções opostas.*

b) Até agora, nós consideramos as duas atividades apenas em suas direções opostas; ainda fica indeciso, se ambos são igualmente infinitos ou não. Todavia, como *antes* da consciência de si, não há motivo algum para se pôr um ou o outro como finalmente, então, a disputa entre as duas atividades (pois, como ela é um conflito em geral, também precisa ser demonstrado) será *infinita*. Esse conflito, portanto, não poderá ser unificado em uma única ação, mas apenas *em uma série infinita de ações*. Agora, como nós pensamos a identidade da consciência de si (a unificação desse antagonismo) em uma única ação da consciência de si, então, deve estar contida, nessa única ação, uma infinitude de ações, isto é, ela deve ser uma *síntese absoluta* e, caso, para o eu, tudo seja posto apenas por meio de seu agir, [deve ser] uma síntese pela qual tudo é posto; que é posta em geral para o eu.

Como o eu é impelido a esta ação absoluta, ou como este concentrar de uma infinitude de ações é possível em uma [ação] absoluta, é compreensível apenas da seguinte maneira.

No eu, sujeito e objeto são opostos originários, ambos *se anulam* e, todavia, *nenhum é possível sem o outro*. O sujeito só se afirma em oposição ao objeto, o objeto apenas em oposição ao sujeito, isto é, nenhum dos dois pode se tornar real, sem aniquilar o outro, mas até a aniquilação de um pelo outro, nada pode ocorrer, precisamente pelo motivo de que cada um só está lá onde está em relação oposta ao outro. Ambos devem, portanto, ser unificados, pois nenhum pode aniquilar o outro, todavia eles também não podem subsistir juntos. A disputa, portanto, não é tanto um confronto entre dois fatores – mas entre, de um lado, as incapacidades de unificar os infinitamente opostos e, de outro lado, a necessidade de fazê-lo, se a identidade da consciência de si não devesse ser suprimida. Precisamente isto: que sujeito e objeto são *absolutamente* opostos, põe o eu na necessidade de se condensar uma infinitude de ações em uma [ação] absoluta. Se no eu não houvesse oposição alguma, então nele não haveria absolutamente movimento algum, produção alguma, portanto, nenhum produto. Se a oposição não fosse absoluta, então a atividade unificadora, igualmente, não seria absoluta, tampouco necessária e não arbitrária.

7) O progresso deduzido até agora, de uma antítese absoluta à síntese absoluta, permite-se, agora, representar de modo inteiramente formal. Se nós representamos o eu objetivo (a tese) como *realidade* absoluta, então o oposto a ele deveria ser *negação* absoluta. Porém, realidade absoluta, precisamente pelo fato de que é absoluta, não é realidade alguma, e ambos os opostos, portanto, são meramente ideais na oposição. Caso o eu deva ser real, isto é,

ser objeto de si mesmo, então a realidade deve ser anulada nele, isto é, ele deve cessar de ser realidade absoluta. Porém, da mesma forma? Caso o oposto venha a se tornar real, então ele deve cessar de ser negação absoluta. Se ambos devem ser reais, então eles devem, simultaneamente, se dividirem na realidade, por assim dizer. No entanto, essa divisão da realidade entre os dois, o subjetivo[68] e o objetivo, não é possível, a não ser que por meio de uma terceira atividade, oscilante entre as duas [atividades] do eu, e essa terceira [atividade], por sua vez, não é possível, se os próprios opostos não fossem, eles mesmos, atividades do eu.

Este progresso de tese à antítese e desta à síntese, portanto, é originariamente fundado no mecanismo do espírito e, na medida em que é meramente formal (por exemplo, no método científico), abstrai daquele [progresso] originário, material que a filosofia transcendental estabelece.

II. Dedução do membro intermediário da síntese absoluta

Pré-recordação

Para esta dedução, são-nos dados os seguintes dados, com base no precedente.

1) *A consciência de si é o ato absoluto por meio do qual tudo é posto para o eu.*

Por esse ato[69], não se entende, por exemplo, o que é produzido com liberdade e que o filósofo postula, e que é uma potência superior do [ato] originário, mas [por esse ato] se entende o mais originário que, precisamente por ser condição de todo limitar e da consciência, ele mesmo não chega à consciência. Surge, acima de tudo, a questão: de qual tipo de ato se trata, é um [ato] voluntário ou involuntário? Esse ato não pode ser chamado nem voluntário, tampouco involuntário, pois esses conceitos só valem na esfera da explicabilidade em geral; uma ação que é voluntária ou involuntária já *pre*ssupõe limite (consciência). Aquela ação que é *causa* de todo

---

68. No original, "Sub-" [N.T.].

69. Schelling alternará entre ato (*Act*, grafia arcaica) e ação (*Handlung*) nesta seção, e traduziremos sempre segundo o ilustrado neste rodapé [N.T.].

limitar, e a partir da qual outra é mais explicável, deve ser *absolutamente* livre. Liberdade absoluta, todavia, é idêntica à necessidade absoluta. Se pudéssemos, por exemplo, pensar uma ação em Deus, então ela deveria ser absolutamente livre, porém essa liberdade absoluta seria, simultaneamente, necessidade absoluta, pois em Deus nenhuma lei e nenhuma ação são pensáveis que não procedam da necessidade interna de sua natureza. Tal ato é o mais originário da consciência de si, absolutamente livre, pois ele não é determinado por nada além do eu, absolutamente necessário, pois ele procede da necessidade interna da natureza do eu.

Ora, agora surge a questão: "Por que meio o filósofo se assegura desse ato originário, ou sabe acerca dele?" Claramente, não imediatamente, mas apenas mediante inferências. Eu descubro, de fato, pela filosofia, que eu surjo diante de mim mesmo, a cada instante, apenas por meio de tal ato; eu concluo, portanto, que eu, da mesma forma, só posso ser originariamente por meio de tal ato. Eu descubro que a consciência de um mundo objetivo está entrelaçada, a cada momento, com minha consciência; eu concluo, portanto, que algo objetivo já deve ingressar, inicialmente, na síntese da consciência de si, e a partir do qual a consciência de si evoluída deve, novamente, proceder.

Ora, todavia, se o filósofo também se assegura desse ato como ato, como ele se assegura de seu conteúdo determinado? Sem dúvida, mediante a *imitação livre* desse ato, com a qual toda a filosofia se inicia. Então, como sabe, todavia, o filósofo, que este ato secundário, voluntário, é idêntico àquele originário e *absolutamente* livre? Pois, se por meio da consciência de si toda limitação, portanto, todo tempo surge, então, esse ato originário não pode ocorrer no próprio tempo; por isso, pode dizer tão pouco do ser racional em si que ele começou a ser, quanto se pode dizer que ele existiu desde todo o tempo; o eu como eu é absolutamente eterno, isto é, fora de todo o tempo; ora, mas esse ato secundário ocorre necessariamente em um determinado momento temporal, de onde sabe o filósofo que este ato que ocorre no meio da série temporal concorda com aquele que acontece fora de todo o tempo, por meio do qual todo o tempo vem a ser constituído? – o eu, uma vez mesclado ao tempo, consiste em uma transição contínua de representação a representação; agora, contudo, está em seu poder interromper com essa série através da reflexão, com a interrupção absoluta dessa sucessão, inicia todo o filosofar, de agora em diante, a mesma sucessão será voluntária, a anterior foi involuntária; porém de onde sabe o filósofo que este ato na série de suas representações, que chegou por meio da interrupção, é igual àquele [ato] originário, com o qual toda a série se iniciou?

Quem apenas examina em geral que o eu só surge por meio de sua própria ação, também compreenderá que, por meio da ação arbitrária em meio à série temporal, por meio da qual apenas surge o eu, nada mais pode surgir a mim, senão aquilo que me surgia originariamente, e além de todo tempo. Ora, além disso, este ato originário da consciência de si dura continuamente, pois toda a série de minhas representações não é nada além da evolução daquela síntese. Faz parte disso que eu surja a cada momento para mim mesmo da mesma forma que eu surjo a mim originariamente. O que eu sou, eu sou *apenas* através de minha ação (pois eu sou absolutamente livre), mas por meio dessa ação determinada surge a mim sempre e apenas o eu, portanto, devo concluir que ele também surge, originariamente, mediante a mesma ação. –

Uma reflexão geral que se afilia ao que foi dito encontra seu lugar aqui. Se a primeira construção da filosofia é imitação de uma originária, então todas as suas construções serão apenas tais emulações. Na medida em que o eu for apreendido na evolução originária da síntese absoluta, é apenas uma série de ações, a das originárias e necessárias; assim que eu interrompo essa evolução, e me transmito voluntariamente de volta ao ponto inicial da evolução, surge-me uma nova série, na qual é *livre* o que, na primeira, era *necessário*. Esta é a original, aquela, a cópia ou imitação. Não havendo na segunda série nem mais e nem menos que na primeira, então a emulação está completa, surgindo uma filosofia verdadeira e integral. Em casos opostos, surge uma [filosofia] falsa e incompleta.

Filosofia em geral não é nada além de imitação livre, repetição livre da série originária de ações nas quais o ato da consciência de si evolui. A primeira série é, em relação à segunda, real; a segunda, em relação àquela, ideal. Parece irremediável que, na segunda série, o puro arbítrio se mescle, pois a série foi iniciada livremente e procedeu livremente, porém o arbítrio deve ser apenas formal, e não determinar o conteúdo da ação.

A filosofia, uma vez que possui como objeto a gênese originária da consciência, é a única ciência na qual essa série duplicada ocorre. Em todas as demais ciências, há apenas uma série. Ora, o talento filosófico consiste precisamente nisto: poder repetir livremente a série de ações originárias livres. Porém, [consiste] sobretudo no seguinte: em meio a essa livre repetição, tornar-se consciente, mais uma vez, da necessidade originária dessas ações.

2) *A consciência de si* (o eu) é *uma disputa entre atividades absolutamente opostas.* Uma, originariamente tendendo ao infinito, será chamada por nós a *real, objetiva, limitável*; a outra, a tendência de se intuir naquela infinitude, chama-se a *ideal, subjetiva, ilimitável.*

3) *As duas atividades são postas, originariamente, como igualmente infinitas.* Ao pôr a limitável como infinita, já nos é dado um fundamento por meio da [atividade] ideal (o reflexo da primeira). Como a atividade ideal poderia ser limitada, portanto, é algo que ainda deve ser derivado. O ato da consciência de si, do qual nós partimos, nos explica, em primeiro lugar, apenas como a atividade objetiva é limitada, e não a subjetiva, e como a atividade ideal é posta como fundamento de todo limitar do objetivo, então ela será posta precisamente por isso não como originariamente ilimitada (consequentemente, *limitável* como aquela), mas como totalmente *ilimitável.* Se aquela for originariamente ilimitada mas, precisamente por esse motivo, limitável, livre quanto à forma, porém limitada no que tange ao conteúdo, então esta [atividade] é, como originariamente ilimitável, justamente por isso, se limitada, não será livre quanto à matéria, e apenas será livre no que diz respeito ao conteúdo. Nesta ilimitabilidade da atividade ideal se baseia toda construção da filosofia teórica; na prática, pode-se bem inverter a relação.

4) Portanto (2.3.), como na consciência de si há um conflito infinito, então, no ato absoluto de que nós partimos unifica e concentra uma infinitude de ações, cujo todo a compreensão integral é objeto de uma tarefa infinita – (se ela fosse totalmente resolvida, então o nexo inteiro do mundo objetivo, e todas as determinações

da natureza até o infinitamente pequeno deveriam nos ser revelados). A filosofia, portanto, só pode enumerar aquelas ações que, na história da consciência de si, constituem épocas, por assim dizer, e que se estabelecem umas com as outras em seu nexo. (Então, p. ex., a sensação é uma ação do eu que, quando todos os membros intermediários da mesma puderem ser expostos, dever--nos-ia conduzir a uma dedução de todas as qualidades na natureza, o que é impossível.)

A filosofia é, portanto, uma história da consciência de si, que possui diferentes épocas, e por meio das quais, sucessivamente, uma síntese absoluta é composta.

5) O princípio progressivo nessa história é o ideal como atividade pressuposta como ilimitável. A tarefa da filosofia teórica é: explicar a *idealidade* do limite = explicar, como, também, a atividade até agora aceita como ilimitável poderia ser limitada.

Primeira época, da sensação originária até a intuição produtiva

A. Tarefa: Explicar como o eu chega a se intuir como limitado

Solução

1) *Na medida em que as atividades opostas da consciência de si se enformam em uma terceira, surge algo comum a ambas.*

Pergunta-se: que características esse [produto] comum possuirá? Uma vez que é produto de atividades infinitas opostas, é necessariamente algo finito. Ele não é a disputa dessas atividades pensada em *movimento*, ele é uma disputa *fixa*. Ele unifica direções opostas, mas a unificação de direções opostas = repouso. Todavia, deve ser algo real, pois os opostos que, antes da síntese, são meramente ideais, dever-se-ão tornar reais mediante a síntese. Portanto, não deve ser pensado como uma aniquilação de ambas as atividades uma pela outra, mas como um equilíbrio, a partir do qual elas se reduzem reciprocamente, e cuja duração é condicionada pela competição permanente das duas atividades.

(O produto poderia, também, ser caracterizado como um inativo real, ou como um real inativo. O que é real, sem ser ativo, é simples matéria, um simples produto da imaginação, que nunca existe sem forma, e aqui, também, apenas advém como membro intermediário da investigação. – A inapreensibilidade do produzir (criar) da matéria, também segundo a matéria, já se perde aqui por meio desta explicação. Toda matéria é mera expressão de um equilíbrio entre atividades opostas, que se reduzem, reciprocamente, a um simples substrato de atividades[70]. (Pensa-se na alavanca, ambos os pesos operam apenas sobre o pivô[71], que é, portanto, o substrato comum de sua atividade). – Esse substrato, além disso, não surge voluntariamente por meio de produção livre, mas de modo completamente involuntário, mediante uma terceira atividade, que é tão necessária quanto a identidade da consciência de si.)

Este terceiro [produto] comum, se persistisse, seria, de fato, uma *construção do próprio eu*, não como *mero* objeto, mas como sujeito e objeto ao mesmo tempo. (No ato originário da consciência de si, o eu aspira a se tornar mero objeto em geral, mas não consegue fazê-lo sem se tornar, precisamente por esse fato, algo *duplicado* (*para o observador*). Esta oposição deve se anular em uma construção comum a partir de ambos, sujeito e objeto. Ora, se o eu se intui nessa construção, então ele não o faria mais apenas como objeto, mas como sujeito e objeto simultaneamente (como eu completo) ao objeto.)

2) *Porém, esse [elemento] comum não perdura.*

a) Como a atividade ideal está, ela mesma, incluída nesta disputa, ela também deve ser *limitada* com ele. As duas atividades não podem se referir uma à outra, tampouco se enformar em uma terceira, sem que sejam limitadas, reciprocamente, uma por meio da outra, pois a atividade ideal não é apenas a negativa [*verneinen*-

---

70. Esse é, basicamente, o mecanismo envolvido na concepção schellinguiana de matéria como resultado da oposição de força expansiva e força repulsiva, equilibradas pela gravidade. Schelling chama essa concepção de "atomismo dinâmico", diferente de um atomismo material porque o componente irredutível são unidades de atividade, de forças em oposição. Cf. nota 57 *supra* [N.T.].

71. Schelling utiliza um termo grego, no original: *Hypomochlion*, que significa "fulcro", "pivô", sustentáculo. *Mochlion* significa "pequena alavanca" [N.T.].

de] (privativa) da outra, mas real-oposta, ou negativo [*negative*] da outra. Ela é (tanto quanto examinamos até agora) positiva como a outra, apenas no sentido oposto, portanto, também tão capaz de limitação quanto a outra.

b) Porém, a atividade ideal é posta como totalmente ilimitável, portanto, ela também não pode ser limitada arbitrariamente, e como a duração do [produto] comum é condicionada pela competição de ambas as atividades (1.), o [produto] comum também não pode perdurar.

(Se o eu permanecesse nesta primeira construção, ou pudesse aquele [produto] comum realmente perdurar, então o eu seria natureza inanimada, sem sensação e sem intuição. Como a natureza se desenvolve desde a matéria morta até a sensibilidade, é algo a se explicar na ciência da natureza (para a qual o eu é apenas a natureza se criando do começo), precisamente porque, também nela, o produto da primeira suspensão dos dois opostos não pode perdurar.)

3) Seria, então, dito (1.), se o eu se intuísse naquele elemento comum, então ele teria uma intuição completa de si mesmo (como sujeito e objeto); mas exatamente essa intuição é impossível, pois a própria atividade intuinte está incluída na construção. No entanto, como o eu é tendência infinita de se intuir, então é fácil perceber que a atividade intuinte não pode permanecer compreendida na construção. Daquela informação das duas atividades, portanto, apenas a real permanecerá como limitada, porém a ideal permanecerá como totalmente ilimitada.

4) Portanto, a atividade real é limitada pelo mecanismo derivado, mas ainda sem que ela seja para o próprio eu. Segundo o método da filosofia teórica: deduzir, também para o ideal, o que é posto no eu real (para o observador); aplica-se ao todo da investigação a pergunta: "como o eu real também poderia ser limitado em prol do [eu] ideal?" Neste ponto, permanece a tarefa: explicar como o eu vem a se *intuir* como limitado.

a) A atividade real, agora limitada, deverá ser posta como atividade do eu, isto é, um *fundamento de identidade* deverá ser indicado entre ela e o eu. Uma vez que essa atividade é de se atribuir ao eu, portanto, deverá ser, ao mesmo tempo, distinta dele, então, deve-se indicar também um *fundamento de diferenciação* entre ambos.

O que eu aqui denomino "eu" é apenas a atividade ideal. O fundamento de diferenciação e de relação deve, portanto, ser buscado em uma das duas atividades. O fundamento de diferenciação e de relação, todavia, reside sempre no correlato; ora, aqui, a atividade ideal é, simultaneamente, o que se relaciona, portanto ele deve ser buscado na [atividade] real.

O fundamento de diferenciação entre ambas as atividades é o limite posto na atividade real, pois a ideal é a totalmente ilimitada, já a real, a limitada. O fundamento da relação das duas deve, igualmente, ser buscado na [atividade] real, isto é, na própria [atividade] real deve estar contido algo ideal. Pergunta-se: como isso é pensável? Ambas são distinguíveis unicamente por meio do limite, pois as direções opostas de ambas são, também, diferenciáveis somente mediante o limite. O limite não sendo posto, no eu está a pura identidade, na qual nada se deixa diferenciar. O limite posto, estão nele duas atividades, limitada e ilimitada, subjetiva e objetiva. Ambas as atividades possuem, portanto, ao menos algo em comum: que *ambas* são, inicialmente, totalmente não objetivas, isto é, porque nós ainda não conhecemos nenhuma outra característica do ideal, ambas são igualmente ideais.

b) Isso pressuposto, podemos concluir da seguinte maneira.

A atividade ideal, até agora ilimitada, é a tendência infinita do eu a se tornar no objeto a si mesmo na [atividade] real. Em função disso, o que na atividade real é ideal, (que ela torna em uma atividade do *eu*) pode ser relacionado à [atividade] ideal, e o eu se intui nela, (o primeiro tornar-se objeto de si mesmo[72] do eu).

Porém, o eu não pode intuir a atividade real como idêntica a si mesma sem simultaneamente encontrar o *negativo* nela, que ela faz como um não-ideal, como algo alheio a si mesmo. O positivo, que faz das duas atividades do eu, é algo que as duas possuem em

---

72. No original, em alemão arcaico, *"das erste Sichselbstobjectwerden des Ichs"*. O termo para tornar-se objeto de si mesmo foi tornado neologismo por Schelling, um enorme substantivo que preferimos decompor na tradução, zelando sempre pela clareza na presente obra [N.T.].

comum, porém o negativo só pertence à [atividade] real, na medida em que o eu intuinte percebe, no objetivo, o positivo, intuinte e intuído são um, e o que encontra e o encontrado não são mais um. O que encontra é o totalmente ilimitável e ilimitado, o encontrado é o limitado.

O próprio limite aparece como algo do qual se abstrai, que poderá ser posto e não posto, como contingente; o positivo na atividade real, como aquilo do qual não se poderá abstrair. O limite, precisamente por esse motivo, pode aparecer apenas como algo encontrado, isto é, estranho ao eu, oposto à sua natureza.

O eu é o fundamento absoluto de todo pôr. ["]Ao eu, algo é oposto["] significa, portanto, ["]algo é posto, que não é posto mediante o eu["][73]. O intuinte deve, portanto, encontrar algo no intuído (a limitabilidade) que *não* seja posto como intuinte *por meio do eu*.

(Indica-se, aqui, em primeiro lugar, muito claramente a diferença entre o ponto de vista do filosofar e o de seu objeto. Nós, os que filosofamos, sabemos que o limitar do objetivo possui seu único fundamento no intuinte, ou no subjetivo. O *próprio eu intuinte* não sabe, e não pode sabê-lo, como agora se torna claro. Intuir e limitar são, inicialmente, um. Todavia, o eu não pode intuir e, ao mesmo tempo, intuir-se como intuinte, portanto, também não como limitante. Por isso, é necessário que o intuinte, que busca apenas a si mesmo no objetivo, encontre o negativo nele, como não posto por meio de si mesmo. Se o filósofo observa, do mesmo modo, que esse é o caso (como no dogmatismo), então isso ocorre porque ele se coalesce constantemente com seu objeto e partilha do mesmo ponto de vista que ele.)

O negativo é encontrado como não posto por meio do eu, e é precisamente por isso aquilo que, em geral, unicamente poderá ser encontrado[74] (o que, mais tarde, se transforma no meramente empírico).

---

73. Aspas introduzidas pelo tradutor para fins de maior clareza em relação ao original alemão [N.T.].

74. No original alemão há uma vírgula aqui, mas ela foi retirada por não fazer sentido, considerando o resto do parágrafo [N.T.].

["]O eu encontra o limitar como não posto mediante si mesmo["] significa o mesmo que: ["]o eu o encontra posto por meio de algo oposto ao eu, isto é, *o não-eu*["][75]. *O eu não pode, portanto, intuir-se como limitado, sem intuir esse limitar como afecção de um não-eu.*

O filósofo, que permanece nesta atitude, não pode explicar a sensação (pois é evidente de si mesmo que o autointuir na limitação, assim como até agora deduzido, não é nada além daquilo que, na linguagem comum, chama-se *"sentir"*[76]), a não ser a partir da afecção de uma coisa em si. Uma vez que, através da sensação, apenas a *determinidade* chega às representações, então ele também explicaria estas apenas a partir daquelas afecções, pois o eu não pode afirmar que, nas representações, simplesmente *recebe*, é mera receptividade, mesmo por causa da espontaneidade lá envolvida. [Isso é explicável] porque, até nas próprias coisas (assim como são representadas), emerge o traço irreconhecível de uma atividade do eu. Aquele efeito, portanto, não será das coisas tal como nós as representamos, mas das coisas tal como surgem independentemente das representações. O que, portanto, nas representações é espontaneidade, será considerado pertencente ao eu; o que [é] receptividade que é receptividade, como pertencente às coisas em si. Da mesma forma, o que é positivo nos objetos será visto como produto do eu, o que nele é negativo (o acidental), será visto como produto do não-eu.

Que *o eu se encontre* como limitado por meio de algo oposto a ele, é algo deduzido a partir do mecanismo do próprio sentir. Uma consequência disso, contudo, é que tudo que é acidental (tudo que pertence à limitação) nos deve aparecer como o inconstrutível, inexplicável a partir do eu, enquanto o positivo nas coisas como construção do eu é passível de compreensão. Porém, a proposição

---

75. Aspas introduzidas pelo tradutor para fins de maior clareza em relação ao original alemão [N.T.].

76. No original *"Empfinden"*. Sentir, portanto, no sentido de "sensação", e não de "sentimento" (*Gefühl*). Isso se aplica a todas as ocorrências de "sentir" no resto deste tópico, exceto quando indicado (por exemplo, na p. 100). Cf. notas 80 e 109. O psicólogo suíço Carl Gustav Jung (1875-1961) explica minuciosamente esta diferença entre sensação e sentimento, por exemplo, na obra *Psychologische Typen* (*Tipos psicológicos*), de 1921. Cf. Jung (2015) [N.T.].

de que o *eu* (nosso objeto) se encontra como limitado por meio de um oposto será limitada pelo fato de que o eu, porém, só encontra esse oposto *em si*.

Não será declarado que *há*, no eu, algo absolutamente oposto a ele, mas que *o eu encontra* em si algo como absolutamente oposto a ele. ["]O oposto *está* no eu["], significa: ["]ele é absolutamente oposto ao eu["]; ["]o eu *encontra* algo como oposto a si["] significa: ["]ele é oposto ao eu apenas em relação ao seu encontrar, e ao tipo deste encontrar["][77]; e assim também o é.

Aquilo que encontra é a tendência infinita a intuir a si mesmo, na qual o eu é puramente ideal e absolutamente ilimitável. O *onde* encontrado não é o eu puro, mas o eu afetado. Aquilo que encontra e o onde[78] encontrado são, portanto, eles mesmos opostos. O que é encontrado é, para aquilo que encontra – mas, também, apenas na medida em que é aquilo que encontra, algo alheio.

De modo mais claro. O eu, como tendência infinita à intuição de si, encontra-se como o intuído ou, o que é o mesmo (pois intuído e intuinte, neste ato, não se distinguem), [encontra] em si mesmo algo alheio a ele. Porém, o que é, então, o encontrado (ou sentido) neste encontrar? O sentido é, de fato, novamente apenas o próprio eu. Tudo o que é sentido é algo imediatamente presente, totalmente imediato, como já está dado no conceito de sentir. O eu encontra, contudo, algo oposto, esse oposto, no entanto, [está] apenas em si mesmo. Contudo, no eu não há nada além de atividade; ao eu, portanto, nada pode ser oposto além da negação da atividade. O eu encontrar algo oposto em si significa, portanto, que ele encontra em si atividade anulada. – Quando nós sentimos, nós nunca sentimos o objeto; nenhuma sensação nos dá um conceito de um objeto, ela é o totalmente oposto ao conceito (à ação), portanto, negação da atividade. A conclusão desta negação de um objeto como sua causa é algo bem mais tardio, cujos fundamentos, outra vez, podem ser mostrados como residindo no próprio eu.

---

77. Aspas introduzidas pelo tradutor para fins de maior clareza em relação ao original alemão [N.T.].

78. Neste parágrafo, Schelling utiliza, em alemão, *"Das Findende"* ("aquilo que encontra", "o encontrador") e *"Das worinn"* ("o onde", "o em que", grafia arcaica) [N.T.].

Ora, se o eu sempre sente apenas sua atividade anulada, então o sentido não é diferente do eu, ele sente apenas a si mesmo, o que o uso comum da linguagem filosófica já expressou quando ela chama o sentido de algo "meramente subjetivo".

Aditivos

1. A *possibilidade* da sensação reside, segundo esta dedução,

a) No equilíbrio perturbado de ambas as atividades. – Mesmo na sensação, o eu, portanto, não pode se intuir na sensação já como sujeito-objeto, mas apenas como objeto limitado *simples*, sendo a sensação, portanto, apenas esta intuição de si na limitação.

b) Na tendência infinita do eu ideal a se intuir no real. Isso não é possível senão por meio daquilo que a atividade ideal (senão, o eu agora não seria nada) e a real possuem em comum uma com a outra, isto é, por meio do positivo nelas; o contrário, portanto, ocorreria por meio do negativo nelas. O eu, portanto, também *encontrará* em si apenas aquele negativo, isto é, apenas poderá *senti*-lo.

2. A *realidade* da sensação consiste no fato de que o eu não intui o que se sente como algo posto por si. Ele é *sentido*, apenas na medida em que o eu intui como não posto por si. Que, portanto, o negativo seja posto pelo eu, é algo que podemos ver, mas nosso objeto, o eu, não *pode*, de fato, vê-lo, pelo motivo muito natural de que ser intuído e ser limitado pelo eu são uma e a mesma coisa. O eu é (objetivamente) limitado pelo fato de que ele se intui (subjetivamente); ora, porém o eu não pode se intuir simultaneamente de modo objetivo e se intuir como intuinte, portanto também não [pode] se intuir como limitante. A realidade de toda sensação reside nesta impossibilidade: no ato originário da consciência de si, ao mesmo tempo se tornar objeto de si mesmo e se intuir no ato de se tornar objeto.

O engano de que o limitar é como algo absolutamente estranho ao eu, o que só é explicável mediante a afecção de um não-eu, surge, portanto, simplesmente pelo seguinte: que o ato pelo qual o eu *se torna* limitado é um ato diferente daquele por meio do qual ele se *intui* como limitado – não no que tange ao tempo, vale dizer, pois no eu tudo o que representamos sucessivamente é simultâneo, mas certamente quanto à espécie.

O ato *pelo qual o eu limita a si mesmo* não é senão o da consciência de si, pela qual, como fundamento explicativo de todo limitar, nós já deveremos, por isso, permanecer, uma vez que, como qualquer afecção externa se transforma em um representar ou em um saber, é totalmente inapreensível. Posto, portanto, que um objeto opera sobre o eu, como a um objeto, então tal afecção só poderia ser algo homogêneo, isto é, novamente, produzir apenas um determinar[79] objetivo, pois a lei da causalidade vale apenas entre coisas homogêneas (coisas do mesmo mundo) e não passa de um mundo ao outro. Portanto, como um ser originário se transforma em um saber é algo que só seria compreensível caso se pudesse indicar que, também, a própria representação é um tipo de ser – esta, de fato, é a explicação do materialismo, um sistema que deveria ser desejado pelos filósofos, caso ele ao menos realmente oferecesse o que ele promete. Porém, tal como até o presente, o materialismo é totalmente incompreensível e, assim que se torna compreensível, ele de fato não é mais distinguível do idealismo transcendental. – Explicar o pensar como um fenômeno material só é pensável pelo fato de que a própria matéria é tornada um espectro, mera modificação da inteligência, cujas funções comuns são o pensar e a matéria. Por conseguinte, o próprio materialismo é repelido rumo à inteligência como o originário. Certamente, tampouco pode ser o caso de explicar o ser a partir do saber, como se aquele fosse a causa deste; entre os dois não é, de modo algum, possível relação de *causalidade*, e ambos não podem se encontrar, a não ser que sejam originariamente *um* no eu. O ser (a matéria), considerado como produtivo, é um saber; o saber, tomado como produto, um ser. Se o saber em geral é produtivo, então ele deve ser total e plenamente produtivo, e não apenas em parte, não pode vir nada externo no saber, pois tudo o que é, é idêntico ao saber, e nada existe fora dele. Se o único fator de representação reside no eu, então o outro [fator] também deve estar, pois no objeto, os dois são inseparáveis. Supondo, por exemplo, que apenas a maté-

---

79. No original, em alemão arcaico, *"ein Bestymmtseyn"*. Outra tradução possível e mais literal seria "ser determinado" [N.T.].

ria pertença às coisas, então, antes de atingir o eu, ao menos na transição da coisa à representação, elas seriam disformes, o que é, sem dúvidas, impensável.

Ora, porém, se apenas a limitação originaria é posta pelo próprio eu, como é possível que ele a sinta, isto é, que [o eu] a veja como algo oposto a ele? Toda a realidade do conhecimento adere à sensação e uma filosofia que não pode explicar a filosofia é, por esse motivo, já fadada ao fracasso, pois, sem dúvida, a verdade de todo conhecimento se baseia no sentimento[80] de coerção que ela acompanha. O ser (a objetividade) expressa sempre um limitar da atividade intuinte ou produtiva. ["]Nesta parte do espaço *há* um cubo["][81], não significa nada além de ["] nesta parte do espaço, minha intuição só pode ser ativa na forma de cubo ["]. O fundamento de toda a realidade do conhecimento, portanto, é o fundamento do limitar independente da intuição. Um sistema que anulasse esse fundamento seria um idealismo dogmático, transcendente. Seria disputado, em parte, contra o idealismo transcendental, em parte com motivos que são comprovativos apenas contra aqueles que não compreendem que ele precisa de uma refutação, ou nunca poderia ter entrado em uma cabeça humana. Se aquele idealismo é dogmático, o que observa ser a sensação inexplicável a partir de sensações externas, não havendo na representação nada, tampouco o acidental que pertence a uma coisa em si; não se podendo, de fato, sequer pensar em termos racionais de qualquer impressão sobre o eu, então, de todo modo, ele é o nosso [idealismo]. A realidade do saber, todavia, apenas anularia um idealismo que possibilita produzir, com consciência, a limitação originária livre, ao passo que o [idealismo] transcendental nos deixa, em relação a essa realidade, tão pouco livres quanto o realista sempre gostaria de exigir. Ele observa, apenas, que o eu nunca sente a coisa mesma[82] (pois tal coisa não existe ainda neste momento), ou também algo que passa da coisa ao eu, mas imediatamente apenas a si mesmo, sua

---

80. No original, em alemão, *"Gefühl"*, sentimento, e não *"Empfindung"*, "sensação", como nos trechos anteriores. Cf. notas 76 e 109 [N.T.].

81. As aspas entre colchetes neste parágrafo foram introduzidas para fins de maior clareza em relação ao original alemão [N.T.].

82. No original, em alemão, *"das Ding selbst"*, diferente do termo kantiano *"Ding an sich"* (coisa em si) [N.T.].

própria atividade anulada. Ele não deixa de explicar por que o eu é necessário apesar do fato de que nós só intuímos, por meio da atividade ideal, a limitação posta como algo totalmente alheio ao eu.

Essa explicação fornece a proposição de que o ato por meio do qual o eu é *objetivamente* limitado é um ato diferente daquele por meio do qual ele é limitado *por si mesmo*. O ato da consciência de si explica apenas o limitar da atividade objetiva. Porém, o eu, na medida em que é ideal, é uma autorreprodução infinita, (*vis sui reproductiva in infinitum*)[83]; a atividade ideal não sabe de limitação alguma, na medida em que ela encontra limites originários; por meio dela, portanto, o eu apenas se *encontra* como limitado. O motivo pelo qual o eu se encontra limitado nessa ação não pode estar na ação presente, ele está em uma [ação] *passada*. Na presente, portanto, o eu é limitado *sem seu apoio*, porém, que ele se encontra limitado sem seu apoio significa, também, tudo o que está na sensação e é a condição de toda a objetividade do saber. Ora, é providenciado, para que a limitação apareça a nós como algo independente de nós, e não produzido por nós, por meio de um mecanismo do sentir, que o ato por meio do qual toda a limitação é posta, como condição de toda a consciência, não chegue, ele próprio, à consciência.

3. *Toda limitação surge a nós apenas por meio do ato da consciência de si*. Ainda é necessário se delongar nesta proposição, pois ela é, sem dúvida, a que traz as maiores dificuldades nesta teoria.

A necessidade originária de se tornar consciente de si mesmo, retornar a si mesmo, já é limitação, porém a limitação é inteira e completa.

---

83. Em latim, no original. Segundo Korten e Ziche (2005, p. 116), não se sabe até o presente a que citação concreta Schelling se refere aqui. "*Vis reproductiva*", no contexto fisiológico, é a capacidade dos organismos de regenerar partes danificadas, por exemplo, algo encontrado na obra do médico e fisiólogo Johann Friedrich Blumenbach (1752-1840), famoso por seu conceito de "impulso formativo" (*Bildungstrieb*), discutido por pensadores diversos: Kant, Schelling, Novalis, Hegel, Schopenhauer, para mencionar alguns. A respeito desse conceito de impulso formativo, importante até na filosofia da arte de Schelling, cf. Assumpção (2022, p. 40-46); Durner, Jantzen e Moiso (1994, p. 636-646). Uma tradução recente de *Über den Bildungstrieb und das Zeugungsgeschäfte*, obra importante do cientista, foi feita por Isabel Coelho Fragelli (Blumenbach, 2019) [N.T.].

Não surge uma nova limitação para cada nova representação; com a síntese contida na consciência de si, a limitação é algo posto para sempre, ela é a única originária, no interior da qual o eu permanece constante, da qual ele nunca é lançado e que, nas representações individuais, desenvolve-se apenas de modos diferentes.

As dificuldades que se encontra nesta teoria possuem, na maior parte, seu motivo na não-diferenciação entre a limitação originária e a derivada.

A limitação originária, que nós temos em comum com todo ser racional, consiste no fato de que nós somos totalmente finitos. Em função disso, não somos separados de outros seres racionais, mas da infinitude. Porém, toda limitação é, necessariamente, *determinada*, e não se deixa pensar que uma limitação em geral surge sem que, ao mesmo tempo, algo determinado surja; o determinado deve, portanto, vir a ser por meio de um e o mesmo ato com a limitação em geral. O ato da consciência de si é uma síntese absoluta, todas as condições da consciência surgem, simultaneamente, por meio desse mesmo ato; portanto, também a limitação determinada, a qual, precisamente por isso, como a limitação em geral, é condição da consciência.

Que eu[84] em geral sou limitado, segue imediatamente da tendência infinita do eu de se tornar objeto; a limitação em geral é, portanto, explicável, mas deixa a limitação em geral totalmente livre e, todavia, as duas surgem por meio de um e do mesmo ato. Ambas juntas, o fato de que a limitação determinada não pode ser determinada por meio da limitação em geral, e de que ela, ainda assim, surge *simultaneamente* com ela e por meio de um ato, resulta em *que ela é o inapreensível e inexplicável da filosofia*. Então, certamente e de fato, como eu em geral sou determinado, então eu devo ser de um tipo determinado, e essa determinidade deve ir ao infinito, aquela determinidade que tende ao infinito faz toda a minha individualidade; não, portanto, que eu *sou* limitado

---

84. Neste trecho, Schelling utiliza "eu" como pronome pessoal, "*ich*", e não "o eu" como substantivo, "*das Ich*", tal como acontece na maior parte da obra. Isso se repete algumas vezes ao longo do parágrafo, o que ficará claro ao leitor/à leitora com base na conjugação verbal. É possível que, nessa inversão da escrita, Schelling esteja nos convidando a fazer este exercício de interioridade reflexiva [N.T.].

a determinado tipo, mas o *tipo* desta própria limitação é o próprio inexplicável. Permite-se deduzir, em geral, que eu pertenço a uma ordem determinada de inteligências, mas não, porém, que eu pertenço precisamente a esta ordem, que eu ocupo um determinado lugar nesta ordem; não, porém, que eu ocupo precisamente este. Pode, portanto, ser deduzido como necessário que há, em geral, um sistema de nossas representações; não, porém, que nós sejamos limitados a esta determinada esfera de representações. Caso nós, certamente, já pressuponhamos a limitação determinada, pode-se derivar, a partir dessa, as representações particulares; a limitação determinada é, então, apenas meramente aquilo pelo qual nós condensamos a limitação de todas as representações individuais, portanto, podermos derivá-las novamente delas; por exemplo, se nós pressupomos uma vez que esta parte determinada do universo e, nesse, este determinado corpo celestial seja a esfera imediata de nossa intuição externa, então, pode-se concluir, certamente, que nesta determinada limitação, estas determinadas intuições são necessárias. Então, se pudéssemos fazer uma comparação com todo nosso sistema planetário, então poderíamos inferir, sem dúvidas, por que nossa Terra consiste precisamente desta e não de outros materiais, pois ela mostra precisamente estes, e não outros fenômenos, portanto, por que esta esfera de intuição, uma vez pressuposta, ocorrem na série de nossas intuições precisamente estas, e não outras. Conforme nós transferimos, uma vez, por meio de toda a síntese de nossa consciência nessa esfera, então, nada mais será capaz de adentrar nela que pudesse contradizê-la e que não fosse necessário. Isso segue da consistência originária de nosso espírito, que é tão grande que cada fenômeno que agora é apresentado a nós, uma vez que esta limitação determinada seja pressuposta, é necessária de tal modo que, se ela não ocorresse, todo o sistema de nossas representações seria contraditório em si mesmo.

B. Tarefa: Explicar como o eu se intui como sentiente

Explicação

O eu sente, na medida em que se intui como originariamente limitado. Esse intuir é uma atividade, porém o eu não pode, simultaneamente, intuir e se intuir como intuinte. Portanto, nessa ação, ele não é consciente de atividade alguma; por isso, na sensação, em toda parte, não é pensado o conceito de uma ação, mas apenas o de um sofrer. No momento presente, o eu é, *para si mesmo*, apenas o *sentido*, pois a única coisa sentida em geral é sua atividade limitada real que, contudo, torna-se objeto ao eu. Ele é também algo sentido, mas meramente para nós que filosofamos, e não para si mesmo. A oposição, que é posta simultaneamente com a sensação (aquilo entre o eu e a coisa em si), precisamente por esse motivo, é posta também – não para o próprio eu, mas apenas para nós no eu.

Este momento da consciência de si deverá se chamar, futuramente, o da sensação originária. Ele é aquele no qual o eu se intui na limitação originária, sem o que ele se conscientiza dessa intuição, ou sem o que a intuição seria, novamente, feita objeto ao eu. Neste momento, o eu está totalmente fixado no sentido e, por assim dizer, perdido.

A tarefa, portanto, mais precisamente determinada é a seguinte: como o eu, que até agora era meramente sentido, torna-se *sentiente e sentido ao mesmo tempo*?

A partir do ato originário da consciência de si só poderia deduzir o limitar. Se o eu fosse limitado por si mesmo, então ele deveria se intuir como tal; essa intuição, o mediador entre o eu limitado e o limitado, foi o ato da sensação, do qual, apesar dos motivos indicados, permanece na consciência o simples traço de uma passividade. Esse ato de sentir deve, portanto, ser novamente tornado em objeto, deve-se indicar como [ele] chega à consciência. É fácil pressupor que nós só poderemos resolver esta tarefa por meio de um novo ato.

Isto está totalmente de acordo com o andamento do método sintético. – Duas oposições, a e b (sujeito e objeto), são unificadas por meio da ação x, mas em x há uma nova oposição, entre c e d (sentiente e sentido); a ação x, portanto, novamente se torna objeto; ela mesma só é explicável por meio de uma nova ação = z, a qual, talvez, contenha novamente uma oposição inédita, e assim por diante.

Solução

I.

O eu *sente* quando ele encontra, em si, algo oposto, isto é, como o eu é apenas atividade, uma negação real da atividade, um afetar[85]. Porém, para ser um sentiente a si mesmo, o eu (o ideal) deve pôr *em si* aquela passividade que até agora esteve somente no real – o que, sem dúvida, só pode operar mediante *atividade*.

Aqui, estamos em um ponto ao redor do qual contornamos o empirismo, sem sermos capazes de explicá-lo. A impressão do exterior também me explica somente a passividade da sensação; ela explica, no máximo, uma retroação ao objeto efetuador, aproximadamente como um corpo elástico repele outro que colide com ele, ou um espelho reflete a luz que incide sobre ele; porém, ela não explica a retroação, o retornar do eu *a si mesmo*, não explica como ele se relaciona com a impressão de fora de si como eu, como intuinte. O objeto não retorna a si mesmo, e não relaciona impressão alguma a si próprio; precisamente por esse motivo, é desprovido de sensação.

O eu, portanto, não pode ser sentiente para si mesmo, sem ser *ativo* em geral. Ora, o eu, que aqui é ativo, não pode ser o limitado, mas apenas o ilimitável. Porém, este eu ideal é apenas *ilimitado* em oposição à atividade objetiva e agora limitada, portanto, apenas *na medida em que ele vai além do limite*. Quando se reflete sobre o que ocorre em cada sensação, então se descobre que, em cada uma, deve haver algo que *sabe* sobre a impressão, porém é totalmente independente dela e sai além dela; pois mesmo o juízo que deriva da impressão de um objeto pressupõe uma atividade que não adere à impressão, mas algo que se absorve em algo *além* da impressão. O eu, portanto, não é sentiente se não houver nele uma atividade *que ultrapasse o limite*. Por causa disso, de modo a ser sentiente para si mesmo, o eu deve incorporar o estranho em si (o ideal); porém, esse próprio estranho está, novamente, no eu, ele é a atividade anulada do eu. A relação entre essas duas atividades deve, agora, ser determinada mais precisamente em prol do que segue. A

---

85. No original, em alemão arcaico, *"Afficirtseyn"*. Uma tradução mais literal seria "ser afetado" [N.T.].

atividade ilimitada é *originariamente* ideal, como toda atividade do eu, como também a real o é, mas *na oposição* contra a real, apenas na medida em que *ultrapassa* o limite. O *limitado* é real, na medida apenas em que se reflete que ele é limitado, porém ideal, na medida em que se reflete que ele é, segundo o princípio, idêntico ao ideal; portanto, ele também é real ou ideal, dependendo de como é visto. Além disso, é claro que o ideal como ideal em geral só é diferençável em oposição ao real e vice-versa, o que é confirmável por meio do experimento mais simples como, por exemplo, um objeto fictício como tal apenas em oposição a um real e, inversamente, todo real como tal só é diferençável em relação a algo fictício contrabandeado no juízo. Isso pressuposto, indicam-se as seguintes conclusões.

1) O eu deve ser sentiente para si mesmo significa que ele deve acolher ativamente o oposto em si. Porém, esse oposto não é senão o limite, ou o ponto da restrição, e essa consiste apenas na atividade real, que só é diferençável da ideal por meio do limite. ["]O eu deve se dedicar ao oposto["][86] significa, portanto, que ele deve acolher o oposto em sua atividade ideal. Ora, isso não é possível sem *que o limite beire na atividade ideal* e, de fato, isso deve ocorrer mediante uma atividade do próprio eu. (O todo da filosofia teórica tem que resolver, como cada vez se torna mais claro, apenas este problema: como o limite se torna ideal, ou, como também a atividade ideal (intuinte) se torna limitada. Foi examinado, adiantadamente (acima, A) 2)[87]), que o equilíbrio perturbado entre a atividade ideal e a real deveria ser restaurado, de modo tão certo quanto o eu é eu. *Como* deveria ser restaurado, é nossa única tarefa distante.) – Contudo, os limites beiram apenas a linha da atividade *real* e, inversamente, precisamente aquela atividade do eu é a real, na qual o limite beira. Além disso, a atividade ideal e real são originariamente, abstraindo-se do limite, indiferenciáveis, apenas o limite fazendo o ponto de separação entre os dois. A atividade é, portanto, apenas ideal, isto é, a se diferençar como ideal além do limite, ou na medida em que ultrapassa o limite.

---

86. As aspas entre colchetes neste parágrafo foram introduzidas para fins de maior clareza em relação ao original alemão [N.T.].

87. P. 92s. [N.T.].

["]O limite deve beirar a atividade ideal["], significa, portanto, que o limite deve beirar além do limite, o que é uma clara contradição. Essa contradição deve ser resolvida.

2) O eu ideal poderia partir para *anular* o limite e, na medida em que lhe anula, o limite necessariamente também beiraria a linha da atividade ideal, mas os limites não devem ser anulados. Os limites devem ser aceitos *como* limites, isto é, não anulados na atividade ideal.

Ou o eu ideal poderia limitar a si mesmo, portanto *produzir* um limite. – Todavia, também com isso não ficaria explicado o que se deve explicar, pois, em seguida, no eu ideal, os limites postos não seriam os mesmos que estão postos no real, o que, todavia, deveria ser o caso. Caso nós também quiséssemos aceitar que o eu até agora puramente ideal seria objeto a si mesmo e, dessa forma, também limitado, então não daríamos nenhum passo adiante, mas retornaríamos ao primeiro ponto da investigação, onde o eu até então puramente ideal se separou pela primeira vez em um subjetivo e objetivo e, por assim dizer, decompôs-se.

Portanto, não resta nada, senão um meio-termo entre o anular e o produzir. Tal meio-termo é o *determinar*. O que eu devo determinar deve estar lá, independente de mim. Porém, na medida em que eu o determino e mediante o próprio determinar, ele se torna novamente algo dependente de mim. Além disso, na medida em que eu determino um indeterminado, eu o anulo como indeterminado, produzindo-o como determinado.

A atividade ideal, portanto, deve *determinar* o limite.

Surgem, aqui, imediatamente duas questões:

a) O que *significa*, então: ["]por meio da atividade ideal, os limites são determinados?["]

Agora, não resta nada do limite na consciência, além do traço de uma passividade absoluta. Como o eu não se torna consciente do *ato* no sentir, agora permanece apenas o resultado. Esta passividade, até agora, é totalmente indeterminada. Porém, passividade *em geral* é, até agora, tão pouco pensável quanto a limitação em geral. Toda passividade é *determinada*, tão certo quanto é possível apenas por negação de atividade. O limite, portanto, seria determinado se a passividade fosse determinada.

Essa mera passividade é a simples matéria da sensação, o puro sentido. A passividade seria determinada se o eu lhe desse uma esfera determinada – uma determinada esfera de influência (caso se queira permitir, aqui, essa expressão imprópria). O eu seria passivo, então, apenas no interior dessa esfera, e ativo fora dela.

Essa ação do determinar seria, portanto, um produzir, a matéria desse produzir [seria] a passividade originária.

Agora surge, porém, a segunda questão:

b) Como esse próprio produzir pode vir a ser pensado?

O eu não pode produzir a esfera sem ser ativo, mas tampouco ele pode produzir a esfera da limitação sem, por esse fato, ser limitado. – Enquanto o eu é o limitante, ele é ativo, porém, na medida em que é o limitante da limitação, ele mesmo se torna algo limitado.

Essa ação do produzir, portanto, é a unificação mais absoluta entre atividade e passividade. O eu é passivo em tal ato, pois ele não pode determinar a limitação sem já a pressupor. Porém, inversamente, também o eu (ideal) será aqui limitado apenas na medida em que parte, em seguida, para determinar a limitação. Em toda ação, também há uma atividade que pressupõe uma passividade e, inversamente, uma passividade que pressupõe atividade.

Antes que possamos refletir novamente sobre essa unificação entre atividade e passividade, podemos observar o que, então, teríamos ganhado por meio de tal ação, caso ela realmente possa ser indicada no eu.

O eu foi, no momento precedente da consciência, apenas *sentido para si mesmo*, e não algo sentiente. Na ação presente, ele se torna *sentiente* para si mesmo. Ele se torna objeto em geral, pois é limitado. Porém, ele se torna objeto como ativo (como sentiente), pois é limitado apenas em seu limitar.

O eu (ideal) se torna, portanto, objeto *enquanto limitado em sua atividade*.

O eu é, agora, apenas limitado na medida em que é *ativo*. O empirismo tem facilidade em explicar a impressão, porque ele ignora totalmente que o eu, para se tornar limitado como eu (isto é, como sentiente), já deve ser ativo. – Todavia, aqui o eu só é ativo na medida em que já é limitado, e precisamente este condicionar[88] recíproco de atividade e passividade é pensado na sensação, na medida em que ele é atrelado à consciência.

Contudo, *precisamente pelo fato de que* o eu, aqui, torna-se sentiente para si mesmo, ele talvez cesse de ser *sentido*, assim como, na ação precedente, como ele era sentido, não poderia ser sentiente para si mesmo.

Então, também é o caso. A ação derivada é um *produzir*. Agora, nesse produzir, o eu ideal é totalmente livre. O motivo, portanto, pelo qual ele é limitado no produzir desta esfera não pode ser encontrado nele mesmo, deve estar *fora dele*. A esfera é uma produção do eu, mas o limite da esfera não é uma produção do eu na medida em que produz, e como ele é *apenas* produtivo no momento presente da consciência, não é produto algum do eu. Portanto, ele é apenas limite entre o eu e o oposto a ele, a *coisa em si*; portanto, ele não está nem *no* eu, nem *fora* do eu, mas apenas o comum em que o eu e seu oposto se encontram.

Consequentemente, por meio dessa ação – se ela fosse apenas apreensível em relação à sua possibilidade –, também sua oposição, entre o eu e a coisa em si, seria deduzida. Em uma palavra, tudo o que até agora foi posto apenas pelos filósofos, também seria deduzido para o próprio eu.

II.

Agora, nós vemos claramente, a partir de toda essa exposição, que a solução dada ao problema, sem dúvida, é a correta, porém essa própria solução ainda não é compreensível, e certamente ainda nos faltam alguns membros intermediários dela.

---

88. No original, em alemão arcaico, *"Bedingtseyn"*. Uma opção de tradução mais literal seria "ser condicionado" [N.T.].

De fato, por meio dessa solução se indica que o eu ideal não pode vir a ser passivo sem que, anteriormente, já tenha sido ativo; que, portanto, uma mera impressão sobre o eu ideal (intuinte), de modo algum, explica a sensação, mas se indica também, que o eu ideal, por sua vez, não pode ser ativo do tipo designado sem já ser passivo; indica-se, em uma palavra, que atividade e passividade se pressupõem *reciprocamente* naquela ação.

Agora, sem dúvida, a última ação pela qual a sensação é completamente posta no eu, pode ser de tal tipo. Porém, entre esta e a sensação originária, deve haver ainda membros intermediários, pois nós já nos vemos, com esta ação, lançados em um círculo insolúvel, que inquietou os filósofos de tempos imemoriais e que devemos deixar, primeiramente, surgir diante de nossos olhos, caso queiramos permanecer fiéis a nosso caminho até agora, e mesmo para entendê-lo completamente. *Que* nós devemos beirar este círculo, certamente, é inferido por meio do precedente, mas não como. E, quanto a isso, toda nossa tarefa realmente não foi resolvida. A tarefa era esclarecer: como o limite originário passa para o eu ideal? Porém, é evidente que tal *primeira* passagem não se tornou compreensível por meio do que ocorreu até o presente. Nós explicamos aquela passagem por meio de um limitar da limitação, que foi atribuída ao eu ideal. – Porém, como o eu, como tal, chega a este fim, o de limitar a passividade? – Nós até confessamos que esta atividade já pressupõe uma passividade no eu ideal, tal como, sem dúvida, inversamente, também esta passividade pressupõe aquela atividade. Devemos chegar ao fundamento da gênese desse círculo e poderemos, apenas dessa forma, esperar que nossa tarefa possa ser plenamente resolvida.

Nós retornamos à primeira contradição estabelecida. O eu é tudo o que é, apenas para si mesmo. Ele é, portanto, também ideal apenas para si mesmo, ideal apenas na medida em que se põe como ideal, ou se reconhece [como tal]. Nós compreendemos por ["]atividade ideal["] apenas a atividade do eu em geral, na medida em que ela procede unicamente dele, e apenas se fundamenta nele, de modo que o eu não é, originariamente, nada além de atividade ideal. O limite beirando o eu, então ele certamente beira sua atividade ideal. Todavia, essa atividade ideal, a qual, na medida em que ela é limitada, não é reconhecida como ideal, precisamente pelo fato de que ela é limitada. Reconhecida como ideal é apenas aquela atividade que, e na medida em que, ultrapassa o limite. Esta contradição que já está na exigência: ["]o eu deve se tornar objeto como sentiente (isto é, como sujeito)["], e que não se deixa resolver, a não ser *que o ultrapassar o limite e o tornar-se limitado sejam um e o mesmo para o eu ideal* ou, caso o eu, precisamente pelo fato de que é ideal, torne-se real.

Supondo que fosse o caso de que o eu, por meio do mero ultrapassar o limite fosse limitado, então o eu ainda seria, na medida em que lhe ultrapassa, ideal; portanto, seria como ideal ou *em* sua idealidade, real e limitado.

Pergunta-se: como algo do tipo é pensável?

Nós só poderemos resolver essa tarefa uma vez que tenhamos posto a tendência de intuir a si mesmo como *infinita*. – No eu, não há nada restante da sensação mais originária senão o limite, meramente como tal. O eu não é ideal para nós, senão na medida em que ultrapassa o limite, já na medida em que ele sente. Porém, ele não pode reconhecer a si mesmo como ideal (isto é, como sentiente) sem opor sua atividade que ultrapassa o limite àquela restrita no interior do limite, ou real. Ambas são diferençáveis apenas na oposição recíproca e relação uma com a outra. Todavia, esta, por sua vez, não é possível senão por meio de uma terceira atividade a qual está, simultaneamente, no interior e no exterior do limite.

Essa *terceira* atividade, *simultaneamente* ideal e real é, sem dúvida, a atividade produtiva derivada em (I.), na qual atividade e passividade devem se condicionar reciprocamente por meio uma da outra.

Agora, nós podemos, portanto, estabelecer os membros dessa atividade produtora, e derivá-la completamente. – Eles são os seguintes:

1) O eu, como tendência infinita a se intuir, já foi sentiente no momento anterior, isto é, intuinte de si mesmo como limitado. Porém, o limite é apenas entre dois opostos, portanto o eu não *poderia* se intuir como limitado sem, necessariamente, algo *além* do

limite, isto é, sem ultrapassar o limite. Tal atividade que ultrapassa o limite já foi posta para nós com a sensação, mas ela também deve ser posta para o próprio eu, e, apenas desse modo, o eu se torna um objeto para si mesmo enquanto *sentiente*.

2) Não apenas o até agora *objetivo*, mas também o subjetivo no eu deve se tornar objeto. Isso ocorre pelo fato de que a atividade que ultrapassa o limite se torna um objeto para o eu. Porém, o eu não pode intuir atividade alguma como ultrapassando o limite sem opor essa atividade e se relacionar a uma outra que não ultrapasse o limite. Esta intuição do seu ser em sua [atividade] ideal e real, em sua atividade que ultrapassa o limite, sentiente, e em sua atividade restrita no interior do limite, sentida, não é possível a não ser por meio de uma terceira atividade, *simultaneamente* restrita no interior do limite e que lhe transcende, *simultaneamente* ideal e real, e *esta* atividade é aquela na qual o eu se torna objeto enquanto sentiente. Na medida em que o eu é *sentiente*, ele é ideal, na medida em que é *objeto*, real; aquela atividade, portanto, por meio da qual ele se torna objeto como sentiente deve ser uma atividade, ao mesmo tempo, real e ideal.

Explicar o problema de como o eu se intui como sentiente poderia, portanto, ser também expresso da seguinte forma: explicar como o eu se torna ideal e real *em uma e na mesma atividade*. Essa atividade, simultaneamente ideal e real, é aquela produtiva postulada por nós, na qual atividade e passividade são reciprocamente condicionadas uma pela outra. A gênese daquela terceira atividade nos explica, portanto, ao mesmo tempo a origem daquele círculo no qual nós nos vemos lançados com o eu (I.).

A gênese daquela atividade, porém, é a seguinte. No primeiro ato (o da consciência de si), o eu é intuído *em geral* e, através do vir a ser intuído, [é] limitado. No segundo ato, não é intuído *em geral*, mas determinado, intuído como *determinado*, mas ele não pode ser intuído como limitado sem que a atividade ideal transponha o limite. Por meio disso, surge no eu uma oposição entre duas atividades que, como atividades de um e do mesmo eu, serão unificadas involuntariamente em uma terceira, na qual um condicionar recíproco de ser afetado e atividade é necessário, ou no qual o eu é ideal apenas na medida em que, simultaneamente, é real e, inversamente, pelo qual, portanto, o eu, como sentiente, torna-se objeto a si mesmo.

3) Nessa terceira atividade, o eu é oscilante entre a atividade que ultrapassa o limite e a atividade restrita. Por meio daquele oscilar do eu, as duas adquirem uma referência recíproca uma em relação à outra, e são fixadas como opostas.

Pergunta-se:

a) Como a atividade *ideal* é fixada? Na medida em que ela é fixada em geral, ela cessa de ser pura atividade. Na mesma ação, ela se torna oposta à atividade restrita no interior do limite. Ela é, portanto, apreendida como fixa, ela obtém um substrato ideal, na medida em que é apreendida como a atividade oposta ao eu real, ela [a atividade ideal] mesma se torna – porém, apenas nessa oposição, atividade real, ela se torna atividade de algo real oposto ao eu real. Esse realmente oposto ao eu real, porém, não é nada além da *coisa em si.*

A atividade ideal que transpôs o limite, agora tornada objeto, portanto, desparece agora como tal a partir da consciência e é transformada na coisa em si.

É fácil fazer a observação que segue. O único fundamento da limitação originária é, segundo o precedente, a atividade intuinte ou ideal do eu, porém precisamente esta é aqui refletida como fundamento da limitação do próprio eu – ora, ainda não como atividade do eu, pois o eu é, ainda, mero real, mas como oposta ao eu. A coisa em si, portanto, não é nada além da sombra da atividade ideal, que ultrapassa o limite e que é rebatida ao eu por meio da intuição e que, nessa medida, é ela mesma um produto do eu. O dogmático, que considera a coisa em si real, está no mesmo ponto de vista em que o eu está no momento presente. A coisa em si surge a ele por meio de um agir, o originado permanece, mas não a ação pela qual ele surgiu. O eu, portanto, originariamente é ignorante quanto ao fato de que aquele oposto é seu produto, e deve permanecer nessa ignorância na medida em que está preso em um círculo mágico, que delineia a consciência de si e o eu; apenas o filósofo que rompe esse círculo pode transpassar esta ilusão.

A dedução, agora, progrediu tão longe que, em primeiro lugar, algo além do eu para o próprio eu está presente. Na ação presente, o eu vai, pela primeira vez, a algo além do limite e este mesmo não é nada além do ponto de contato comum entre o eu e seu oposto. Na sensação originária, apenas o limite ocorreu, aqui algo além do limite, pelo qual o eu explica o limite a si mesmo. É de se esperar que, dessa maneira, também o limite venha a receber outro significado, como será indicado em breve. A sensação originária na qual o eu foi apenas o sentido, transforma-se em uma intuição na qual o eu torna a si mesmo, em primeiro lugar, sentiente, mas cessa, precisamente por isso, de ser sentido. O sentido, para o eu enquanto *intuinte* para si mesmo, é a atividade ideal que ultrapassa o limite (antes sentiente) que, todavia, agora não mais é intuída como atividade do eu. O originariamente limitante do real é o próprio eu, mas não pode chegar como limitante na consciência sem que se transforme na coisa em si. A terceira atividade, que aqui é deduzida, é aquela na qual o limitado e o limitante são separados e compostos ao mesmo tempo.

Ainda resta investigar[:]

b) O que, nessa ação, vem a ser a partir da atividade real ou restrita?

A atividade ideal se transformou na coisa em si, portanto a [atividade] real se transforma, por meio da mesma ação, no oposto à coisa em si, isto é, no *eu em si*[89]. O eu, que até agora era sempre sujeito e objeto ao mesmo tempo, é agora, pela primeira vez, algo *em si*; o originariamente subjetivo do eu é transportado além do limite e será, lá, intuído como coisa em si; o que permanece dentro do limite é o puramente objetivo do eu.

A dedução está agora, portanto, no ponto onde o eu e seu oposto não são algo que cabe apenas aos filósofos, mas ao próprio eu separar. A duplicidade originária da consciência de si está, agora, dividida, por assim dizer, entre o eu e a coisa em si. Da ação presente do eu, portanto, não permanece uma mera passividade,

---

89. No original, em alemão, "*Ich an sich*". A expressão é simples, mas a colocamos aqui por ser uma oposição curiosa e criativa da parte de Schelling em relação à tão discutida coisa em si (*Ding an sich*) [N.T.].

mas restam dois opostos reais, nos quais se baseia a determinidade da sensação e, com isso, a tarefa: ["]como o eu se torna sentiente para si mesmo[?"][90] é completamente resolvida. Uma tarefa que, até agora, nenhuma filosofia pôde responder, menos ainda o empirismo. Entretanto, se esse se esforça futilmente para explicar a passagem da impressão a partir do eu passivo ao eu pensante e ativo, também o idealista, todavia, tem em comum com ele a dificuldade dessa tarefa, uma vez que, onde quer que surja a passividade, seja a partir de uma impressão da coisa fora de nós, seja a partir do mecanismo originário do próprio espírito, não obstante é sempre passividade, e a transição que deve ser explicada [é] a mesma. O milagre da intuição produtiva resolve essa dificuldade e, sem aquela, não se consegue resolver a tarefa, pois é evidente que o eu não pode se intuir como sentiente, sem que, com isso, ele se oponha a si *enquanto* oposto a si próprio e, ao mesmo tempo, intua [a si mesmo] em atividade limitante e limitada, naquela determinação recíproca de atividade e passividade que surge do modo indicado. Isso, a não ser que essa oposição no próprio eu, que apenas o filósofo vê, apareça ao seu objeto, o eu, como uma oposição entre ele mesmo e algo fora dele.

4) O produto do oscilar entre atividade real e ideal é o eu em si, de um lado, e a coisa em si, do outro lado, e ambos são os fatores da intuição agora a se derivar. Previamente, pergunta-se como essas duas são determinadas pela ação inferida.

a) Que o *eu* é determinado por meio dessa ação como puramente objetivo, foi mostrado agora. Porém, isso é o caso apenas na relação recíproca na qual ele agora permanece com a coisa em si, pois se o limitante ainda estivesse nele, então o *seria* apenas pelo fato de que ele parece como tal a si mesmo, ao invés de agora ser *em si* e, por assim dizer, independente de si mesmo, precisamente como o dogmático o exige – aquele que, de fato, apenas se eleva até este ponto de vista.

(Não se fala do eu, que nessa ação é *ativo*, pois esse é, em sua limitação, ideal e, inversamente, limitado em sua idealidade, nem

---

90. As aspas e o ponto de interrogação entre colchetes neste parágrafo foram introduzidos para fins de maior clareza em relação ao original alemão [N.T.].

só sujeito, nem apenas objeto; como ele apreende em si todo o eu (completo); apenas aquilo que pertence ao sujeito aparece como coisa em si, o que pertence ao objeto, aparece como eu em si.)

b) O eu é, primeiramente, apenas e inteiramente determinado como o absolutamente oposto ao eu. Ora, todavia, se o eu é determinado como atividade, portanto também a coisa, apenas como algo oposto à atividade do eu. Contudo, toda oposição é determinada; portanto, é impossível que a coisa em si seja oposta ao eu sem que seja, ao mesmo tempo, limitada. Explica-se, aqui, o que significa afirmar que o eu deve, também, limitar novamente a passividade (I.) A limitação na limitação, que desde o início vimos surgir ao mesmo tempo que a limitação em geral, vem à consciência, todavia, apenas com a oposição entre eu e coisa em si. A coisa é determinada como atividade oposta ao eu e, consequentemente, como fundamento da limitação em geral, como atividade limitada ela mesma e, dessa forma, como fundamento da limitação determinada. Agora, por meio de que a coisa é limitada? Por meio dos mesmos limites mediante os quais também o eu é limitado. Quanto maior o grau de atividade no eu, maior o grau de não-atividade na coisa, e vice-versa. Ora, por meio dessa limitação comum, os dois permanecem em interação. Que o limite do eu e da coisa seja um e o mesmo limite, isto é, que a coisa só seja limitada na medida em que o eu o seja, e que o eu só [seja limitado] na medida em que o objeto seja limitado, resumindo, que aquela *determinação recíproca* entre atividade e passividade no eu, vista na ação presente apenas pelo filósofo; na ação seguinte seja vista também pelo eu, porém, como se é de esperar, sob forma inteiramente nova. O limite ainda é sempre o mesmo que, originariamente, foi posto pelo próprio eu, só que ele agora não aparece apenas como limite do eu, mas também como limite da coisa. O eu adquire apenas tanta realidade quanto foi anulada no próprio eu por meio de sua ação originária. Porém, tal como o próprio eu aparece a si mesmo como limitado, também a coisa aparece a ele como limitada sem sua participação e, para conectar esse resultado novamente com o ponto do qual nós partimos, então aqui também a atividade ideal é limitada, imediatamente pelo fato de que ela vai além do limite, sendo intuída como tal.

Pode-se inferir disso como, a partir dessa ação[,]

c) O *limite* viria a ser determinado? Como o limite é, simultaneamente, para o eu e para a coisa, então seu fundamento pode estar tão pouco nesta quanto naquele, pois se estivesse no eu, então sua atividade não seria condicionada mediante passividade; na coisa, então sua passividade não seria condicionada por meio da atividade. Resumindo, a ação não seria o que ela é. Como o fundamento do limite não está nem no eu, tampouco na coisa, então ele não está em lugar algum, ele simplesmente é porque é, e é como tal por ser como tal. Ele é, portanto, não só em relação ao eu, mas também à coisa, ele aparecerá como totalmente contingente. Aquilo que, na intuição é, portanto, o limite, o que é absolutamente contingente, tanto para o eu quanto para a coisa; uma determinação ou debate mais preciso, aqui, ainda não é possível e só poderá ser dado na sequência.

5) Aquela oscilação, da qual restaram o eu e a coisa em si como opostos, não pode perdurar, pois por meio dessa oposição, é posta uma contradição no próprio eu (aquele que oscila entre ambos). Porém, o eu é identidade absoluta. Tão certo, portanto, quanto eu = eu, surge involuntariamente e de modo necessário uma terceira atividade, na qual os dois opostos são postos em um equilíbrio relativo.

Toda atividade do eu procede de uma contradição nele mesmo, pois como o eu é identidade absoluta, então ele não precisa de um fundamento de determinação para a atividade, além de uma duplicidade nele, e a persistência de toda a atividade espiritual depende da continuidade, isto é, do permanente ressurgimento dessa contradição.

A contradição aparece aqui, vale dizer, como oposição entre o eu e algo externo a ele, porém é, por derivação, uma contradição entre atividade ideal e real. Se o eu deve intuir a si mesmo na limitação originária, (sentir), então ele deve, simultaneamente, ultrapassar a limitação. Limitação, necessidade, coerção, tudo isso será apenas sentido na oposição contra uma atividade ilimitada. Também nada é real sem [algo] imaginado. – Com a própria sensação, portanto, uma contradição já é posta no eu. Ele é limitado e, simultaneamente, ultrapassa o limite.

Essa contradição não pode ser anulada, porém ela tampouco pode perdurar. Portanto, ela só pode ser unificada mediante uma terceira atividade.

Essa terceira atividade é *intuinte* em geral, pois é o eu *ideal* que é aqui pensado como tornando-se limitado[91].

Contudo, esse intuir é um intuir do intuir, uma vez que é um intuir do sentir. – O próprio sentir já é um intuir, apenas um intuir na *primeira* potência (por isso, a simplicidade de todas as sensações, a impossibilidade de defini-las, pois toda definição é sintética). O intuir agora inferido é, portanto, um intuir na *segunda* potência – ou, o que é o mesmo, um *intuir produtivo*.

C. Teoria da intuição produtiva

Pré-recordação

Descartes disse, enquanto físico: ["]dê-me matéria e movimento e, a partir disso, eu moldarei para vocês o universo["]. O filósofo transcendental diz: ["]dê-me uma natureza de atividades opostas, uma das quais tende ao infinito, e a outra das quais se esforça para se intuir nessa infinitude e, a partir disso, farei surgir a vocês a inteligência com todo o sistema de suas representações["]. Toda outra ciência já pressupõe a inteligência como pronta, o filósofo a considera no tornar-se e, por assim dizer, deixa-lhe surgir diante de seus olhos.

O eu é apenas o fundamento a partir do qual a inteligência, com todas as suas determinações, é delineada. O ato originário da consciência de si apenas nos explica como o eu é limitado no que diz respeito a sua atividade objetiva, no esforço originário; todavia, não [nos explica] como ele é limitado como em seu subjetivo ou no saber. Somente a intuição produtiva desloca o limite originário para a atividade ideal e é o primeiro passo do eu rumo à inteligência.

A necessidade da intuição produtiva que, aqui, é deduzida sistematicamente a partir de todo o mecanismo do eu é, como

---

91. No original, em alemão, *"begräntztwerdend"* [N.T.].

condição universal do saber em geral, imediatamente deduzida a partir do conceito deste, pois se todo saber toma sua realidade emprestada de um conhecimento imediato, então apenas este é encontrado na intuição, ao passo que conceitos são apenas sombras da realidade, projetadas por meio de uma capacidade reprodutiva, o entendimento, o qual, ele próprio, pressupõe algo superior, o qual não possui original algum fora de si e produz a partir de si mesmo via força mais originária. Por isso, o idealismo impróprio, isto é, um sistema que transforma todo saber em ilusão, seria aquele que anula toda a imediatidade em nosso conhecimento, por exemplo, pelo fato de que ele situa originais independentes das representações fora de nós. Ao contrário, um sistema que busca a origem das coisas em uma atividade do espírito, que é ideal e real ao mesmo tempo, precisamente pelo fato de que ele é o mais completo idealismo, simultaneamente deveria ser o realismo mais consumado. Vale dizer, se o realismo mais consumado é aquele que conhece as coisas em si e o faz de modo imediato, sendo isso possível apenas em uma natureza na qual percebe, nas coisas, apenas a sua própria realidade, limitada por meio da própria atividade[92]. Isso se dá, pois, tal natureza, como a alma inerente das coisas, permearia as coisas como seu organismo imediato e, tal como o mestre conhece sua obra da forma mais completa, veria, de modo originário, através do seu mecanismo interior.

Em contraste, pode-se tentar desenvolver a hipótese de que, em nossa intuição, há algo que é o suficiente para se explicar a evidência da intuição sensível por meio da colisão ou da impressão. Em primeiro lugar, por meio da colisão, o ser representante não passa ao próprio objeto, mas apenas ao seu efeito no mesmo. Ora, todavia, na intuição não há o mero efeito de um objeto, mas o *próprio objeto* imediatamente presente. Agora, como a impressão chega ao objeto é algo que se poderia muito bem explicar por meio de inferências, se não fosse o fato de que, *na* própria intuição, não se encontra traço algum de inferência ou de mediação através de conceitos (por exemplo, a ocorrida entre causa e efeito) e se não

---

92. Isto é, na natureza como produtividade que põe limites a si mesma, a ideia principal da filosofia da natureza de Schelling [N.T.].

fosse o próprio objeto – e não um mero produto do silogismo – o que está diante de nós na intuição. Ou se poderia explicar a chegada do objeto à sensação a partir de uma capacidade produtiva que, por meio de outro impulso, é posta em movimento. Então, a passagem imediata do objeto externo, do qual a impressão surge, nunca poderia ser explicada no eu, devendo-se derivar, então, a impressão ou a colisão de uma força que ocupa totalmente a alma e, por assim dizer, poderia penetrá-la. Portanto, ainda é o procedimento mais consequente do dogmatismo lançar a origem das representações de coisas exteriores no âmbito do mais misterioso e falar como que de uma revelação, que torna impossível qualquer outra explicação posterior, ou tornar apreensível a origem inapreensível de algo tão estranho quanto a representação a partir da impressão de um objeto externo por meio de uma força para a qual, como para a divindade (o único objeto imediato de nosso conhecimento, segundo aquele sistema), também o impossível é possível.

Ao dogmático, parece também que nunca esteve de perto o fato de que, em uma ciência como a filosofia, não vale pressuposto algum e que, antes disso, em tal ciência, precisamente aqueles conceitos que, de costume são os mais gerais e corriqueiros, devem ser deduzidos antes de todos os outros. Então, a investigação entre algo que vem do exterior e algo que vem do interior é de tal maneira que, sem dúvida, necessita de justificação e explicação. Contudo, precisamente pelo fato de que eu a explique, eu ponho uma região da consciência na qual essa separação *ainda não existe*, e mundo interior e exterior são concebidos um no outro. Então, é certo que uma filosofia que apenas em geral faz a si como regra não deixar nada sem demonstração e sem inferência, tornar-se-á, como que sem querê-lo e por meio de sua própria consequência, idealismo.

Nenhum dogmático ainda empreendeu descrever o tipo e a maneira daquela influência externa ou demonstrá-los, o que, todavia, era de se esperar, ainda que se trate de exigência necessária de uma teoria, da qual nada menos que o todo da realidade do saber depende. Poder-se-ia, então, até aqui calcular as sublimações gerais da matéria à espiritualidade, pela qual apenas uma coisa é esquecida: que o espírito é uma ilha eterna, à qual nunca se pode chegar a partir da matéria sem um salto, ainda que por vários desvios.

Não há como se manter por muito tempo contra essas exigências com o pretexto de absoluta inapreensibilidade; como o impulso de se compreender aquele mecanismo sempre retorna, e uma filosofia que se vangloria de não deixar nada sem demonstração finge descobrir realmente aquele mecanismo, deve-se, então, encontrar algo inapreensível em suas próprias explicações. Todavia, todo o inapreensível encontra-se apenas na mesma posição cujo distanciamento constitui primeira condição de todo o compreender na filosofia. Para quem, por exemplo, em toda atividade do espírito, em todo lugar, não há nada aconsciente, e nenhuma região fora da consciência, compreenderá tão pouco sobre como a consciência se esquece em seus produtos, tal como o artista poderia se perder em sua obra. Para ele, não há nada além do produzir moral comum e, aos quatro ventos, produzir algum, no qual a necessidade está vinculada à liberdade.

Em parte, já se derivou no precedente, e será elucidado mais a fundo por meio de toda a teoria da intuição o seguinte: que toda intuição produtiva surge a partir de uma contradição eterna, que a inteligência – a qual não possui nenhum outro esforço além de retornar à sua identidade – impõe uma permanente compulsão à atividade, e que a magnetiza e prende no tipo de seu produzir, parecendo acorrentada como a natureza em suas produções.

Em relação à palavra "intuição", deve-se notar que o conceito de modo algum deve ser misturado com algo sensível, como se, por exemplo, apenas o ver fosse um intuir, não obstante a linguagem apenas tenha se dedicado a ele, para o que se deu um fundamento que reside nas profundezas. A massa sem pensamentos explica o ver por meio do raio de luz; mas o que é, então, o raio de luz? Ele mesmo já é um ver e, vale dizer, o ver originário, o próprio intuir.

Toda a teoria da intuição produtiva parte da proposição derivada e demonstrada: enquanto a atividade que ultrapassa o limite e a atividade restrita no interior do limite se relacionam, elas se fixam como opostas uma à outra, aquela como coisa [em si]; esta como eu em si.

Poderia, aqui, surgir a questão: ["]como, então, aquela atividade posta como totalmente ilimitada poderia ser fixada e, com isso, também limitada?["] A resposta é que essa atividade não é limitada como intuinte, ou como atividade do eu, pois, enquanto ela é limitada, ela cessa de ser atividade do eu e se transforma na coisa em si. Esta atividade intuinte, agora, é ela mesma um intuído e, por isso, não mais intuinte. Porém, apenas o intuinte como tal é ilimitável.

A atividade intuinte que entra em seu lugar é a apreendida na produção e, precisamente por esse motivo, simultaneamente real. Como intuinte, essa atividade ideal comagnetizada[93] na produção é cada vez mais ilimitada, pois embora ela seja limitada juntamente com a intuição produtiva, ela é limitada apenas pelo momento, ao invés de ser limitada realmente de modo duradouro. Ora, se houvesse a intenção de mostrar, por exemplo, que todo o produzir da inteligência consiste na contradição entre a atividade ideal ilimitada e a atividade real restringida, então o produzir seria tão infinito como aquela própria contradição e, ao mesmo tempo, posta com a atividade ideal limitada na produção, é posto um princípio progressivo na produção. Todo o produzir é infinito pelo momento, mas o que também surge mediante essa produção fornecerá a condição de uma nova contradição que, por sua vez, modificar-se-á em um novo produzir e isso, sem dúvida, rumo ao infinito.

Se no eu não houvesse uma atividade que ultrapassa todo limite, o eu nunca sairia de seu primeiro produzir; seria produtivo e limitado em seu produzir – por exemplo, para um intuinte fora de si, não para si mesmo. Então, assim como o eu deve alçar voo para além do originalmente sentido, de modo a se tornar sentiente para si mesmo, então, para ser produtivo para si mesmo, [deve alçar voo para] além de todo produto. Com a intuição produtiva, portanto, nós seremos envolvidos na mesma contradição que com a sensação e, através da mesma contradição, também a intuição produtiva será novamente potencializada para nós, tal como a [intuição] simples na sensação.

Que essa contradição deva ser infinita, pode ser demonstrado de modo mais curto como segue:

---

93. No original, em alemão, "*mitgefesseln*". O termo está relacionado a "prender", "vincular", "aprisionar", sendo o uso de "magnetizar" adotado metaforicamente [N.T.].

No eu há uma atividade ilimitável, mas essa atividade não está no eu como tal, sem que o eu a ponha como sua atividade. Contudo, o eu não pode intuí-la como sua atividade sem que se diferencie, como sujeito ou substrato daquela atividade infinita, desta própria atividade. Entretanto, precisamente por isso, surge uma nova duplicidade, uma contradição entre finitude e infinitude. O eu como sujeito daquela atividade infinita é dinamicamente (*potentia*[94]) infinito, *a própria atividade*, enquanto ela é posta como atividade do eu, torna-se finita; porém, ao mesmo tempo em que se torna finita, expande e ultrapassa novamente o limite – contudo, ao ser expandida, também é limitada novamente. – E, então, essa alternância perdura ao infinito.

O eu elevado à inteligência desse modo é, portanto, posto em um estado permanente de expansão e contração, mas precisamente esse estado é a condição de imaginar e de produzir. A atividade que está em movimento naquela alternância deverá, ao mesmo tempo, aparecer como produtiva.

I. Dedução da intuição produtiva

1) Nós deixamos nosso objeto no estado de oscilação entre opostos. Esses opostos são, *em si*, não unificáveis e, quando eles são unificáveis, o são apenas por meio do esforço do eu para unificá-los, apenas ele, fornece-lhes sua relação recíproca um com o outro e estabilidade.

Ambos os opostos são afetados apenas por meio da ação do eu e são, quanto a isso, um produto do eu – tanto a coisa em si quanto o eu, que aparece aqui pela primeira vez como produto de si mesmo. – O eu, *do qual* os dois são produtos, eleva-se, precisamente por isso, à inteligência. Pensando-se a coisa em si *fora* do eu – portanto, esses dois opostos em esferas distintas –, então não é possível unificação alguma entre os opostos, pois eles são, *em si*, não unificáveis; portanto, para unificá-los, é necessário algo mais elevado que os sintetize. Porém, esse elemento mais elevado é o próprio eu na potência superior, ou eu elevado à inteligência, do

---

94. Em latim no original [N.T.].

qual sempre falaremos no que segue. Afinal, todo eu *fora* do qual está a coisa em si é apenas o eu objetivo ou real; aquele no qual ela está é, simultaneamente, ideal e real, isto é, o inteligente.

2) Aqueles opostos só serão mantidos juntos por meio de uma ação do eu. Contudo, o eu não possui intuição alguma de seu próprio eu nessa ação. Portanto, a ação se afunda na consciência e apenas a oposição resta *como* oposição na consciência. Todavia, a oposição não poderia ter permanecido precisamente como oposição na consciência (os opostos teriam anulado um ao outro) sem uma terceira atividade que mantivesse as duas (opostas) separadamente e, precisamente por isso, as unificasse.

A condição da intuição produtiva é *que* a oposição *como* tal, ou que os dois opostos venham à consciência como opostos absolutos (não meramente relativos) na consciência. A dificuldade é explicar a mesma coisa, pois no eu tudo só vem a ser mediante sua ação, portanto, também toda oposição. Porém, se essa oposição é posta mediante uma ação do eu, então ela cessa, precisamente por esse motivo, de ser *absoluta*. Essa dificuldade será resolvida apenas da seguinte maneira. Aquela ação deve ser perdida na consciência, pois após sê-lo, apenas os dois membros da oposição (eu e coisa em si) restarão não unificáveis como *em si* (por conta própria), uma vez que, naquela ação originária, eles certamente foram mantidos juntos apenas pelo ato do eu (portanto, não por eles mesmos), o que meramente serve à ação de levá-los à consciência e, após [tal ato] ter sucedido nisso, ele mesmo desaparece da consciência.

Como aquela oposição como tal ficou para trás na consciência, por meio disso, uma grande área é ganha para a consciência, pois, agora, por meio da mesma, não apenas para o observador mas também para o próprio eu, a identidade da consciência foi totalmente anulada; o eu, portanto, é conduzido ao mesmo ponto de observação ao qual nós inicialmente nos colocamos – só que, no caso do eu situado nesse ponto, muito mais deverá aparecer do que apareceu a nós. *Nós* avistamos o eu, inicialmente, em uma disputa entre atividades opostas. O eu, sem saber dessa disputa entre elas, deve unificá-las involuntariamente e às cegas, por assim dizer, em uma construção comum. Nessa construção, a atividade ideal e ilimitável do eu foi apreendida como tal e *poderia,* portanto, restar dessa construção apenas o real como limitado. No momento presente, como aquela disputa é tornada objeto ao próprio eu, ele a transformou para o eu que intui a si mesmo na oposição entre o eu (como atividade objetiva) e a coisa em si. Como, portanto, a atividade *intuinte* ainda está *fora* do conflito (que ocorre precisamente através do elevar o eu à inteligência ou por meio do fato de que aquela mesma disputa se torna, novamente, objeto ao eu), então agora aquela oposição poderia anular-se, *para o próprio eu,* em uma construção comum. Também fica claro por que a oposição mais originária para o próprio eu, embora de modo algum para os filósofos, é aquela entre o eu e a coisa em si.

3) Essa oposição, em si não unificável, está posta no eu apenas na medida em que o eu a *intui* como tal, esse intuir também nós derivamos prontamente, mas até agora, o consideramos apenas segundo uma parte, pois, em virtude da identidade originária de seu ser, o eu não pode intuir a si mesmo sem que nele seja produzida, novamente, identidade e, por meio disso, uma relação recíproca entre o eu e a coisa, e a coisa em relação ao eu. Ora, nessa oposição a coisa só acontece como atividade, ainda que como atividade oposta ao eu. Certamente, o mesmo é fixado mediante a ação do eu, porém apenas como atividade. Portanto, o eu que até aqui é derivado é sempre um elemento ativo, atuante, ainda não o [elemento] passivo e inativo do fenômeno. Nunca alcançaremos este vir a ser se nós não reconduzirmos, ao próprio objeto, uma oposição e, por meio da mesma, o equilíbrio. A coisa em si é pura atividade ideal na qual nada é reconhecível, a não ser sua oposição contra a atividade real do eu. Então, como a coisa, também o eu é apenas atividade.

Essas atividades opostas não poderiam se separar, uma vez que já foram unificadas uma vez pelo limite comum enquanto ponto de contato. No entanto, elas também não poderiam subsistir juntas sem que se reduzissem, imediatamente, a um terceiro comum. Somente na medida em que isso ocorra, elas se anulam *como* atividades. Ora, o terceiro que consiste nelas não pode ser nem eu, tampouco coisa em si, mas apenas um produto comum no meio entre ambas. Por isso, esse produto não aconteceria na intuição como coisa em si ou como a coisa ativa, mas apenas como o fenômeno de uma coisa. A coisa, na medida em que é ativa e causa de uma passividade em nós, está – por esse motivo – além do momento da intuição, ou é expulsa da consciência por meio da intuição produtiva, que produz algo oscilante entre a coisa e o eu, algo que está no meio entre os dois e, na medida em que mantém os dois separados, é uma expressão comum de ambos.

Ainda não foi provado, mas deve ser primeiramente demonstrado que esse terceiro é objeto da intuição sensível e que vemos, novamente, apenas nós, não o próprio eu.

Essa prova não pode ser nenhuma outra, senão a seguinte. No produto há apenas o que existe na atividade produtiva e o que foi colocado por meio da síntese também pode ser desenvolvido novamente por meio da análise decorrente. No produto, portanto, deve-se indicar um traço de ambas as atividades – tanto do eu quanto da coisa.

Para saber por meio do que ambas as atividades se reconhecem no produto, devemos saber, primeiramente[:] ["]por meio do que elas são diferenciáveis em geral?["]

Uma dessas atividades é a do eu que, originariamente, isto é, antes da limitação (e esta já é, inicialmente, explicada aqui pelo próprio eu), é finito. Ora, porém não há motivo pelo qual se pôr a atividade oposta ao eu como finita, a não ser que, certamente, a atividade do eu seja infinita, devendo, portanto, também a atividade oposta a ele ser a da coisa.

Todavia, duas atividades opostas uma à outra e externas uma à outra não poderiam ser pensadas de modo algum como infinitas, caso ambas fossem de natureza positiva. Afinal, entre as duas atividades positivas só é possível oposição *relativa*, isto é, uma mera oposição segundo a direção.

(Por exemplo, se a partir de um e do mesmo corpo, duas forças idênticas operam, A, e A, em direções opostas, então, em primeiro lugar, as duas são positivas, de modo que, quando as duas são vinculadas uma à outra, surge a força duplicada; as duas não são, portanto, opostas originariamente uma à outra, ou absolutamente [opostas], mas simplesmente mediante a relação delas com o corpo; então, assim como elas partem dessa relação, ambas são, novamente, positivas. Ademais, é totalmente indiferente qual das duas será posta como positiva ou negativa. Ambas, finalmente, só são distinguíveis por meio de suas direções opostas.)

Portanto, se tanto a atividade do eu quanto a da coisa são positivas – logo, se fossem apenas relativamente opostas uma à outra –, então ambas deveriam se diferenciar uma da outra também apenas por meio de suas direções. Agora, porém, se ambas as atividades são postas como infinitas e, no infinito, simplesmente não há direção alguma, portanto cada uma das duas atividades deverá ser distinguível originalmente, como meramente relativa, por meio de uma oposição superior. Uma dessas atividades terá que ser não meramente relativa, mas absolutamente negativa; *como* isso é possível ainda não foi indicado, só foi observado que assim deve o ser.

(Põe-se, no lugar daquelas forças supracitadas meramente relativas, duas forças, das quais uma = A e a outra = -A, então -A é originariamente negativo e absolutamente oposto ao A; se eu ligo os dois, então, não surge, como acima, a força duplicada, a expressão para sua ligação é $A + (-A) = A - A$. Daí, no que segue, vê-se por que a matemática não precisa observar a diferença entre oposição absoluta e relativa, uma vez que, para o cálculo da fórmula a -a e a + (-a), das quais aquela expressa a oposição relativa; esta, a oposição absoluta, possui exatamente o mesmo significado. Porém, muito mais importante é esta distinção para a filosofia e para a física, como ficará claro na sequência indicada. A e -A não são apenas distinguíveis por meio de suas direções opostas, uma vez que uma delas não é negativa apenas nessa relação, mas de modo absoluto e, pela sua natureza.)

Isso aplicado no caso anterior, então a atividade do eu é, em si, positiva, e o fundamento de toda positividade, pois ela foi caracterizada como um esforço de se expandir ao infinito. Portanto, a atividade da coisa em si deveria ser a absoluta e, segundo sua natureza, negativa. Se aquela seria um esforço de preencher ao infinito, então esta deveria, ao contrário, ser pensável apenas como a limitante da primeira. Ela mesma não seria real em e para si, e sua realidade deveria ser demonstrada apenas em oposição à outra, por meio da permanente limitação de seu efeito.

Então, também é desta forma. O que nos aparece como atividade do eu em si no presente ponto de vista não é nada além da atividade ideal do eu que retorna a si, e esta é representável *apenas* como a negativa da outra. A atividade objetiva ou real permanece para si e é, ainda que não haja nenhuma intuinte; em contraste, a intuinte ou limitante não é nada sem algo a se intuir ou a se limitar.

Inversamente, portanto, como as duas atividades são *absolutamente* opostas uma à outra, segue que elas devem ser postas em *um* e *no mesmo* sujeito, pois, apenas quando duas atividades opostas são atividades de um e do mesmo sujeito, uma pode ser o absoluto oposto da outra.

(Por exemplo, pensa-se um corpo que, por meio de uma força procedente da Terra = A é lançado ao alto, então, devido ao efeito contínuo da força de gravidade, mediante um pronto desvio da linha reta, retorna à Terra. Ora, pensemos, de um lado, que a gravidade opera mediante impacto – então tanto A quanto o impulso de gravidade B que vem na direção oposta seriam forças positivas, e se oporiam uma à outra apenas relativamente, de modo que seria totalmente arbitrário qual das duas, A ou B, seria tomada por negativa. Suponhamos, de outro lado, que a causa da gravidade não esteja fora do ponto do qual a força A parte, então tanto as forças A e B possuiriam uma fonte comum, da qual uma das duas necessária e originariamente é a negativa, de modo que quando A, a positiva, é uma força que opera em repouso, a negativa deve ser de tal modo que também opere a distância. O primeiro caso é exemplo de uma oposição apenas relativa; o segundo, de uma oposição absoluta. Qual das duas será adotada é uma questão de indiferença para o cálculo, mas não é indiferente para a doutrina da natureza[95].)

---

95. No original, *"Naturlehre"*, que pode significar "doutrina da natureza" ou "teoria da natureza". Portanto, aqui Schelling não utilizou *"Naturphilosophie"* ou *"Philosophie der Natur"*, termos que ele utiliza para o que, em português, traduzimos por "filosofia da natureza". Este trecho, implicitamente, discute divergências de Schelling em relação a Immanuel Kant no que tange à teoria da matéria, resultado de forças opostas. Para Kant, a força de atração é a gravidade, e a matéria resulta da oposição dessa com a força de repulsão. Já para Friedrich Schelling, a oposição é mais abrangente, sendo a gravidade uma força de mediação entre força repulsiva e força atrativa. Ver adiante, nas p. 134-135. Cf. Assumpção (2022, p. 45-59); Schelling (2018) [N.T.].

Portanto, se as duas atividades possuem um e o mesmo sujeito, o eu, então, compreende-se por si mesmo que elas devam ser absolutamente opostas uma à outra; e, inversamente, se as duas são absolutamente opostas uma à outra, [compreende-se] que elas sejam atividades de um e do mesmo sujeito.

Se as duas atividades fossem divididas entre sujeitos diferentes, como poderia parecer ser o caso aqui, pois nós pomos uma como atividade do eu, a outra como atividade da coisa, então certamente a tendência do eu que segue ao infinito poderia ser limitada mediante uma [tendência] que viesse em uma direção oposta (da coisa em si). Porém, em seguida, a coisa em si deve estar fora do eu. Contudo, a coisa em si está apenas fora do eu *real* (prático); através da magia da intuição, *ambos* são unificados e atividades opostas absolutamente, e não de modo relativo, são postas como em um sujeito idêntico (a inteligência).

4) As atividades opostas que deverão ser condição da intuição são determinadas de modo ainda mais preciso e são encontradas, para ambas, características independentes de suas direções. Uma atividade, a do eu, será reconhecida em sua natureza positiva, a outra, reconhecida pelo fato de que ela em geral poderá ser pensada apenas como a limitante de uma [atividade] positiva. Nós iremos, agora, à aplicação dessas determinações à questão levantada acima.

Na atividade comum que surge da oposição entre duas atividades, deve-se indicar o traço de ambas as atividades, e como nós conhecemos a natureza de ambas, deve-se poder caracterizar, também, em seguida o produto.

Uma vez que o produto é produto de atividades opostas, então ele deve ser, precisamente por isso, algo finito.

Além disso, o produto é produto comum de atividades opostas; portanto, nenhuma atividade pode anular a outra. Juntas, ambas não devem ocorrer como idênticas, mas como aquilo que elas são, *como* atividades *opostas* que se mantêm em equilíbrio reciprocamente no produto.

Na medida em que as duas se sustentam em equilíbrio, vale dizer, nenhuma das duas cessa de *ser atividade*, porém elas não cessam de *parecer* atividades. – Lembra-se novamente do exemplo da alavanca. Para que a alavanca permaneça em equilíbrio, pesos iguais devem ser posicionados a distâncias iguais do ponto de repouso. Cada peso individual puxa para baixo, mas não chega a surtir efeito (ele não aparece como ativo), ambos se limitam ao efeito comum. O mesmo na intuição. As duas atividades que se mantêm em equilíbrio não cessam de ser atividades, pois o equilíbrio só existe na medida em que as duas atividades se opõem uma à outra como atividade, apenas o produto está em repouso.

Porém, além disso, no produto, como deve haver algo comum, também deve ser encontrado um traço de ambas as atividades. Portanto, dever-se-á diferenciar, no produto, duas atividades opostas: uma atividade que é totalmente impossível e que tem a tendência de se expandir ao infinito, e a outra que, como o absoluto oposto da primeira, tende à finitude absoluta e, precisamente por esse motivo, é reconhecível apenas como a limitante da positiva.

Ora, porque as duas atividades são absolutamente opostas, também as duas podem ser infinitas. Ambas são infinitas apenas em sentidos opostos. (Para esclarecimento, a infinitude da série numérica em direções opostas serve. Uma grandeza finita em geral = 1 pode ser aumentada ao infinito, de modo que sempre ainda um divisor será encontrado para ela; porém, supondo-se que ela seja aumentada além de todos os limites, então ela é $\frac{1}{0}$, isto é, o infinitamente grande. O mesmo pode ser aumentado ao infinito pelo fato de que é dividido ao infinito; porém, supondo-se agora que o divisor cresce para além de todos os limites, então ele é $\frac{1}{\infty}$, isto é, o infinitamente pequeno.)

Uma dessas atividades, portanto, se ela fosse ilimitada, produziria o positivamente infinito; a outra, sob condições iguais, produziria o infinitamente negativo.

No produto comum, portanto, o traço das duas atividades deverá ser encontrado, das quais uma, em sua ilimitação, produziria o [infinitamente] positivo e a outra produziria o negativamente infinito.

Contudo, ademais, essas duas atividades não poderiam ser *absolutamente* opostas uma à outra sem serem atividades de *um e do mesmo sujeito idêntico*. Elas não poderiam, portanto, também ser unificadas em um e no mesmo produto sem uma terceira [atividade], que é a *sintética* de ambas. No produto, portanto, além dessas duas atividades, também ainda o traço de uma terceira, sintética de ambas opostas, deve emergir.

Uma vez completamente derivadas as características do produto, necessita-se apenas da prova de que elas todas se reúnem naquilo que nós chamamos "matéria"[96].

II. Dedução da matéria

1) As duas atividades que se mantêm em equilíbrio no produto só podem aparecer como atividades fixadas em repouso, isto é, como *forças*.

Uma dessas forças será, segundo sua natureza, positiva, de modo que, se ela não fosse limitada por meio de nenhum oposto, poderia se expandir infinitamente. – Só se é conduzido ao fato de que se atribui à matéria tal força expansiva infinita pela prova transcendental. Assim, certos de que uma das duas atividades, a partir das quais o produto é construído, se esforça ao infinito segundo sua natureza, então, certamente um fator do produto deve, também, ser uma força expansiva ao infinito.

Ora, essa força expansiva infinita que se concentra no produto é deixada a cargo de si mesma e se expande ao infinito. Portanto, que ela é refreada em um produto infinito é algo que só se apreen-

---

96. No original, em alemão, a forma latinizada *"Materie"*. É oportuno mencionar esse termo, pois Schelling usa esse termo quando quer falar especificamente da construção da matéria, ou seja, da justificativa de suas três dimensões, como é o caso nesse final de parágrafo e na subseção seguinte, ou da relação entre matéria e organismo, na "Seção principal V", sobre teleologia. Nos demais contextos, por exemplo, reflexões sobre matéria e organismo ao final da segunda época da história da consciência de si, o termo utilizado é *"Stoff"*, cujo uso prevalece no texto aqui traduzido, salvo uma exceção na p. 183, que será indicada adiante. *"Stoff"* pode significar também "estofo, substância", mas defendemos não serem os sentidos que Schelling tem em mente, especialmente porque ele usa *"Substanz"* especificamente para a *categoria de substância*, muitas vezes no caso do par "substância e acidente", na segunda época da história da consciência de si, por exemplo nas p. 158, 161, 162. Em textos como os cursos de *Filosofia da arte*, de Schelling (1802-1805), Suzuki traduz *"Stoff"* por matéria no sentido de "conteúdo, tema" das obras de arte (Schelling, 2001b) [N.T.].

de por meio de uma força oposta negativa, restritiva, que deve ser, igualmente, indicada como o correspondente da atividade limitadora do eu no produto comum.

Portanto, se o eu, no momento presente, pudesse se refletir em sua construção, então ele a encontraria como elemento comum a partir de duas forças que se mantêm em equilíbrio, uma das quais produziria, para si mesma, o infinitamente grande, ao passo que a outra, em sua ilimitação, reduziria o produto ao infinitamente pequeno. – Porém, o eu ainda não é reflexivo no momento atual.

2) Até agora nós apenas consideramos a natureza oposta de ambas as atividades e as forças correspondentes a elas; porém, da natureza oposta de ambas também dependem suas direções opostas. Nós podemos, portanto, colocar a questão sobre como as duas forças também poderiam ser diferenciadas por meio de que suas simples direções, questão que nos conduz a uma determinação mais precisa do produto e que trilha o caminho a uma nova investigação, pois, sem dúvida, uma questão muito importante é: como forças que são pensadas atuantes em um e no mesmo ponto poderiam operar em direções opostas?

Uma das duas atividades é suposta como originariamente tendendo ao infinito. Todavia, no infinito não há direção alguma, visto que direção é determinação, porém determinação = negação. A atividade positiva, portanto, deveria aparecer no produto como uma atividade em si totalmente sem direção, precisamente por isso, que tende a todas as direções. Contudo, deve ser observado novamente que aquela atividade que tende a todas as direções também só será diferenciada como tal no ponto de vista da reflexão, pois, no momento do produzir, a atividade ainda não é diferenciada em todos os lugares de sua direção e, como o próprio eu faz essa diferenciação é algo que será objeto de uma tarefa específica. Agora, pergunta-se: por meio de qual direção a atividade oposta à positiva se diferencia no produto? Pode-se provar rigorosamente, como já esperado, que, caso a [atividade] positiva unifique em si todas as direções, esta terá apenas uma direção. – No conceito de direção, também é pensado o conceito de expansividade. Onde não há expansividade alguma, também não há direção alguma. Ora, como a força negativa é absolutamente oposta à força expansiva, então ela deve aparecer como uma força que atua em oposição, em todas as direções e que, portanto, se fosse ilimitada, seria uma negação absoluta de toda direção no produto. Porém, a negação de toda direção é o limite absoluto, o mero *ponto*. Essa atividade, portanto, aparecerá como tal que se esforça para trazer de volta toda expansão ao simples ponto. Esse ponto indicará sua direção; portanto, ela [isto é, a atividade] terá apenas *uma* direção rumo a esse ponto. Pensa-se a força de expansão como algo atuante a partir do ponto médio comum C rumo a todas as direções CA, CB etc., então, em oposição à força negativa, ou de atração, atuará de todas aquelas direções opostas, de volta ao ponto C. – Novamente, porém, também vale dessa direção o que foi lembrado das direções da força positiva. Atividade e direção, aqui, são absolutamente uma o próprio eu não as diferencia.

Assim como as direções das atividades positiva e negativa não se diferenciam das próprias atividades, tampouco as direções daquelas se diferenciam umas das outras. Como o eu vem a fazer esta diferenciação, por meio da qual inicialmente se diferencia o *espaço* como espaço, o *tempo* como tempo, será objeto de uma investigação posterior.

3) A questão mais importante que ainda nos resta tendo em mente a relação entre ambas as forças é a seguinte: ["]como, então, em um e no mesmo sujeito, podem ser unificadas atividades de direções opostas[?"] Como duas forças que partem de pontos *distintos* podem atuar em direções opostas é compreensível; não é tão fácil [compreender] como duas forças partem de um e do mesmo ponto. Se CA, CB etc. são a linha, na qual a força positiva opera, então, em oposição, a força negativa deverá atuar na direção oposta, portanto, nas direções AC, BC etc. Agora, deixando-se a força positiva em A ser limitada, então a negativa, de modo a operar no ponto A, inicialmente deveria percorrer todos os pontos intermediários entre C e A, indiferenciável de modo algum da força de expansão, pois ela atuaria inteiramente na mesma direção que esta. Ora, como ela atua na direção oposta à da positiva, então também o inverso vale para ela, isto é, ela atuará *imediatamente*, e sem percorrer os pontos individuais entre C e A, limitando a linha A.

Portanto, se a força expansiva opera apenas na continuidade, em oposição à força de atração, ou à força retardante, opera *imediatamente*, ou a *distância*.

A relação entre ambas as forças seria determinada da seguinte maneira. – Como a força negativa opera imediatamente no ponto de limitação, então o *interior* do ponto de limitação não é nada além da força de expansão; além desse ponto, todavia, necessariamente a força de atração na direção oposta da força expansiva (não obstante a partir do mesmo ponto) estende seu efeito ao infinito.

Como ali age uma força que atua *ilimitadamente* e não há distância alguma para ela, então ela deverá ser pensada como atuante em todas as distâncias, consequentemente, operando ao infinito.

A relação entre as duas forças, portanto, agora é a mesma que aquela entre atividade objetiva e subjetiva além da produção. – Então, assim como a atividade restrita no interior dos limites e a atividade que tende ao infinito, ultrapassando os limites, são apenas os fatores da intuição produtiva, então também as forças de repulsão e de atração (das quais aquela é restrita no interior do ponto-limite, porém esta tende ao infinito na medida em que seu limite em comum com a força repulsiva seja apenas limite para ela *em relação àquela*) separadas por meio do limite comum (totalmente contingente a ambas) são apenas os fatores da construção da matéria, não o próprio construtor.

O construtor só pode ser uma terceira força, que seja a sintética entre as outras duas e que corresponda à atividade sintética do eu na intuição. Foi apenas graças a essa terceira atividade sintética que se compreendeu como as duas atividades poderiam ser postas como absolutamente opostas uma à outra em um e no mesmo sujeito idêntico. A força que corresponde a essa atividade no objeto, portanto, é aquela mesma devido à qual aquelas duas forças totalmente opostas entre si poderiam ser postas em um e no mesmo sujeito idêntico.

(Kant (em seus *Princípios metafísicos da ciência natural*) chama a força de atração uma força penetrante, porém esta ocorre apenas com base no fato de que a força de atração já é considerada como força gravitacional (portanto, não pura). Por isso, ele também precisa de apenas duas forças para a construção da matéria, ao passo que nós deduzimos três delas como necessárias. – A força de atração é pensada como pura, isto é, como simples fator da construção, e de fato é imediatamente operante a distância, porém não penetrante, pois não se penetra nada onde nada existe. A propriedade penetrante é obtida, em primeiro lugar, pelo fato de que é incorporada na força gravitacional. A própria força gravitacional não é idêntica com a força de atração, não obstante esta chegue necessariamente junto com ela. A força gravitacional, portanto, não é uma força simples como aquela, mas, como aclarado pela dedução, uma força composta.)

Por meio da força gravitacional, em primeiro lugar, que é produtiva e criadora, a construção da matéria é completa, e não nos resta agora nada, senão extrair os corolários principais dessa construção.

Corolários

Uma exigência que pode ser feita com todo o direito em uma investigação transcendental é explicar por que a matéria deve ser, necessariamente, intuída como extensa em três dimensões – [algo] do que, tanto quanto nos é conhecido, até agora nenhuma explicação foi buscada; nós achamos, portanto, necessário anexar, aqui, a dedução das *três dimensões da matéria* imediatamente a partir das três forças fundamentais que pertencem à construção da matéria.

Segundo a investigação precedente, devem ser diferenciados três momentos na construção da matéria.

a) O primeiro momento é aquele em que as duas forças opostas são pensadas como unificadas em um e no mesmo ponto. Desse ponto, a força expansiva pode operar em todas as direções – as quais, porém, só serão diferenciadas mediante a força oposta, sendo que só ela fornece o limite – portanto, também o ponto de direção. Essas direções, todavia, não podem ser confundidas com dimensões, pois a linha possui, independente de qual direção ela seja indicada, sempre apenas uma dimensão, a saber, o comprimento. A força negativa fornece a direção determinada à força de expansão, em si sem direção. Agora, porém, foi demonstrado que a força negativa não opera de forma mediada, mas imediatamente rumo ao ponto-limite. Supondo-se, portanto, que esse opere do ponto C, como sede comum das duas forças, a partir da força negativa imediatamente ao ponto-limite da linha – que, até o momento, pode permanecer totalmente indeterminada. Então, devido à sua ação a distância até uma sabida distância de C, absolutamente nada da força negativa pode ser encontrado, mas apenas a positiva será prevalente; em seguida, porém, na linha chegará um ponto A, onde ambas as forças, a positiva e a negativa, que vêm em direção oposta, permanecerão em equilíbrio uma com a outra, esse ponto não sendo nem positivo, nem negativo, mas indiferente por completo. Desse ponto em diante, o predomínio da força negativa aumenta, até que, em um ponto determinado, B, alcance o equilíbrio – no qual, portanto, apenas a força negativa será predominante e onde, por esse motivo, a linha será totalmente limitada. O ponto A será o ponto-limite comum entre as duas forças, mas B será o ponto-limite da linha inteira.

Os três pontos que se encontram na linha construída acima – C, partindo do qual apenas a força positiva é predominante até A; A, que é um simples ponto de equilíbrio entre as duas forças e, finalmente, B, onde apenas a força negativa é prevalente –, são os mesmos que podem ser diferenciados no *imã*.

Portanto, sem que nós o tenhamos desejado, simultaneamente com a primeira dimensão da matéria, o *comprimento*, também o *magnetismo* foi deduzido, do qual, agora, várias consequências importantes podem ser extraídas, cuja condução mais ampla não poderá ser fornecida nesta obra. Fica esclarecido por esta dedução, por exemplo, que nós percebemos de relance, nos fenômenos magnéticos, a matéria ainda no primeiro momento da construção, onde as duas forças opostas são unificadas em um e no mesmo ponto; e que, consequentemente, o magnetismo não é função de uma matéria individual, mas uma função da matéria em geral, portanto uma categoria real da física; como aqueles três pontos que a natureza nos preserva no imã, enquanto são apagados nos outros corpos, não são nada além dos três pontos derivados *a priori* que pertencem à construção real do comprimento; portanto, como o magnetismo em geral é o construtor geral do comprimento etc., eu observo apenas que esta dedução nos fornece ainda um esclarecimento sobre o aspecto físico do magnetismo que, talvez, nunca se poderia encontrar por meio de experimentos, vale dizer – que o polo positivo (acima, o ponto C) é a sede das duas forças. Uma vez que – M nos aparece apenas no ponto oposto B, é necessário que a força negativa possa atuar apenas a distância. Isso pressuposto, os três pontos são necessários na linha magnética. Inversamente, a existência desses três pontos no imã demonstra que a força negativa é uma força atuante a distância, assim como a coincidência total de nossa linha construída *a priori* com a do imã prova a retidão de toda nossa dedução.

b) Na linha construída acima, o ponto B é o ponto-limite da linha em geral, A é o ponto-limite comum entre as duas forças. Por meio da força limite comum, em geral, um limite é posto; ora, a força negativa é limitada como motivo da própria limitação, então surge uma limitação da limitação, e este beira o ponto A, o limite *comum* entre as duas forças.

Uma vez que a força negativa é tão infinita quanto a positiva, então o limite em A é precisamente tão *contingente* para ela quanto para a força positiva.

Porém, se A é *contingente* para as duas forças, então a linha CAB também pode ser pensada como separada em duas linhas, CA e CB, que são separadas uma da outra mediante o limite A.

Esse momento, que representa as duas forças opostas como totalmente externas uma à outra e separadas por meio do limite, é o segundo na construção da matéria e o mesmo que é representado na natureza por meio da *eletricidade,* pois, se ABC representa um imã, cujo polo positivo é A, o ponto negativo é C e o ponto nulo é B, então surge-me imediatamente o esquema da eletricidade desta maneira: eu represento aquele corpo separado em AB e BC, cada uma das quais representa uma das duas forças. A demonstração rigorosa para essa observação, porém, está no que segue.

Na medida em que as duas forças opostas são pensadas unificadas em uma e na mesma força, nada pode surgir além da linha construída acima, pois mediante a força negativa, a direção da positiva é tão determinada que ela só pode ir a um ponto no qual beira o limite. O oposto ocorrerá, portanto, assim que as duas forças estão externas uma à outra. Ele será ponto C, no qual as duas forças são unificadas. Pense-se esse ponto como em repouso, então, ao redor desse ponto, há uma multidão inumerável de pontos rumo aos quais ele, caso se movesse de modo apenas mecânico, *poderia* se mover. Contudo, nesse ponto há uma força que pode ir *simultaneamente* a todas essas direções, a saber, a força originariamente sem direção, isto é, a força expansiva capaz de todas as direções. Essa força, portanto, poderá seguir em todas essas direções ao mesmo tempo, porém em toda linha individual que ela descobre, não obstante, será inalteravelmente capaz de seguir apenas essa direção, enquanto a força negativa não for separável dela; portanto, ela atuará também rumo a todas as direções, apenas na pura dimensão do comprimento. O oposto ocorrerá assim que as duas forças forem totalmente distintas. Então, a saber, como o ponto C se move (ele se move, por exemplo, na direção CA), ele já está no próximo lugar em que ele aparece, novamente envolto de inúmeros pontos, em relação a todos os quais ele pode se mover. A força de expansão, agora totalmente deixada em sua tendência de se expandir rumo a todas as direções será, portanto, lançada novamente a partir de cada ponto da linha CA segundo todas as direções que formam ângulos com a linha CA e, portanto, levarão à dimensão do comprimento a da *largura*. O mesmo vale, porém, também para todas as linhas que irradiam do ponto C, ainda suposto como em repouso, a todas as direções restantes; portanto, nenhuma dessas linhas representará, agora, ainda uma pura largura.

Ora, que esse momento da construção na natureza é representado por meio da *eletricidade* torna-se claro do fato de que ela não atua, como o magnetismo, apenas no comprimento, busca o comprimento e é conduzida por ele, mas que acrescenta ao puro comprimento do magnetismo a dimensão da largura, na medida em que ela se difunde por toda a superfície de um corpo, na medida em que é comunicada a ele; que ela, todavia, atua tão pouco na profundidade quanto aquele [isto é, o comprimento] – mas, como é sabido, busca apenas comprimento e largura.

c) Tão certo quanto o fato de que as duas forças, agora totalmente separadas, eram inicialmente forças de um e do mesmo ponto, então deve surgir, por meio da cisão, uma aspiração em ambas a se unificar novamente. Isso, todavia, só poderia ocorrer por meio de uma terceira força que interfere em ambas as forças opostas e na qual estas podem se penetrar. Essa penetração recíproca das duas forças mediante uma terceira, em primeiro lugar, fornece ao produto a impenetrabilidade e, com essa propriedade, traz às duas primeiras dimensões a terceira, a saber, a *densidade*, por meio da qual, em primeiro lugar, a construção da matéria é completa.

No primeiro momento da construção, as duas forças – não obstante unidas em um sujeito, ainda que separadas –, assim como na construção acima CAB é apenas força positiva de C até A e apenas força negativa de A até B; no segundo [momento], elas são até mesmo distribuídas entre diferentes sujeitos. No terceiro momento, os dois são tão unidos em um produto comum que no produto total não há ponto algum no qual as duas forças não estariam simultaneamente, de tal modo que, agora, o *produto total* é indiferente.

Esse terceiro momento da construção é indicado na natureza por meio do *processo químico*, pois, apenas a oposição inicial entre as duas forças ser representada pelos dois corpos é algo evidente pelo fato de que elas se penetram reciprocamente, o que só pode ser pensado a respeito de forças. Todavia, por sua vez, não se pensa que a oposição originária é representada mediante dois corpos sem que, em cada corpo, uma das duas forças atinja o predomínio absoluto.

Tal como, através da terceira força – na qual os dois opostos se penetram de tal modo que todo o produto em cada ponto é, simultaneamente, força de atração e de repulsão –, às duas primeiras dimensões é acrescentada a terceira, assim o processo químico é o complemento das duas primeiras, das quais uma busca apenas o comprimento; a segunda, apenas comprimento e largura, até, finalmente, o processo químico atuar rumo a todas as três dimensões, nas quais, precisamente por esse motivo, uma penetração real é possível.

Quando a construção da matéria percorre esses três momentos, é possível esperar *a priori* que esses três momentos sejam, também, mais ou menos distinguíveis nos corpos individuais da natureza; é possível, inclusive, determinar *a priori* o lugar da série no qual qualquer um daqueles momentos deve surgir ou desaparecer, por exemplo, que o primeiro momento é diferenciável apenas nos corpos mais rígidos; em oposição, nos líquidos, [o primeiro momento] deve ser totalmente irreconhecível; o que seria, de fato, um princípio *a priori* para a diferenciação dos corpos naturais, por exemplo, entre líquidos e sólidos, e que confere ordem a eles.

Caso, ao invés da expressão especial do processo químico, de que se entende em geral cada processo na medida em que passa para um *produto*, busque-se um universal, então deve-se observar, preeminentemente que, segundo os princípios derivados até o momento, a condição do produto real é uma triplicidade de forças; que, portanto, deve ser buscado *a priori* na natureza um processo no qual essa triplicidade de forças é reconhecível antes das outras. Tal é o *galvanismo*, que não é um processo individual, mas a expressão geral para todos os processos que culminam em um produto.

Observação geral sobre a primeira época

Não haverá nenhum leitor que, no curso da investigação, não tenha feito as seguintes observações.

Na primeira época da consciência de si podem-se diferenciar três atos, os quais aparecem nas três forças da matéria e são reencontrados nos três momentos da sua construção. Esses três momentos da construção nos fornecem três dimensões da matéria, e essas três níveis do processo dinâmico. É muito natural chegar ao pensamento de que, sob essas diferentes formas, sempre se regressa a apenas uma e a mesma triplicidade. Para se desenvolver esse pensamento, não será inútil uma comparação entre aqueles três atos do eu e os três momentos da construção da matéria.

A filosofia transcendental não é nada além de um permanente potencializar do eu, e todo o seu método consiste em conduzir o eu de um nível da intuição de si a outro até lá onde ele é posto com todas as determinações que estão contidas no ato livre e consciente da consciência de si.

O primeiro ato, do qual toda a história da inteligência parte, é o ato da consciência de si, na medida em que não é livre, mas ainda é aconsciente. O mesmo ato que o filósofo postula desde o início, pensado como aconsciente, fornece o primeiro ato de nosso objeto, do eu.

Nesse ato, certamente, o eu é sujeito e objeto ao mesmo tempo para nós, mas não para si mesmo, por assim dizer, ele representa o ponto que notamos na construção da matéria, no qual as duas atividades – a originariamente ilimitada e a limitante – ainda são unificadas.

O resultado desse ato, novamente, é apenas para nós, não para o próprio eu, um limitar do objetivo por meio da atividade subjetiva. A atividade limitante, todavia, como uma atividade atuante a distância, mesmo ilimitável, deve necessariamente ser pensada como se esforçando para ultrapassar o ponto de limitação.

Portanto, nesse primeiro ato, estão contidas as mesmas três determinações por meio das quais, também, é indicado o primeiro momento da construção da matéria.

Nesse ato surge realmente uma construção comum a partir do eu como objeto e como sujeito, porém essa construção não está lá para o próprio eu. Assim, somos impelidos a um segundo ato, o qual é um autointuir do eu naquela limitação. Como o eu não pode ser consciente do ato de pôr a limitação por meio de si mesmo, então esse intuir é apenas um descobrir, ou um sentir[97]. Uma vez que, portanto, o eu nesse ato não é consciente de sua própria atividade por meio da qual é limitado, então, ao mesmo tempo e imediatamente com o sentir, também a oposição entre o eu e a coisa em si não é posta para o eu, mas certamente para nós.

Pondo em outros termos, isso significa: nesse segundo ato, as duas atividades inicialmente unidas no eu se separam (não para o eu, mas para nós) em duas atividades totalmente diferentes e situadas externamente uma à outra – a saber, [separam-se] na atividade do eu, de um lado, e a da coisa, de outro lado. As atividades que

---

97. No original alemão há um trocadilho da parte de Schelling, entre encontrar/descobrir (*"Finden"*) e sentir (*"Empfinden"*) [N.T.].

são originalmente atividades de um sujeito idêntico se dividem em sujeitos distintos.

Logo, fica claro que o segundo momento que nós adotamos na construção da matéria – a saber, o momento onde as duas forças serão forças de sujeitos diferentes – é totalmente o mesmo para a física que o segundo ato da inteligência é para a filosofia transcendental. Também, agora é claro que, já com o primeiro e segundo ato, a implantação para a construção da matéria é feita, ou que o eu, sem sabê-lo, já parte, por assim dizer, do primeiro ato à construção da matéria.

Outra observação que nos mostra a identidade entre o dinâmico e o transcendental de modo ainda mais próximo, e nos permite um olhar sobre as interconexões de amplo alcance que surgem do ponto atual, é a seguinte. Aquele segundo ato é o ato da sensação. Ora, o que então é aquilo que se torna objeto a nós mediante sensação? Nada além de qualidade. Porém, toda a qualidade é apenas eletricidade, uma proposição que foi demonstrada na filosofia da natureza. Porém, eletricidade é precisamente pelo que aquele segundo momento na natureza é indicado na construção. Poder-se-ia, também, dizer que, na inteligência, a sensação é o que, na natureza, é a eletricidade.

A identidade do terceiro ato com o terceiro momento da construção da matéria, realmente, não precisa de demonstração alguma. Então, é claro que o eu, na medida em que constrói a matéria, na realidade constrói a si mesmo. O terceiro ato é aquele por meio do qual o eu se torna objeto a si mesmo como sentiente. Porém, esse não é possível de se derivar sem que as duas atividades anteriormente separadas por inteiro sejam apresentadas em um e no mesmo produto idêntico. Esse produto, que é a matéria, também é uma construção completa do eu, não apenas para o próprio eu, que ainda é idêntico com a matéria. Se o eu, no primeiro ato, é intuído apenas como objeto e, no segundo, apenas como sujeito, então torna-se objeto no terceiro ato para os dois ao mesmo tempo – compreende-se para os filósofos, não para si mesmo. Para si mesmo, nesse ato, [o eu] é tornado objeto apenas como sujeito. Que ele aparece apenas como matéria é necessário, como ele é nesse ato, de fato, sujeito-objeto, porém sem se intuir como tal. O conceito de eu, do qual o filósofo parte, é o conceito de um sujeito-objeto, que é consciente de seu si como tal. Esse não é a matéria; por meio dessa, portanto, também o eu não se torna eu como objeto. Ora, todavia, a filosofia transcendental só é completa se o eu se faz objeto a si mesmo, tal como ao filósofo. Portanto, também o círculo dessa ciência não pode ser encerrado com a época presente.

O resultado da comparação lançada até agora é que os três momentos na construção da matéria correspondem, realmente, aos três atos na inteligência. Portanto, se aqueles três momentos da natureza são, propriamente, três momentos na história da consciência de si, então é claro o suficiente que todas as forças do universo retornam, em última instância, a forças representantes, uma proposição na qual se baseia o idealismo leibniziano que, entendido convenientemente, não é de fato distinto do [idealismo] transcendental. Quando Leibniz chama a matéria o estado de sono das mônadas, ou quando Hemsterhuis[98] a chama o espírito coagulado, nessas expressões há um sentido bem fácil de reconhecer a partir dos princípios até aqui apresentados. De fato, a matéria não é nada além do espírito intuído em equilíbrio de suas atividades. Não há necessidade de indicar de modo mais pormenorizado como essa anulação de todo dualismo, ou de toda oposição real entre espírito e matéria – na medida em que esta é apenas o espírito extinto ou, inversamente, aquele é a matéria, só que avistada em devir – põe fim a uma série de investigações confusas sobre a relação entre ambos.

Tampouco é necessária outra discussão para se indicar que essa visão conduz a conceitos muito mais elevados sobre o ser e a dignidade da matéria que todas as demais, por exemplo, a atomista, que compõe a matéria a partir de átomos, sem pensar que nós, por meio desse procedimento, não damos passo algum mais próximo de seu ser verdadeiro, na medida em que os próprios átomos são apenas matéria.

A construção derivada *a priori* da matéria dá os fundamentos de uma teoria geral dos fenômenos naturais, na qual se tem a

---

98. François Hemsterhuis (1712-1790), filósofo holandês que influenciou, entre outros filósofos, Schelling e Friedrich von Hardenberg (Novalis). Cf. Hemsterhuis (2000) e Novalis (2023, p. 64-65, § 197-203) [N.T.].

esperança de que se possa recusar todas as hipóteses e invenções das quais a física atomista nunca cessará de precisar. Antes que o físico atomista apenas chegue à explicação de um fenômeno natural, ele é compelido a fazer uma pilha de pressuposições, por exemplo, sobre matérias às quais ele atribui, de modo totalmente arbitrário, e sem a menor prova, uma série de propriedades, simplesmente pelo fato de que ele pode precisar precisamente desta, e de nenhuma outra, para a explicação. Porém, uma vez estabelecido que as últimas causas da natureza jamais poderão ser pesquisadas por meio da experiência, então nada resta senão recusar a conhecê-las aos quatro ventos, ou inventá-las igual à física atomista, ou ainda as descobrir *a priori*, que é a única fonte de um *saber* que resta além da experiência.

Segunda época. Da intuição produtiva à reflexão

Pré-recordação

A primeira época encerra com a elevação do eu à inteligência. As duas atividades totalmente separadas e situadas em esferas inteiramente distintas são postas novamente em um e no mesmo produto por meio da terceira [atividade], que nelas intervém.

Contudo, o eu, na medida em que é intuinte, é também preso e comprometido no produzir, e não pode ser, ao mesmo tempo, intuinte e intuído. A produção, por isso, é apenas uma do tipo totalmente cego e aconsciente. Segundo o método suficientemente conhecido da filosofia transcendental, portanto, agora surge a pergunta: ["]como o eu, que até agora foi intuinte e inteligente apenas para nós, também é o mesmo para si mesmo, ou como ele se intui como tal[?"] Ora, não se pensaria fundamento algum que determinasse o eu a intuir a si próprio como produtivo, caso não houvesse um fundamento na própria produção que repele em si a atividade ideal do eu envolvida no produzir e, através disso, ocasiona a ultrapassagem em relação ao produto. A questão sobre como o eu se reconhece como produtivo é, portanto, equivalente à questão: ["]como o eu chega a se desprender de sua produção e a ultrapassar a mesma[?"]

Antes que nos aventuremos na resposta dessa própria questão, será de valia a seguinte observação, fornecendo uma noção provisória do conteúdo da próxima época.

Todo o objeto de nossa investigação é, apenas, explicação da consciência de si. Todas as ações do eu que nós até agora deduzimos ou que ainda derivaremos são apenas membros intermediários por meio dos quais nosso objeto atravessa rumo à consciência de si. A própria consciência de si é um agir determinado; portanto, também todos os membros intermediários devem ser ações determinadas. Porém, por meio de cada ação determinada surge ao eu um produto determinado. Ora, não era o caso, para o eu, de fazer o produto, mas de fazer a si mesmo. Ele não quer o produto, mas intuir a si mesmo no produto. Ora, mas se fosse possível – e é, como em breve será indicado –, inclusive necessário, que o eu intuísse a si mesmo precisamente por meio do esforço na produção de si mesmo, surgiria a condição de um novo produto, e assim ao infinito, se não fosse pela adição de um limite novo, até agora desconhecido, de tal modo que nós não conseguimos avistar como o eu, conforme ele está lançado no produzir, exila-se novamente do limite, uma vez que a condição de todo produzir e o mecanismo dele são permanentemente reestabelecidos.

Portanto, na medida em que tentamos explicar como o eu se retira da produção, nós enredamos, ao contrário, nosso objeto em uma série inteira de produções. Portanto, nós poderemos resolver a tarefa principal desta época apenas de modo bastante indireto, e da mesma forma, para o objeto, surgirá algo inteiramente diferente ao invés daquilo que buscamos, até que finalmente saiamos desse círculo como que por meio de uma reflexão atuante a partir de absoluta espontaneidade. Entre esse ponto da reflexão absoluto e o ponto presente da consciência, está, como membro intermediário, toda a multiplicidade do mundo objetivo, seus produtos e fenômenos.

Uma vez que toda a nossa filosofia está no ponto de vista da intuição, e não no da reflexão, em que se encontra Kant, por exemplo, com sua filosofia, então deduziremos também a série que agora inicia de ações da inteligência *como* ações, e não, por exemplo, como conceitos de ações, ou como categorias. Como, então, cada série de ações resulta em reflexão é a tarefa de uma época tardia da consciência de si.

D. Tarefa: Explicar como o eu chega a se intuir como produtivo?

Solução

I.

Uma vez que o eu tenha se tornado produtivo, devemos renunciar à ideia de que ele deva se intuir como atividade simples. Não é pensável, porém, que ele se intua como *produtivo*, caso não surja a ele, imediatamente e novamente por meio da produção, uma atividade ideal em função da qual ele se intua na mesma.

Portanto, será tomado apenas como hipótese que o eu possui uma intuição de si mesmo em seu produzir para, ao mesmo tempo, encontrar as condições de tal intuição. Encontrando-se realmente tais condições diante da consciência, então podemos concluir, em seguida, que tal intuição de fato ocorre, e buscaremos encontrar o resultado daquela.

Caso o eu intua a si mesmo como produtivo, então podemos estabelecer como o primeiro elemento com respeito a isso: ele [isto é, o eu] deve necessariamente se diferenciar, ao mesmo tempo, de si mesmo, na medida em que *não* é produtivo, pois na medida em que ele se intui como produtivo, ele se intui, sem dúvida, como algo determinado, porém ele não pode se intuir como algo determinado sem contrapor a si algo outro, o que igualmente poderia ser o caso. –

Para tornar mais leve a investigação, perguntamos prontamente: o que, então, viria a ser esse improdutivo no eu, que deve ser oposto ao produtivo? Aqui, pode-se examinar ao menos o seguinte. O eu, na medida em que é produtivo, não é uma atividade simples, mas composta (no sentido da palavra no qual, por exemplo, na mecânica se fala de um movimento composto). O improdutivo no eu deve, portanto, ser oposto ao produtivo como atividade *simples*.

Ademais, a atividade produtiva e essa atividade simples devem, para se tornarem opostas uma à outra, novamente harmonizar em um conceito superior. Referente a esse, ambas devem aparecer como uma atividade e, portanto, sua diferença deve aparecer como algo meramente ao acaso. Deve-se indicar que, para qualquer coisa posta, as duas atividades são diferentes, e para cada coisa não posta, as duas atividades são idênticas.

Além disso, deve haver novamente três atividades no eu: uma simples, uma composta e uma terceira, a qual diferencia ambas uma da outra e que refere uma à outra. Ora, essa terceira atividade deve, necessariamente, ser ela própria do tipo simples – pois, sem isso, ela não poderia diferenciar a atividade composta como tal. Essa atividade simples, à qual a composta é referida, portanto, ao mesmo tempo é a referente e, caso a referente seja caracterizada, então também é aquela que é referida.

Ora, porém a atividade referente não pode ser outra além da acima postulada por nós, a atividade ideal que surge novamente de modo imediato por meio da produção. Isso ocorre precisamente pelo fato de que ela é ideal, apenas ao próprio eu, e não é nada além daquela atividade intuinte simples que nós pomos no eu desde o princípio.

O fundamento de relação das duas atividades, portanto, seria o seguinte: que as duas [são] *intuintes*, porém o fundamento de diferenciação é de que uma [atividade] é simples, a outra, uma atividade composta intuinte.

Caso as duas atividades devam ser postas como intuintes, então as duas devem surgir a partir de um princípio. A condição sob a qual as duas são distintas deve, portanto, aparecer em relação ao princípio como contingente. Essa contingência é comum a ambas; o que, portanto, é contingente para a produtiva, também é contingente para a simples. Ora, pode-se encontrar algo contingente na produção que poderia fazer, ao mesmo tempo, o limite comum a ambas as atividades?

Para saber isso, inverte-se a pergunta. O que, então, é o essencial, o necessário na produção? O necessário é: o que é condição do próprio produzir, o contingente ou acidental será, consequentemente, o oposto, portanto o redutor ou limitante da produção.

O redutor da produção é a atividade da coisa em si contraposta ao eu. Porém, esta não pode ser contingente para a produção, uma vez que ela é condição necessária do produzir. Portanto, o próprio redutor não é o contingente, mas o redutor do limitante [o é].

De modo mais claro. A atividade da coisa em si me explica, em geral, apenas uma redução da atividade agora produtiva, não o contingente dessa limitação, ou que a redução determine esta. A atividade da coisa em si é, em e para si, tão pouco limitada quanto a do eu.

Que a atividade da coisa em si seja o limitante do eu se explica pelo fato de que ela seja oposta a ele e que ela, contudo, limita o eu de modo determinado, todavia – o que por si mesmo não é possível sem que ela seja igualmente limitada –, isso pode mais ser derivado dessa oposição. Então, ela ainda poderia ser oposta ao eu, sem ser deste modo específico.

O elemento necessário da produção está, portanto, na oposição em geral; o contingente, no limite da oposição. Porém, isso não é nada além do limite *comum* que está entre o eu e a coisa. O limite é comum, isto é, ele é limite tanto para a coisa quanto para o eu.

Se unirmos nossas conclusões, então teremos o seguinte resultado: as duas atividades intuintes, em princípio idênticas, são diferenciadas por meio do limite contingente do eu e da coisa em si, ou: o que é limite do eu e da coisa é, também, limite dessas duas atividades intuintes.

A atividade intuinte simples possui apenas o próprio eu como objeto; a composta, o eu e a coisa ao mesmo tempo. A última ultrapassa em parte, precisamente por esse motivo, o limite, ou ela está no limite e fora dele ao mesmo tempo. Ora, porém o eu é eu apenas deste lado do limite, pois além do limite ele se transforma em coisa em si para si mesmo. A intuição que ultrapassa o limite, portanto, excede, ao mesmo tempo, o próprio eu e aparece, nessa medida, como intuição *externa*. A atividade intuinte simples está no interior do eu e pode, nessa medida, chamar-se intuição *interior*.

A relação entre atividades intuintes é, nessa medida, a seguinte. O único limite entre intuição interna e externa é o limite entre eu e coisa em si. Removido esse limite, intuição interna e externa confluem. O sentido interno inicia ali onde o sentido externo encerra. O que para nós aparece como objeto do exterior é apenas um ponto de limite do interior. Ambos, senso interno e externo, são, portanto, também originariamente idênticos, pois o exterior é apenas o interior limitado. O sentido externo é, necessariamente, também interno; pois em contraste, o interno não necessariamente também é externo. Toda intuição é, a princípio, intelectual, por isso o mundo objetivo é apenas o mundo intelectual que aparece sob limites. –

O resultado de toda a investigação consiste no seguinte. Queira o eu se intuir como produtivo, então, *em primeiro lugar*, intuição interior e exterior se separam nele; *em segundo lugar*, deve ocorrer uma relação entre as duas. Surge, então, no momento, a questão: o que, então, deve ser o que relaciona as duas intuições?

O referente é, necessariamente, algo comum. Ora, mas se a intuição interna não possuir nada em comum com a externa como exterior, mas, inversamente, a intuição externa possuir algo em comum com a interior, pois o senso externo é, também, interior. O referente entre senso interno e externo, portanto, é novamente o senso interno.

Começamos, aqui, a compreender pela primeira vez como o eu pode chegar a opor intuição exterior e interior e a relacioná-las uma à outra. Isso, de fato, nunca ocorreria se o senso interno, o referente, não fosse ele mesmo incluído na intuição externa, como o princípio propriamente ativo e construtor; pois, se o sentido externo é o interior limitado, então nós deveremos pôr, em oposição, o interno como tal enquanto originariamente ilimitado. O senso interno, portanto, não é nada além da tendência ilimitável de intuir a si mesmo, posta desde o início no eu, que aqui apenas é diferenciada inicialmente como senso interior, portanto, a mesma atividade que, no ato precedente, foi limitada imediatamente por meio de sua ultrapassagem do limite.

Caso o eu deva reconhecer a si mesmo na intuição externa como intuinte, então ele deve relacionar a intuição externa à até agora novamente estabelecida intuição ideal que, todavia, agora aparece como interna. Porém, o próprio eu agora é essa intuição ideal, pois a intuição ao mesmo tempo ideal e real é algo totalmente distinto, portanto, o elemento que relaciona e aquele que é relacionado seriam, nessa ação, um e o mesmo. Ora, certamente a intuição externa poderia ser referida à interna, pois ambas são diferentes e, novamente, há um fundamento de identidade entre ambas. Porém, o eu não pode referir a intuição externa à interna como interna, pois ele não pode referir a intuição externa a si mesmo em uma e na mesma ação e, na medida em que ele refere, ao mesmo tempo reflete a si mesmo como fundamento de relação. Portanto, a intuição externa não poderia se referir à interna como interna – uma vez que, segundo a pressuposição, ela mesma não seria nada além de intuição interna; e ela deveria reconhecer a intuição interior como tal, portanto, novamente teria que ser algo distinto desta.

Na ação precedente, o eu era produtor, mas produtor e produzido coincidem em um, o eu e seu objeto eram um e o mesmo. Agora, nós buscamos uma ação na qual o eu possa se reconhecer como produtivo. Se isso fosse possível, então, nada de um intuído chegaria à consciência. Mas a intuição produtiva poderia, caso fosse reconhecida, ser reconhecida como tal apenas na oposição contra a [intuição] interna. Ora, porém, a própria intuição interna não seria reconhecida como interna, precisamente pelo fato de que o eu, nessa ação, não seria nada além de intuição interna, portanto, também a intuição interna não poderia ser reconhecida como tal e, como ela é reconhecível apenas como intuição *externa*, não seria reconhecida em geral como intuição. Por conseguinte, nada restaria de toda essa ação na consciência – exceto, de um lado, o intuído (desprendido da intuição) e, de outro lado, o eu como atividade ideal que, todavia, agora é *sentido interno*.

Na consciência empírica, absolutamente nada ocorre de uma intuição externa como ato, e nada deve advir, porém é uma investigação muito importante saber sobre como, na mesma [consciência], podem coexistir lado a lado o objeto e o senso interno sempre ilimitado e totalmente livre, por exemplo, no esboço de esquemas etc. – Tão pouco quanto a intuição externa na condição de ato, ocorre a coisa em si na consciência. Por meio do objeto sensível, ela é desalojada da consciência, fundamento de explicação simplesmente ideal da consciência e está, como o agir da própria inteligência, para a inteligência além da consciência. Como fundamento de explicação, a coisa em si precisa apenas de uma filosofia que esteja apenas alguns degraus acima da consciência empírica. O empirismo não se eleva tão longe. Por meio da coisa em si, que Kant introduziu na filosofia, ao menos ele forneceu o primeiro estímulo que poderia conduzir a filosofia além da consciência comum e, pelo menos, sugeriu que a razão de o objeto surgir na consciência não pode estar na própria consciência, porém ele nunca pensou claramente, muito menos explicou que cada fundamento de explicação além da consciência, no fim, é apenas nossa própria atividade ideal, apenas hipostasiada na coisa em si.

II.

O resultado da relação hipoteticamente suposta seria o *objeto sensível* (separado da intuição como ato), de um lado, e o *senso interno* de outro. Os dois juntos fazem o eu sentiente com consciência. Então, o que nós chamamos senso interno não é nada além daquilo que sente com consciência no eu. No ato originário da consciência, o eu era sentiente, sem o ser para si mesmo; isto é, ele era sentiente sem consciência. Por meio do ato acima derivado – do qual, porém, levando em conta os motivos indicados, nada pode restar no eu além do objeto sensível de um lado, e do senso interno de outro –, indica-se que o eu, por meio da intuição produtiva, *torna-se sensível com consciência*.

Segundo o até então suficientemente conhecido andamento da filosofia transcendental, portanto, a tarefa: ["]como o eu se reconhece como produtivo[?"] agora é determinada da seguinte maneira: *como o eu se torna objeto com consciência enquanto sentiente?* Ou, como sensação com consciência e senso interno são o mesmo, ["]como o eu também se torna objeto como senso interno[?"]

Toda a sequência da investigação, portanto, terá aquela ação de relação derivada (I) como objeto, e deverá buscar tornar a mesma apreensível.

É fácil perceber o seguinte. O eu pode diferenciar a si mesmo enquanto sentiente com consciência apenas pelo seguinte: que ele opõe o objeto como o mero intuído, portanto o aconsciente, a si mesmo como o consciente (sentiente dotado de consciência).

Ora, o objeto, visto transcendentalmente, não é nada além da própria intuição externa ou produtiva. Agora, o eu não pode se tornar consciente dessa intuição como tal. O objeto, portanto, também deve ser oposto ao senso interno, como o senso externo foi oposto a ele. Porém, a oposição entre as duas intuições, a interna e a externa, e apenas ela, fez o limite entre ambos encontrável entre os dois. O objeto, portanto, é apenas objeto na medida em que são limitados os mesmos limites por meio dos quais senso interno e externo foram separados e que, portanto, agora não é mais limite entre senso interno e senso externo, mas limite entre o eu sentiente com consciência e o objeto plenamente aconsciente.

O eu, portanto, não pode se opor ao objeto sem reconhecer o limite como limite. Agora, então, como o limite será determinado? – Como contingente em toda consideração, contingente tanto para a coisa quanto para o eu. Em que medida, porém, ela é limite para o eu? Ela não é, por exemplo, limite da atividade, mas limite do ser afetado no eu – compreende-se a passividade no eu *real* e *objetivo*. A passividade do eu seria limitada precisamente pelo fato de que seu fundamento seria posto em uma coisa em si, que necessariamente era, ela própria, algo limitado. Porém, o que é limite para a coisa em si (a atividade ideal) é limite da passividade do eu real, não sua atividade, pois esta é limitada precisamente pela coisa em si mesma.

O que é o limite para a *coisa* é algo agora respondido por si mesmo. Eu e coisa são tão opostos entre si que aquilo que é passividade em um é atividade no outro. Portanto, se o limite é limite da passividade do eu, então ele é, necessariamente, limite da atividade da coisa e, apenas nessa medida, limite *comum* a ambos.

O limite, portanto, só pode ser reconhecido como limite se ele é reconhecido como limite da atividade da coisa. Pergunta-se: como se pensar isso?

Mediante o limite, a atividade da coisa é reduzida, e ela não será contingente apenas ao eu, mas também à coisa. Se ela for contingente à coisa, então a coisa deve ser, de modo originário, em e para si, atividade ilimitada. Como, portanto, a atividade do eu é limitada, deve ser inexplicável a partir dela mesma, portanto, explicável apenas a partir de uma razão externa a ela.

Onde se buscar esse fundamento? No eu? Porém, essa explicação não pode mais ser feita a partir do ponto de vista atual. O fato de que o eu também é, novamente e de modo aconsciente, causa dessa limitação do eu (a atividade ideal) e, por meio disso, sua própria passividade – isto é, como em breve se indicará, sua limitação peculiar – é algo que o próprio eu não pode saber. Portanto, que também a atividade da coisa e, por meio disso, a passividade do eu é limitada, isso é algo cujo fundamento o próprio eu não pode buscar em nada além daquilo que, agora, está inteiramente extrínseco à consciência e que, contudo, agora intervém no momento presente da consciência. Então, portanto, assim como o eu deve reconhecer o limite como limite, ele também deve transpor o limite e buscar seu fundamento em algo que não beira mais a consciência. Portanto, esse desconhecido, que nós indicaremos, por enquanto, por meio de "A", está necessariamente além do produzir do objeto presente que nós podemos indicar mediante "B". Portanto, enquanto o eu produz B, A já deve *existir*. No momento presente da consciência, portanto, não há na mesma nada mais a mudar, por assim dizer, escapa às mãos do eu, pois está além de seu agir presente e é imutavelmente determinado para o eu. Uma vez A tendo sido posto, então B também dever ser posto precisamente como tal e de nenhuma outra maneira, pois A contém o fundamento de sua limitação determinada.

Contudo, o eu agora não é mais consciente desse fundamento A. Consequentemente, a limitação determinada de B será, com certeza, contingente para o eu, uma vez que esse não é consciente do fundamento da mesma; porém, para nós, que sabemos do mesmo saber, [será] uma [limitação] necessária.

Com fins explicativos, ainda a seguinte observação! – Que B é determinado desse modo, deve ter seu motivo em um A, que agora está totalmente externo à consciência. Contudo, que este A determina aquele, talvez tenha seu fundamento ainda em algo outro, o que pode remeter a algo ainda mais longe, e talvez assim rumo ao infinito, caso não haja, por exemplo, um fundamento universal que determine toda a série. Ora, esse fundamento geral não pode ser outro além do que nós desde o princípio chamamos "a limitação na limitação" que, todavia, até agora não foi completamente derivada e cujo fundamento, todavia, o tanto quanto já aqui pudemos examinar, consiste naquele limite comum entre a atividade ideal e a real.

Se o eu deve reconhecer o limite entre si e o objeto como contingente, então ele deve reconhecer o mesmo como condicionado por meio de algo que esteja totalmente fora do momento presente. Portanto, ele se sente impelido de volta a um momento do qual ele não pode se tornar consciente. Ele se *sente* impelido, pois ele não pode, realmente, voltar. Portanto, no eu há um estado de não poder, um estado de compulsão. O que contém o fundamento de determinada limitação de B, já é preexistente como real e independente do eu. Portanto, no eu em relação a A, há apenas um produzir ideal, ou um reproduzir. Contudo, todo reproduzir é livre, uma vez que ele é uma atividade totalmente ideal. Certamente, A deve ser precisamente tão determinado que ele contém o fundamento do limitar determinado de B; portanto, no reproduzir de A, o eu não é, de fato livre materialmente, mas sim formalmente. Ao contrário, no produzir de B, ele não é nem material nem formalmente livre, pois conforme A existiu, ele devia produzir B justamente como algo determinado assim e não poderia, em seu lugar, produzir mais nada. Portanto, aqui o eu é, em uma e na mesma ação, simultaneamente livre formalmente e coagido formalmente. Um é condicionado pelo outro. O eu não poderia se sentir coagido considerando B se ele não pudesse ir de volta a um momento anterior em que B ainda não existia e onde o eu se sentia livre em relação a B. Porém, também inversamente, ele não poderia se sentir impelido de volta se não se sentisse coagido ao presente.

O estado do eu no momento presente, portanto e em suma, é esse. Ele se sente impelido de volta a um momento da consciência ao qual ele não pode retornar. O limite comum entre o eu e o objeto, o motivo da limitação do segundo constitui o limite entre o momento presente e um momento passado. O sentimento desse vir a ser impelido de volta[99] a um momento a que ele não pode realmente voltar, é o sentimento do *presente*. O eu se encontra, portanto, já no primeiro momento de sua consciência, apreendido em um presente, pois ele não pode se opor ao objeto sem se sentir limitado e, por assim dizer, [sentir-se] contraído a um ponto. Esse sentimento não é nenhum outro além do designado pelo "sentimento de si". Com esse, toda a consciência se inicia e, por meio da mesma, o eu se põe, em primeiro lugar, oposto ao objeto.

---

99. No original, em alemão, *"Zurückgetriebenwerden"* [N.T.].

No sentimento de si, o sentido interno, isto é, a sensação vinculada à consciência de si mesmo se torna objeto. É, precisamente por causa disso, totalmente diferente da sensação, na qual necessariamente algo distinto do eu sucede. Na ação precedente, o eu era sentido interno, porém sem o ser para si mesmo.

Como, então, o eu, agora como sentido interno, torna-se objeto? Única e somente porque o *tempo* lhe surge (não o tempo na medida em que já intuído externamente, mas o tempo como simples ponto, como mero limite). Na medida em que o eu se opõe ao objeto surge-lhe o sentimento de si, isto é, ele se torna objeto *como* pura intensidade, como atividade que apenas pode se expandir em uma dimensão, porém agora é contraída em um só ponto; Entretanto, precisamente essa atividade que só se estende segundo uma dimensão, caso ela vire objeto a si mesma, é tempo. O tempo não é algo que transcorre independentemente do tempo, mas o *próprio eu* é o tempo pensado em atividade.

Ora, como o eu, na mesma ação, opõe-se ao objeto, então o objeto deve lhe aparecer como negação de toda intensidade, isto é, aparecer a ele como *pura extensidade*.

O eu, portanto, não consegue se opor ao objeto sem que, nele, separem-se intuição interna e externa – não apenas isso, mas também como tais tornando-se objetos.

Agora, porém, a intuição por meio da qual o senso interno se torna objeto é o *tempo* (aqui, todavia, não se fala de tempo puro, isto é, do tempo em sua total independência do espaço), a intuição por meio da qual o sentido externo vira objeto é o *espaço*. Logo, o eu não consegue se opor ao objeto sem que, de um lado, o senso interno se torne objeto mediante o tempo; de outro lado, o senso externo venha a ser objeto por intermédio do espaço.

III.

Na primeira construção do objeto, os sensos interno e externo foram apreendidos simultaneamente. O objeto apareceu como pura extensidade, apenas quando o sentido externo foi objeto ao eu, pois, vale dizer, ele é o próprio senso interno que o eu tornou externo, portanto ambos não podem mais ser unificados – o que, contudo, não era o caso na construção originária do eu. O objeto, portanto, não é nem meramente senso interno, nem meramente senso externo, mas senso interno e externo ao mesmo tempo, de modo que ambos podem ser reciprocamente limitados um pelo outro.

Portanto, para determinar mais precisamente o objeto como a *unificação* dos dois modos de intuição, como até agora ocorreu, nós devemos distinguir ainda mais estritamente os membros opostos da síntese do que fizemos até o presente.

Portanto, o que é, então, o senso interno, e o que é [senso] externo, ambos pensados em sua ilimitação?

O senso interno não é nada além da atividade do eu impelida de volta a ele próprio. Pensemos no senso interno como totalmente ilimitado pelo externo, então o eu estará no estado mais elevado do sentimento, toda a sua atividade ilimitada, por assim dizer, será concentrada em um único ponto. Ao contrário, se pensarmos no senso interno como ilimitado por meio do interno, então seria uma negação absoluta de toda intensidade, o eu seria totalmente dissolvido, não haveria resistência alguma nele.

Portanto, o senso interno pensado em sua ilimitação é representado por meio do *ponto*, por meio do limite absoluto, ou por meio do símbolo[100] do *tempo* em sua independência do espaço. Afinal, o tempo pensado em e para si é apenas o limite absoluto, por isso a primeira síntese do tempo com o espaço, que até agora ainda não foi derivada, só poderá ser expressa pela linha, ou por meio do ponto expandido.

O oposto do ponto, ou a extensidade absoluta é a negação de toda intensidade, o *espaço* infinito, por assim dizer, o eu dissolvido.

No próprio objeto, isto é, no *produzir*, portanto, espaço e tempo só podem permanecer simultaneamente e inseparáveis um do outro. Ambos são opostos um ao outro precisamente pelo fato de que eles se limitam reciprocamente. Ambos para si são igualmente infinitos, apenas no sentido oposto. O tempo só se torna finito por meio do espaço; o espaço, mediante o tempo. Um se tornar finito

---

100. No original, em alemão, "*Sinnbild*". O termo pode significar, também, "emblema", "insígnia", "ideograma" [N.T.].

por meio do outro significa que um se torna determinado e medido mediante o outro. Daí a medida mais originária do tempo, o espaço, que um corpo em movimento uniforme nele percorre; a medida mais originária do espaço, o tempo, que precisa de um corpo em movimento uniforme para percorrê-lo. Ambos se mostram, portanto, como absolutamente inseparáveis.

Ora, porém o espaço não é nada além do sentido externo tornado objeto; o tempo não é senão o senso interno tornado objeto. O que também vale para o espaço e o tempo, vale também para o sentido externo e interno. O objeto é o sentido externo determinado por meio do sentido interno. A extensidade, portanto, no objeto não é simples grandeza espacial, mas extensidade determinada por meio de intensidade, em uma palavra, o que nós denominamos *força*, pois a intensidade de uma força só pode ser medida por meio do espaço no qual ela pode se disseminar sem se tornar = 0. Assim como, inversamente, esse espaço é determinado novamente por meio da grandeza daquela força para o senso interno. Portanto, o que corresponde, no objeto, ao senso interno é a intensidade, o que corresponde ao senso externo é a extensidade. Porém, intensidade e extensidade são reciprocamente determinadas uma pela outra. O objeto não é nada além de tempo fixado, simples presente, mas o tempo é fixado única e somente por meio do espaço, que é preenchido, e o preenchimento de espaço é determinado única e somente pela grandeza temporal, a qual por sua vez não está no espaço, mas é *extensione prior*[101]. Portanto, o que *determina* o preenchimento do espaço possui uma simples existência no *tempo*. Inversamente, o que fixa o tempo, possui uma mera existência no espaço. Ora, porém, aquilo no objeto que possui uma mera existência no tempo – precisamente aquilo por meio do qual o objeto pertence ao sentido interno – e a grandeza do objeto só são determinadas para o sentido interno por meio do limite comum entre o senso interno e externo, cujo limite aparece como totalmente ao acaso. Portanto, aquilo no objeto que corresponde ao senso interno, ou que possui apenas uma grandeza no tempo, aparecerá como totalmente ao

---

101. Schelling usa os mesmos conceitos aqui utilizados no *Primeiro projeto* (1799) para caracterizar a relação entre ação e produto. A formulação latina remete a Leibniz. Cf. Leibniz (1768) (Korten; Ziche, 2005, p. 137-138) [N.T.].

acaso ou acidental; ao passo que aquilo no objeto que corresponde ao senso externo, ou que possui uma grandeza no espaço, aparecerá como o necessário, ou como o substancial.

Logo, assim como o objeto é, ao mesmo tempo, extensidade e intensidade, da mesma forma ele também é *substância e acidente simultaneamente*, ambos são nele inseparáveis, e, apenas por meio dos dois juntos, o objeto é completo.

O que no objeto é substância possui apenas uma grandeza no espaço; o que é acidente, apenas uma grandeza no tempo. Mediante o espaço preenchido, o tempo é fixado, por meio da grandeza no tempo, o espaço é preenchido de determinada maneira.

Se nós retornarmos, com esse resultado, à pergunta sobre de qual deles esta investigação parte, então resulta o seguinte. – O eu deve se opor ao objeto para reconhecê-lo como objeto. Porém, nessa oposição, seria diferenciado, no eu, senso externo e interno do objeto – isto é, para nós, na medida em que filosofamos, é possível se diferenciar, no eu, espaço e tempo; no objeto, substância e acidente. – Que substância e acidente tenham sido diferenciáveis é algo que se baseia, portanto, simplesmente no fato de que um corresponde a somente um ser no tempo; o outro corresponde a apenas um ser no espaço. Unicamente por meio do acidental da intuição, o eu é reduzido ao tempo em geral, uma vez que a substância – como ela possui somente um ser no espaço, tem também um ser que independe por completo do tempo, e a inteligência pode ser totalmente ilimitada na intuição do tempo.

Ora, como a partir desse tipo, e por meio da ação do eu deduzida no precedente, tornaram-se diferenciáveis, para os filósofos, no *eu* entre espaço e tempo, no *objeto* entre substância e acidente, então agora se pergunta, conforme o método conhecido: como, também *para o próprio eu*, espaço e tempo e, consequentemente, substância e acidente seriam diferenciáveis?

O tempo é apenas o sentido interno tornado objeto, o espaço é o senso externo tornado objeto para ele. Portanto, se os dois devem se tornar objeto novamente, então isso só pode ocorrer através de um intuir potencializado, isto é, por meio de algo produtivo. Ambos são intuições do eu, que só podem se tornar objeto novamente para o eu porque elas *emergiram* do eu. Ora, o que significa, então, "externo ao eu"? – O eu, no momento presente, é mero sentido interno. Fora do eu, portanto, é o que existe apenas para o sentido externo. Portanto, tanto espaço quanto tempo só podem se tornar objeto do eu por meio de produção; isto é, porque o eu cessou de produzir (pois ele agora é apenas sentido interno) pelo fato de que o eu agora produz novamente. – Ora, todavia, em todo produzir, espaço e tempo são igualmente unidos sinteticamente como senso interno e externo. Portanto, se por meio desse segundo produzir nada fosse ganho, nós estaríamos com este produzir precisamente ali onde nós estivemos com o primeiro, *se esse segundo produzir não estivesse oposto ao primeiro*, de modo que aquele se torna objeto para o eu imediatamente através da oposição contra este. – Porém, que o segundo seja oposto ao primeiro, só é algo pensável se o primeiro for o redutor do segundo. – Por conseguinte, que o eu em geral prossiga produzindo, de modo algum pode ter fundamento no *primeiro* produzir (pois este é apenas o *redutor* do segundo, e já pressupõe algo a reduzir ou o material do reduzir), mas deve ter o fundamento na própria infinitude do eu.

Portanto, também não se trata de que o eu em geral ignore uma produção seguinte à produção presente, mas apenas que o objeto seguinte é produzido com essa limitação determinada, cujo fundamento está no primeiro produzir. Em suma, apenas o acidental do segundo produzir poderia ser determinado por meio do primeiro. Nós indicamos o primeiro produzir com "B", o segundo com "C". Ora, se B contém apenas o fundamento do acidental em C, então também só pode ser algo acidental em B por meio do qual algo em C é determinado. Afinal, o fato de que C é determinado deste modo por B só é possível pelo fato de que o próprio B é limitado de determinada maneira, isto é, apenas por causa daquilo que, nele mesmo, é acidental.

Para elucidar a investigação e, com isso, para que se possa ver imediatamente para onde ela aponta, observemos que nós nos aproximamos da dedução da relação de causalidade. Ora, esse é precisamente um ponto do qual as categorias serão deduzidas de maneira bem mais fácil no idealismo transcendental do que de muitos outros modos, então nos é permitido antecipar uma reflexão geral sobre nosso procedimento.

Nós deduzimos a relação causal como a condição necessária, a única sob a qual o eu pode reconhecer o objeto presente como objeto. Se a representação permanecesse na inteligência em geral, o tempo estaria fixo, então, na inteligência, não seria reconhecida multiplicidade alguma de representações (isso é compreensível por si mesmo), mas também nem ao menos o objeto presente seria reconhecido como presente.

A sucessão na relação causal é necessária. Em geral, originariamente não é pensável sucessão arbitrária alguma nas representações. O arbítrio que, por exemplo, tem lugar na concepção das partes individuais de um todo como um produto orgânico ou um produto artístico é, por fim, fundado em uma relação causal. Eu procedo de qual parte eu quiser como a primeira e vou sempre de uma à outra, e volto desta àquela porque, no orgânico, tudo é causa e efeito recíproco. Então, certamente no produto artístico não; aqui nenhuma parte é causa da outra, mas uma pressupõe a outra no entendimento produtivo do artista. Então, em todo lugar onde a sucessão nas representações costumeiramente aparece arbitrariamente, por exemplo, na concepção de partes individuais na natureza inorgânica em que, igualmente, há uma ação recíproca geral de todas as partes.

Todas as categorias são procedimentos, apenas por meio dos quais o próprio objeto surge a nós. Para a inteligência não há objeto algum se não existe relação causal, e essa relação é precisamente por isso inseparável dos objetos. Quando é julgado que A é a causa de B, isso significa, então, o mesmo que: ["]a sucessão que ocorre entre os dois não ocorre apenas em meus pensamentos, mas no próprio objeto["]. Nem A nem B poderiam *ser* em geral, se eles não estivessem nessa relação. Aqui, portanto, há não só uma sucessão em geral, mas uma sucessão que é condição do próprio objeto. Ora, o que, então, pode ser compreendido no idealismo por aquela oposição entre o que está simplesmente no pensamento e o que está no próprio objeto? A sucessão ser objetiva, de modo idealista, significa o mesmo que: ["]nós não somos conscientes dessa sucessão, antes que ela aconteça, mas seu acontecer e o tornar-se consciente dela são um e o mesmo["]. A sucessão deve acontecer a nós como inseparável do fenômeno, assim como esse fenômeno deve ocorrer inseparavelmente daquela sucessão. Para a experiência, portanto, há o mesmo resultado se a sucessão for atrelada às coisas, ou se às coisas forem atreladas à sucessão. Só que ["]as duas são, em geral, inseparáveis["] é o juízo do entendimento comum. Portanto, com efeito, é altamente confuso deixar a sucessão surgir por meio do agir da inteligência, os objetos, por sua vez, independentes dessa. Ao menos se deveria conferir aos dois, tanto à sucessão quanto aos objetos, igual independência das representações.

Voltamos ao contexto. Agora, nós temos dois objetos, B e C. Agora, o que era então B? Ele era substância e acidente, inseparavelmente unidos. Na medida em que ele é substância, ele não é nada além do próprio tempo fixado, pois, uma vez que o tempo é fixado a nós, surge-nos a substância e vice-versa. Portanto, se há uma sucessão no tempo, então a própria substância deve ser novamente o que persiste no tempo. De acordo com isso, a substância também pode ou surgir ou desaparecer. Ela não pode surgir, pois ao se pressupor algo como surgindo, então deve haver um momento passado no qual ela ainda não era; mas esse próprio momento deveria ser fixado. Portanto, nesse próprio momento, algo persistente deveria ter existido. Logo, o que surge agora é apenas uma determinação do persistente, não o próprio persistir, que é sempre o mesmo. A substância tampouco consegue desaparecer, pois na medida em que algo desaparece, algo persistente deve restar, por meio do qual o momento do desaparecimento é fixado. Portanto, aquilo que desapareceu não é o próprio persistir, mas apenas uma determinação do persistente.

Logo, se nenhum objeto produz a substância do outro ou pode negá-la, então também apenas o acidental do objeto seguinte conseguiria ser determinado por meio do precedente e, inversamente, apenas o acidental deste poderia ser aquilo por meio do qual o acidental daquele é determinado.

Dessa forma, agora, como B determina algo acidental em C, separam-se no objeto substância e acidente, a substância persiste, enquanto os acidentes mudam – o espaço repousa, enquanto o tempo decorre, ambos, portanto, são como separados na condição de objeto do eu. Todavia, precisamente por isso, também o eu se vê deslocado a um novo estado, a saber, o da *sucessão* involuntária de representações, e esse estado, agora, é aquele ao qual a reflexão deve se dirigir.

"O acidental de B contém o fundamento de algo acidental em C." – Isso é, mais uma vez, conhecido apenas a nós na medida em que observamos o eu. Ora, todavia, também a própria inteligência deve reconhecer o acidental de B como o fundamento do acidental em C; porém, isso não é possível sem que tanto B quanto C se oponham em uma e na mesma ação e, novamente, sejam referidos um ao outro. Que ambos sejam *opostos*, é evidente, pois B é expulso por C da consciência, e regride a um momento passado, B é causa, C efeito, B o limitante, C o limitado. Como, porém, os dois podem ser *referidos* um ao outro, não é algo apreensível, pois o eu ainda não é nada mais que uma sucessão de representações originárias, uma das quais expulsa a outra. (Com base no mesmo motivo pelo qual o eu é impelido de B a C, também C seria impelido a D, e assim por diante.) Ora, certamente seria estabelecido que apenas acidentes podem surgir e desaparecer, não substâncias. Porém, o que é a substância. Ela mesma é apenas o tempo fixado. Portanto, também as substâncias não podem permanecer (compreende-se para o eu, pois a pergunta ["]como as substâncias persistem por si mesmas[?"] não possui sentido algum); pois o tempo agora em geral não é fixado, mas decorrente (igualmente, não em si, mas apenas para o eu), as substâncias, portanto, não podem ser fixadas, pois o próprio eu não é fixado, uma vez que o eu agora não é nada, como essa própria sucessão. –

Este estado da inteligência, na qual ela é *apenas* sucessão de representações, a propósito, é um estado meramente intermediário, que apenas o filósofo supõe nela, uma vez que ela necessariamente passa desse estado ao seguinte. –

No entanto, as substâncias devem permanecer, caso uma oposição entre C e B deva ser possível. Todavia, é impossível que a sucessão seja fixa se não houver algo por meio do qual as direções opostas possam vir nela. A sucessão tem uma só direção. Essa direção, abstraída da sucessão, faz precisamente o tempo, que intuído externamente possui apenas uma dimensão.

Contudo, direções opostas só poderiam ocorrer na sucessão pelo fato de que o eu, na medida em que é impelido de B a C, simultaneamente é impelido de volta a B, pois, em seguida, as direções opostas se anulam, a sucessão é fixada e, precisamente por isso, também as substâncias. Ora, porém, o eu pode ser impulsionado de volta de C a B, sem dúvida, apenas do mesmo modo pelo qual ele foi impelido de B a C. De fato, assim como B contém o fundamento de uma determinação em C, todavia C deve conter o fundamento de uma determinação em B. Porém, essa determinação não pode estar apenas em B antes que tenha estado em C, pois o acidental de C deverá conter o fundamento dele; C, todavia, surge ao eu como esse determinado apenas no momento presente. C como substância, por exemplo, pode já haver sido, contudo o eu ainda não sabe nada disso, ele só surge ao eu enquanto surge a ele em um particular determinado, portanto, também aquela determinação em B, cujo fundamento C deve conter, só surge neste momento. Portanto, em um e no mesmo momento indivisível, no qual C é determinado por B, inversamente, também B deve ser determinado por C. Ora, porém B e C devem ser opostos na consciência, logo um afirmar em C necessariamente deve ser um não-ser em B e de modo que a determinação de C seja tomada como positivo através de B, a [determinação] de B através de C deve ser afirmada como a negativa daquela.

É pouco provável precisar lembrar que nós derivamos, até o momento, todas as determinações da relação de *reciprocidade*. Em geral, não há relação de causalidade construtível sem uma reciprocidade, pois nenhuma relação de causa e efeito seria possível – isto é, a oposição acima exigida seria possível – se as substâncias como substrato da relação não fossem fixadas uma por meio da outra. Contudo, elas não poderiam ser fixadas, exceto se a relação de causalidade fosse recíproca. Afinal, se as substâncias não estivessem em interação recíproca, então certamente as duas seriam postas na consciência, porém apenas de modo que uma é posta quando a outra não é posta e vice-versa, e não, porém, que em um mesmo momento indivisível, no qual uma é posta, também a outra é posta, o que é necessário se o eu deve reconhecer as duas como permanecendo em uma relação causal. Esse fato de que as duas, e não só uma, e depois a outra, mas as duas são postas simultaneamente, pode ser pensado, então, se as duas são postas uma pela outra, ou seja, se o fundamento da determinação de uma está na outra, a qual é, no pôr a si mesma, proporcional e oposta, isto é, quando as duas estão em inter-relação.

Mediante a reciprocidade, a sucessão é fixada, torna-se presente e, por meio dessa simultaneidade[102] de substância e acidente novamente estabelecida no objeto, B e C são, ambos, causa e efeito. Como *causa*, aquele é *substância*; pois ele pode ser reconhecido como causa apenas na medida em que é intuído como persistente. Como *efeito*, ele é *acidente*. Mediante a reciprocidade, portanto, substância e acidente são novamente unidos sinteticamente. A possibilidade de reconhecer o objeto como tal é, por isso, condicionada para o eu por meio da necessidade de sucessão e da reciprocidade, aquela anula o presente (com o que o eu pode ultrapassar o objeto), ao passo que esta o reestabelece.

Que B e C, dessa maneira, sejam em um e no mesmo momento fundamento recíproco de determinações um do outro, e que também o sejam simultaneamente fora desse momento, ainda não foi inferido. Para a própria inteligência, vale essa simultaneidade apenas por um momento, pois como a inteligência produz continuamente, e até agora nenhuma razão foi dada mediante a qual o próprio produzir seria novamente limitado, então ela sempre será levada embora novamente no fluxo da sucessão. Como, portanto, a inteligência chega a uma simultaneidade de *todas* as substâncias no mundo, isto é, a uma reciprocidade universal, ainda não é explicado.

Com a reciprocidade, ao mesmo tempo, também é derivado o conceito de coexistência. Toda simultaneidade ocorre apenas mediante um agir da inteligência, e a coexistência é apenas condição da sucessão originária de nossas representações. As substâncias não são distintas em nada da coexistência. ["]As substâncias são fixadas como substâncias["] significa: a coexistência é posta e, inversamente, coexistência não é nada além de um fixar recíproco das substâncias uma pela outra. Ora, se esse agir da inteligência é re-

---

102. No original, em alemão arcaico, *"Zugleichseyn"*. Uma tradução mais literal seria "ser simultâneo" [N.T.].

produzido idealmente, isto é, com consciência, então me surge, por meio disso, o espaço como simples forma da coexistência, ou da simultaneidade. Em geral, somente pela categoria de reciprocidade o espaço se encontra como forma de coexistência, e na categoria de substância ele só se encontra como forma da extensidade. O espaço, portanto, não é nada além de um agir da inteligência. Nós podemos definir o espaço como o tempo interrompido, em contraposição ao tempo como o espaço fluido. No espaço, considerado em si, tudo está apenas ao lado um do outro, como no tempo tornado objetivo, tudo um após o outro. Os dois, espaço e tempo, portanto, só podem se tornar objeto na sucessão como tal, pois nela o espaço *repousa*, enquanto o tempo *passa*. Ambos se mostram sinteticamente unidos, o tempo e o espaço sinteticamente unificados, na ação recíproca. A *simultaneidade* é precisamente essa unificação, a proximidade um do outro[103] no espaço se transforma, se a determinação do tempo for o suficiente, em uma simultaneidade. Da mesma forma, o ser um após o outro [se transforma] no tempo, caso a determinação do espaço seja o suficiente. – Apenas no tempo existe direção originária, embora o ponto que lhe confira direção esteja na infinitude; todavia, precisamente pelo fato de que o tempo possui, inicialmente, direção, nele se diferencia apenas uma direção. No espaço, originariamente, não há direção alguma, uma vez que todas as direções se anulam mutuamente nele. Ele é, como próprio substrato ideal de toda sucessão, repouso absoluto, falta absoluta de intensidade e, nessa medida, nada. – O que desde sempre fez os filósofos duvidarem na consideração do espaço é justamente que ele possui todos os predicados do nada e, todavia, não pode ser considerado como nada. – Precisamente pelo fato de que, no espaço, originariamente não há direção alguma, se qualquer direção chegar a ele, todas as direções entram nele. Ora, por causa da simples relação de causalidade, há apenas uma direção, eu só posso ir de A a B, e não inversamente de B a A, e somente devido à categoria de reciprocidade que todas as direções são igualmente possíveis.

As investigações até agora contêm a dedução completa das categorias de relação e, como originariamente não há nenhuma

---

103. No original, em alemão arcaico, *"Nebeneinanderseyn"* [N.T.].

outra como essas, a dedução de todas as categorias – não para a própria inteligência (pois como esta chega a reconhecê-las como tais só poderá ser explicado na época seguinte), mas certamente para os filósofos. Quando se considera a tábua de categorias em Kant, encontra-se que sempre as duas primeiras de cada classe se opõem, e que a terceira é a unificação das anteriores. – Mediante a relação entre substância e acidente, por exemplo, apenas um objeto é determinado, por meio da relação entre causa e efeito, uma multiplicidade de objetos é determinada, e através da reciprocidade também essas são unificadas em um objeto. – Na primeira relação, algo é posto como unido que é novamente anulado na segunda e, na terceira, é novamente unido sinteticamente. Além disso, as duas primeiras categorias são apenas fatores ideais, e apenas a terceira das duas é real. Portanto, pode acontecer na consciência originária, ou na própria inteligência na medida em que ela é apreendida no mecanismo do representar, seja o objeto individual como substância e acidente, seja como uma pura relação de causalidade (na qual, vale dizer, a sucessão foi segundo uma direção), mas a categoria de reciprocidade é a única por meio da qual o objeto se torna, para o eu, simultaneamente substância e acidente, causa e efeito. Na medida em que o objeto é síntese entre senso interno e externo, ele necessariamente fica em contato com um momento passado e com o seguinte. Na relação de causalidade, aquela síntese é anulada, enquanto as substâncias persistem para o senso externo, ao passo que os acidentes se dissipam para o senso interno. Todavia, a própria relação de causalidade como tal não pode ser reconhecida sem que as duas substâncias que nisso são apreendidas sejam novamente unidas em uma, e assim parte a síntese até a ideia da natureza, na qual, finalmente, todas as substâncias são conectadas em uma, a qual está em relação recíproca apenas consigo mesma.

Com essa síntese absoluta, toda sucessão involuntária das representações é fixada. Porém, como nós até agora não vimos nenhum motivo pelo qual o eu deveria sair da sucessão, e como nós apreendemos apenas sínteses relativas, porém não a síntese absoluta; então nós prevemos que a representação da natureza como totalidade absoluta, em que todas as oposições são anuladas e toda sucessão entre causa e efeito é unificada em um organismo absoluto – não por meio do mecanismo originário do representar, que prossegue apenas de objeto a objeto, e no interior do qual toda síntese é simplesmente relativa, mas apenas possível mediante um ato *livre* da inteligência, que nós até agora ainda não apreendemos.

No transcurso da investigação presente, muitos pontos individuais foram deixados intencionalmente sem discussão, para interromper menos o contexto da dedução. Porém, agora é necessário voltar nossa atenção para o seguinte. Então, por exemplo, até agora foi pressuposto que na própria inteligência está o fundamento de um produzir contínuo, pois o fato de que o eu *em geral* produz continuamente é algo que não pode ter o fundamento no primeiro produzir, mas deve se basear na inteligência em geral. Esse fundamento já deve estar contido em nossos princípios primeiros.

O eu não é nem originariamente produtivo, nem é produtivo com arbítrio. Ele é uma oposição originária por meio da qual a essência e a natureza da inteligência são constituídas. Ora, porém o eu é originariamente pura e absoluta identidade, à qual ele deve buscar voltar continuamente, mas o retorno a essa identidade está agrilhoado na duplicidade originária, como em uma condição nunca totalmente abolida. Logo que a condição do produzir, duplicidade, é dada, o eu deve produzir e é – assegurado de que ele seja uma duplicidade originária – compelido a produzir. Portanto, se no eu há um produzir contínuo, então isso só é possível pelo seguinte: que a condição de todo produzir, aquela contenda originária entre atividades opostas, é reestabelecida no eu ao infinito. Ora, porém, essa disputa deve terminar na intuição produtiva. Todavia, se ela realmente acaba, então a inteligência passa totalmente ao objeto: há um objeto, mas nenhuma inteligência. A inteligência é inteligência apenas enquanto essa contenda dura, assim que ela acaba, ela não é mais inteligência, mas matéria, objeto. Então, assim como todo saber em geral consiste naquela oposição entre inteligência e objeto, também aquela oposição não se anula em nenhum objeto particular. Como, então, ela chega a um objeto finito não é explicável se cada objeto não fosse apenas aparentemente individual e apenas pudesse ser produzido como parte de um todo infinito. Entretanto, que a oposição se anule apenas em um objeto infinito é algo que só se consegue pensar, então, se ela própria for infinita, de modo que sempre membros mediadores da síntese são possíveis, porém nunca os dois fatores mais externos daquela oposição podem passar um ao outro.

No entanto, então realmente não se conseguiria mostrar, também, que essa oposição deve ser infinita, uma vez que a disputa entre ambas as atividades nas quais ela se baseia é necessariamente eterna? A inteligência nunca consegue se expandir ao infinito, pois nisso ela seria impedida por seu esforço de retornar a si mesma. Porém, tampouco ela pode retornar absolutamente a si mesma, uma vez que, com isso, ela inabilitaria aquela tendência de ser o infinito. Portanto, aqui nenhuma mediação é possível, e toda síntese é apenas relativa.

Porém, caso se queira que o mecanismo do produzir seja determinado de modo mais preciso, então nós poderemos ser capazes de pensá-lo apenas da seguinte maneira. Na impossibilidade de anular a oposição absoluta de um lado, e a necessidade de anulá-la de outro, surge um produto, mas nesse produto a oposição não pode ser absolutamente anulada, mas apenas em parte anulada; fora da oposição que é anulada por meio desse produto, resta uma ainda não anulada, a qual pode ser, novamente, anulada no segundo produto. Assim, cada produto que surge – uma vez que anula apenas em parte a oposição infinita – é condição de um produto seguinte, o qual, por mais uma vez anular apenas em parte a oposição, será condição de um terceiro. Todos esses produtos são subordinados um ao outro e, finalmente, todos ao primeiro, pois todo produto precedente sustenta a oposição que é condição do seguinte. Quando nós refletimos que a força correspondente à atividade produtiva é a propriamente sintética da natureza, ou a gravidade, então nós nos convencemos de que essa subordinação não é nenhuma outra além da subordinação dos corpos celestiais uns aos outros que ocorre no universo, de tal modo que a organização deles em um sistema, onde um é conservado pelo outro em seu ser, não é nada mais do que uma organização da própria inteligência que, através de todos esses produtos, está continuamente em busca do ponto de equilíbrio absoluto consigo mesma, não obstante tal ponto esteja na infinitude.

Ora, mas agora essa explicação do mecanismo no produzir da inteligência nos enreda imediatamente em uma nova dificuldade.

Toda consciência empírica inicia com um objeto presente e, com a primeira consciência, a inteligência já se vê apreendida em uma sucessão determinada de representações. Ora, porém o objeto individual é possível apenas como parte de um universo, e a sucessão decorrente da qual a própria relação causal não só pressupõe apenas uma pluralidade de substâncias, mas também pressupõe uma reciprocidade, ou uma simultaneidade dinâmica de todas as substâncias. A contradição, portanto, é que a inteligência, na medida em que é consciente de si mesma, só consegue intervir em alguns pontos determinados da série sucessiva, e que, ao se tornar consciente de si mesma, ela também já deve pressupor uma totalidade de substâncias, e uma reciprocidade universal de substâncias como condições de uma sucessão possível independente de si mesma.

Essa contradição só é solúvel por meio de diferenciação entre inteligência finita e absoluta, e serve, ao mesmo tempo, como uma nova prova de que nós, sem o sabermos, já transferimos o eu com o produzir na segunda limitação, ou na limitação determinada. O debate mais preciso dessa relação é o seguinte.

Que haja um universo, isto é, uma reciprocidade universal de substâncias em geral, é necessário, caso o eu seja originariamente limitado em geral. Devido a essa limitabilidade originária ou, o que é o mesmo, devido à disputa originária da consciência de si, surge o universo ao eu – não gradativamente, mas por meio de uma síntese absoluta. No entanto, essa síntese originária, ou primeira limitação que, contudo, é explicável a partir da consciência de si, não me explica mais nada a partir da consciência de si e, nessa medida, portanto, nenhuma limitação particular explicável. O particular ou, como nós também chamaremos no que segue, a segunda limitação é precisamente aquela devido à qual a inteligência, já no início da consciência empírica, deve aparecer para si mesma como em um presente, como apreendida em um momento determinado da série temporal. Ora, o que acontece nessa série da segunda determinação já é simultaneamente posto mediante a primeira [série], e a síntese absoluta não surge ao eu por meio de composição a partir de partes, mas como um todo, portanto não no tempo, uma vez que todo tempo só surge por meio daquela síntese posta, ao passo que, na consciência empírica, aquele todo só pode ser gerado por meio de síntese gradativa das partes, portanto apenas por meio de representações sucessivas. Quanto a isso, agora a inteligência não está no tempo, mas é eterna, ela não é além da própria síntese absoluta e, nessa medida, ela nem iniciou, nem pode cessar de produzir; na medida em que ela é limitada, ela também só pode aparecer como interferindo em um determinado ponto na série sucessiva. Não como se a inteligência infinita fosse diferente da finita e, por exemplo, *houvesse* algo externo à inteligência finita, pois se eu retiro a limitação particular da [inteligência] finita, então ela é a própria inteligência absoluta. Se eu ponho essa limitação, então a inteligência absoluta é, justamente dessa forma, anulada como absoluta e agora há apenas uma inteligência finita. Também não se representa a relação como se a síntese absoluta e aquele intervir em um ponto determinado de sua evolução fossem duas ações diferentes, mas antes, em uma e na mesma ação originária surge inteligência simultaneamente para a inteligência o universo, e o ponto determinado da evolução ao qual sua consciência empírica está atrelada, ou, em suma, por meio de um só ato, surge a primeira e a segunda limitação para a inteligência, que parece, por isso, apenas como inapreensível, por que ela é posta simultaneamente à primeira sem que, no entanto, sua determinidade pudesse ser derivada a partir dela. Essa determinidade, portanto, aparecerá como o totalmente e em toda consideração contingente, que o idealista só consegue explicar a partir de uma ação absoluta da inteligência, ao passo que o realista, apenas como fatalidade ou destino. É fácil, porém, observar porque, para a inteligência, o ponto a partir do qual sua consciência inicia deve aparecer como determinado totalmente sem sua participação, pois precisamente pelo fato de que nesse ponto surge a consciência e, com ela, a liberdade, devendo o que está além desse ponto aparecer como totalmente independente da liberdade.

Agora, nós avançamos tanto na história da inteligência, que nós já a limitamos a uma determinada série de sucessão na qual a consciência só consegue intervir em um determinado ponto. Nossa investigação acima empregada diz respeito apenas à questão sobre como, nessa sucessão, foi possível à consciência adentrar na sequência; ora, como nós descobrimos que, para a inteligência, simultaneamente à primeira limitação a segunda também deve surgir, então nós vimos como resultado que, na primeira abordagem à consciência nós não pudemos encontrar nada além do fato de que nós realmente a encontramos, vale dizer, como apreendida em uma determinada série sucessiva. A tarefa verdadeira da filosofia transcendental se tornou muito mais clara por meio dessas investigações. Cada um pode considerar *a si próprio* como o objeto dessas investigações. Para explicar a si mesmo, inicialmente, deve-se ter toda a individualidade em si anulada, pois essa é precisamente aquilo que deverá ser explicado. Todos os limites da individualidade sendo removidos, então nada resta a não ser a inteligência absoluta. Se também os limites da inteligência absoluta forem anulados, então não resta nada além do eu absoluto. Agora, a tarefa é precisamente esta: como, a partir de uma ação do eu absoluto, é possível explicar a inteligência absoluta e, inversamente, como a partir de um agir da inteligência absoluta, todo o sistema da limitação que constitui minha individualidade pode ser explicado.

Ora, contudo, se todos os limites são retirados da inteligência, o que resta, então, como fundamento de explicação de um determinado agir? Eu observo que, quando eu retiro do eu também toda individualidade, e mesmo os limites, em função dos quais ele é inteligência, eu, contudo, não conseguiria anular o caráter fundamental do eu, o fato de que ele próprio é, simultaneamente, sujeito e objeto. Portanto, o eu em si e segundo sua natureza originariamente é limitado em seu agir antes de ser limitado de alguma forma particular, simplesmente pelo fato de que ele mesmo é objeto. A partir dessa primeira limitação de seu agir, imediatamente a síntese absoluta daquela disputa originária que é fundamento da limitação surge para o eu. Ora, se inteligência permanecesse uma com a síntese absoluta, então certamente haveria um universo, porém não haveria exceção alguma. Devendo haver uma inteligência, então ela deveria poder partir daquela síntese para ser produzida novamente com consciência; todavia, isso novamente é impossível sem que, naquela primeira limitação, uma particular ou segunda surja, que agora não pode mais consistir no fato de que a inteligência em geral intui um universo, mas que ela justamente intui o universo a partir deste ponto determinado. A dificuldade, portanto, que parece insolúvel a um primeiro olhar – isto é, que tudo o que é deve ser explicável a partir de uma ação do eu e que, todavia, a inteligência só consegue intervir em um ponto determinado de uma série sucessiva já determinada previamente – resolve-se por meio da diferenciação entre a inteligência absoluta e a determinada. Aquela série sucessiva na qual sua consciência interveio não é determinada por ti, na medida em que tu és esse indivíduo, uma vez que, na medida em que tu não és o produtor, mas pertences de fato ao produzido. Aquela série sucessiva é apenas desenvolvimento de uma síntese absoluta com a qual tudo o que ocorre, ou que ocorreu, já foi posto. Uma vez que tu já representaste essa série determinada, é necessário, com isso, que essa série apareça a ti como predeterminada e independente de ti, que tu não possas produzir externamente. Não como se algo em si tivesse ocorrido; pois aquilo que se situa além de tua consciência aparece a ti como independente de ti, e nisso consiste precisamente tua limitação particular. Essa tendo sido retirada, não há passado algum; a consciência tendo sido posta, ela é da mesma forma necessária e, assim como, isto é, não menos, mas também não mais real do que a limitação. Fora da limitação determinada está a esfera da inteligência absoluta, para a qual nada iniciou, tampouco algo será, pois para ela tudo é simultaneamente ou, antes, ela mesma é tudo. O ponto-limite entre o absoluto, inconsciente de si mesmo como tal, e a inteligência consciente é, portanto, simplesmente o tempo. Para a razão pura, não há tempo algum, para ela tudo é, e tudo simultaneamente, tudo o que surge para a razão, na medida em que ela é empírica, é apenas sucessivo.

Agora, antes que nós sigamos deste ponto da história da inteligência adiante, nós devemos aplicar nossa atenção ainda a algumas determinações mais precisas daquela sucessão, que nos é dada simultaneamente a sua dedução; dessas, pode ser esperado antecipadamente que há várias outras conclusões que nós poderemos ser capazes de extrair.

a) A série sucessiva, como nós sabemos, não é nada além da evolução da síntese originária e absoluta; portanto, o que emerge em cada série já é determinado antecipadamente por meio daquela. Com a primeira limitação, todas as determinações do universo são postas; com a segunda, em função da qual eu sou *esta* inteligência, [são postas] todas as determinações sob as quais este objeto incide em minha consciência.

b) Aquela síntese absoluta é uma ação que ocorre fora de todo tempo. Com toda consciência empírica, o tempo inicia, por assim dizer, desde o zero; não obstante, toda consciência empírica já pressupõe um tempo como transcorrido, pois ela só pode iniciar a partir de um ponto determinado da evolução. Por isso, o tempo nunca pode ter começado para a consciência empírica, e para a inteligência empírica não há início algum do tempo, a não ser início mediante liberdade absoluta. Nesse ponto, é-se capaz de dizer que cada inteligência, não apenas considerada em si mesma, mas objetivamente, é um início absoluto no tempo, um início absoluto que, por assim dizer, é posto e lançado na infinitude atemporal, da qual agora tem início toda infinitude no tempo.

É uma objeção muito habitual contra o idealismo que as representações de coisas externas venham de modo totalmente involuntário a nós, e que nós somos completamente incapazes do contrário, e que nós, bem longe de produzi-las, devemos antes aceitá-las como elas nos forem dadas. Porém, que as representações devem nos aparecer como tais é algo derivado do próprio idealismo. Para poder intuir o objeto em geral como objeto, o eu deve pôr um momento passado como fundamento do presente, portanto o passado ressurge sempre apenas por meio da ação da inteligência, e é necessário apenas na medida em que esse retornar é necessário ao eu. Porém, que, no momento presente, nada mais pode me surgir além daquilo que surge a mim, é algo cujo fundamento deve ser buscado única e somente na congruência do espírito. Agora, pode-me surgir apenas um objeto com esta, e nenhuma outra determinação, pois no momento passado eu produzi tal produto que continha o fundamento precisamente desta, e de nenhuma outra determinação. Como a inteligência poderia se ver por meio de uma produção, agora mesmo, desenvolver-se em todo um sistema de coisas, é algo demonstrável analogicamente em inúmeros outros casos em que a razão, tão somente em função de sua congruência, por meio de uma pressuposição no sistema desenvolvido, vê-se posta precisamente lá, onde a pressuposição é totalmente voluntária.

Por exemplo, não há nenhum sistema mais desenvolvido do que o sistema gravitacional que, para ser desenvolvido, exigiu os maiores empenhos do espírito humano, e, todavia, é uma lei extremamente simples a que guiou os astrônomos nesse labirinto de movimentos e que, novamente, orientou-os para fora do labirinto. Sem dúvida, nosso sistema decimal é totalmente arbitrário e, todavia, por esse pressuposto, o matemático se vê entrelaçado em determinações que (como, por exemplo, as notáveis propriedades de frações decimais) talvez nenhuma ainda não tenha se desenvolvido totalmente. –

No produzir presente, portanto, a inteligência nunca é livre, pois ela produziu no momento precedente. Através do primeiro produzir, a liberdade do produzir é, por assim dizer, sempre perdida. Contudo, justamente para o eu não há primeiro produzir algum; pois como a inteligência aparece a si, como se ela tivesse iniciado em geral a representar, é algo que, agora, pertence também à sua limitação particular. Quando se julga que a inteligência começou a produzir, então é sempre novamente ela mesma, que julga assim a partir de uma determinada lei; logo, segue, naturalmente, que a inteligência começou a representar para si mesma, nunca, porém, que ela iniciou a representar objetivamente, ou em si.

Uma pergunta de que o idealista não consegue escapar é[:"] como ele chega, então, a supor um passado, ou o que lhe permite se garantir disso?["] O presente é explicável a todos a partir de seu produzir, mas como ele chega à suposição de que algo existia, antes de ele produzir? Se um passado em si é conhecido, essa questão é tão transcendente quanto a questão sobre se há uma coisa em si. O passado só *é* por meio do presente, portanto, para todos, como tal, apenas mediante sua limitação originária. Essa limitação sendo retirada, então tudo o que ocorre, assim como o que ocorreu, produção da única inteligência que não aconteceu, tampouco terá cessado de ser. –

Quando se quer determinar a inteligência *absoluta*, que não é empírica, mas eternidade absoluta, por meio do tempo em geral, então ela é tudo o que é, o que foi e o que será. Todavia, a inteligência *empírica*, para ser algo, isto é, para ser algo determinado, deve cessar de ser tudo e de ser fora do tempo. Originariamente, para ela há apenas um presente, por cuja aspiração infinita o momento presente se torna a garantia do futuro, porém essa infinitude ainda não é mais absoluta, isto é, atemporal, mas empírica mediante infinitude engendrada por meio da sucessão de representações. A cada momento, certamente a inteligência aspira a apresentar a síntese absoluta, como Leibniz diz, a alma gera, a cada momento, a representação do universo. Apenas lá onde ela não é capaz de apresentá-lo por meio da ação absoluta, ela busca fazê-lo por meio de progressão sucessiva no tempo.

c) Uma vez que o tempo indica, em e para si, ou originariamente, o simples limite, então ele só pode ser intuído externamente, isto é, ligado ao espaço como ponto fluido, ou seja, como linha. Entretanto, a linha é a intuição mais originária do movimento, todo movimento é intuído como movimento apenas na medida em que é intuído como linha. Sucessão originária de representações intuída externamente é, portanto, movimento. Ora, uma vez que a inteligência é, porém, aquilo que busca, ao longo de toda a série sucessiva, apenas a própria identidade, e como essa identidade seria anulada em cada momento pela passagem de representação a representação, se a inteligência não buscasse sempre restabelecê-la, então a passagem de representação a representação deve ocorrer mediante uma grandeza que é contínua, isto é, da qual nenhuma parte é absolutamente a menor.

Agora é o momento no qual essa transição ocorre, portanto o tempo será tal grandeza. E, como toda sucessão originária na inteligência aparece externamente como consciência, então a lei da continuidade será uma lei fundamental de todo movimento.

A mesma propriedade será demonstrada da mesma forma para o espaço.

Como a sucessão e todas as mudanças no tempo não são nada além de evoluções da síntese absoluta, por meio da qual tudo é determinado antecipadamente, então o fundamento definitivo de todo movimento nos fatores daquela própria síntese deve ser buscado; ora, porém esses fatores não são outros além daqueles da oposição originária, logo também o fundamento de todo movimento deve ser buscado nos elementos daquela oposição. A oposição surge novamente a cada momento, e será novamente anulada a cada momento. Esse ressurgir e reanular[104] da oposição a cada momento deverá ser o fundamento definitivo de todo movimento. Esta proposição, que é princípio de uma física dinâmica, possui, como todo princípio de ciências subordinadas, seu lugar na filosofia transcendental.

IV.

Na sucessão acima descrita, a inteligência não tem a ver com aquela, pois aquela é totalmente involuntária, mas consigo mesma. Esta busca a si mesma, mas, ao fazê-lo, através disso foge de si própria. Conforme tenha sido deslocada uma vez nessa sucessão, ela não pode mais intuir a si mesma como ativa na sucessão. Ora, mas nós deduzimos uma autointuição da inteligência nessa sucessão, vale dizer, por meio da reciprocidade. Porém, até agora nós só fomos capazes de tornar apreensível a reciprocidade como [síntese] relativa, mas não como síntese absoluta, ou como uma intuição de *toda* a sucessão de representações. Ora, de modo algum se pensa como toda a sucessão pode se tornar objeto sem uma limitação dessa sucessão.

Logo, aqui nós nos vemos impulsionados a uma terceira limitação, que transfere a inteligência a um círculo ainda mais estreito do que todos até o momento, e com o qual nós devemos nos contentar, ainda que meramente a postular. A primeira limitação do eu foi que ele se tornou inteligência em geral; a segunda, que ele deve partir de um momento presente, ou apenas poder intervir em um ponto determinado da sucessão. No entanto, desse ponto, ao menos a série poderia partir rumo ao infinito. Ora, mas se essa infinitude não for novamente limitada, então não será de modo algum compreensível como a inteligência pode se exilar de seus produtos e intuir a si mesma como produtiva. Até o momento, a inteligência e a própria sucessão eram uma; agora, a sucessão deve se opor a si para intuir a si nela própria. Porém, se doravante a sucessão progredir apenas na alternância de acidentes, a sucessão só poderá ser intuída pelo fato de que o substancial nela será intuído como persistente. Todavia, o substancial em cada sucessão infinita não é nada senão a

---

104. No original, em alemão, *"Wiederaufheben"* [N.T.].

própria síntese absoluta, que não surge, mas é eterna. Contudo, a inteligência não possui intuição alguma da síntese absoluta, isto é, do universo, sem que ele seja finito a ela. A inteligência, portanto, também não consegue intuir a sucessão sem que o universo também seja limitado na intuição para a inteligência.

Ora, porém a inteligência pode cessar tão pouco de produzir quanto de ser inteligência. Portanto, aquela sucessão de representações não pode ser limitada para ela sem que seja novamente infinita no interior dessa limitação. Para tornar isso mais claro agora mesmo, no mundo exterior há uma permanente alternância de modificações que, contudo, não se perdem no infinito, mas que são reduzidas a um círculo determinado, ao qual elas permanentemente regressam. Essa alternância de transformações é, portanto, finita e infinita simultaneamente: finita, porque ela nunca ultrapassa um certo limite; infinita, porque ela retorna permanentemente a si mesma. O círculo-linha é a síntese originária da finitude e da infinitude, na qual também a linha reta deve se dissolver. A sucessão ocorre apenas aparentemente em linha reta, e flui permanentemente de volta a si mesma.

A inteligência, no entanto, deve intuir a sucessão como fluindo de volta a si mesma; sem dúvida, por meio dessa intuição, um novo produto é gerado a ela, logo ela não chegará, além disso, a intuir a sucessão, pois ao invés da mesma, surge a ela algo totalmente distinto. A questão é: ["]de que tipo será esse produto[?"] –

Pode-se dizer que a natureza orgânica conduz à prova mais visível do idealismo transcendental, pois cada planta é um símbolo da inteligência. Se, para a planta, cada matéria de que ela se apropria ou incorpora está pré-formada, sob determinada forma, na natureza circundante, de onde, então, poderia chegar essa matéria à inteligência, uma vez que ela é absoluta e única? Porque ela também produz tanto a matéria quanto a forma a partir de si, ela é o absolutamente orgânico. Na sucessão originária de representações, ela aparece a nós como uma atividade que é, incessantemente e ao mesmo tempo, causa e efeito de si mesma. Causa, na medida em que é produtiva; efeito, na medida em que é produzida. O empirismo, que deixa tudo exterior entrar na consciência, explica a natureza da inteligência, de fato, apenas mecanicamente. Ora, se a inteligência é orgânica em geral, como ela de fato é, então ela possui tudo o que é externo a ela como formado de dentro para fora dela, e o que é universo para ela é apenas o mais grosso e mais distante órgão da consciência de si, assim como o organismo individual é o órgão mais fino e imediato desta.

Uma dedução da natureza orgânica possui, sobretudo, quatro perguntas a responder:

1) Por que é necessária uma natureza orgânica em geral?

2) Por que é necessária uma sequência de passos na natureza orgânica?

3) Por que há uma diferença entre organizações[105] vivas e não vivas?

4) Qual é o caráter fundamental de toda organização?

1) A necessidade da natureza orgânica deve ser deduzida da seguinte maneira.

A inteligência deve intuir a si mesma em sua transição produtiva de causa e efeito, ou na sucessão de suas representações, na medida em que essa retorna a si mesma. Porém, ela não consegue fazê-lo sem tornar permanente aquela sucessão, ou apresentá-la em repouso. A sucessão que retorna a si mesma, apresentada em repouso, é precisamente a organização. O conceito de organização não exclui todo conceito de sucessão. A organização é apenas a sucessão encerrada nos limites e representada como fixa. A expressão da forma orgânica é repouso, não obstante este permanente vir a reproduzir da forma em repouso só seja possível por meio de uma alternância interior contínua. Portanto, certamente, como a inteligência é, na sucessão originária de representações, causa e efeito de si mesma simultaneamente e, logo, certamente essa sucessão é limitada, então a sucessão deve se tornar objeto como organização, que é a primeira solução de nosso problema – como a inteligência intui a si mesma como produtiva.

---

105. No alemão, *"Organisationen"*. Esse termo é usado por Schelling como intercambiável com *"Organismus"* (organismo) [N.T.].

2) Ora, porém a sucessão deve ser, novamente, sem fim no interior de seus limites. A inteligência, portanto, é um esforço infinito rumo à auto-organização. Portanto, também no sistema total da inteligência, tudo aspira à organização, e deve propagar o impulso geral rumo à organização sobre seu mundo exterior. Por isso, também uma sucessão de graus da organização deve ser necessária, uma vez que a inteligência, na medida em que é empírica, possui o esforço contínuo de produzir o universo que, ainda que ela não possa apresentá-lo mediante síntese absoluta, ao menos [o produz] sucessivamente no tempo. A sequência em suas representações originárias, portanto, não é nada além da apresentação ou desenvolvimento sucessivo da síntese absoluta, só que, também esse desenvolvimento, devido à terceira limitação, agora só pode atingir um certo limite. Essa evolução limitada e intuída como tal é a organização.

A organização em geral não é nada além da imagem reduzida e, por assim dizer, contraída do universo[106]. Agora, porém, a própria sucessão é gradual, isto é, ela não pode se desenvolver inteiramente em nenhum momento individual. Quanto mais longe, porém, a sucessão se move adiante, mais longe também o universo se desenvolve. Por conseguinte, também a organização ganha um maior alargamento no vínculo que avança com a sucessão e apresenta, em si, uma parte maior do universo. Portanto, há uma sucessão de graus que ocorre paralelamente ao desenvolvimento do universo. A lei dessa sucessão de graus é que a organização amplia permanentemente seu círculo, assim como a inteligência permanentemente lhe expande. Se essa expansão, ou a evolução do universo fosse ao infinito, também a organização iria ao infinito; o limite da primeira é também limite da última.

Para fins explicativos, o seguinte pode servir. Quanto mais profundamente nós descemos na natureza orgânica, tão mais estreito se torna o mundo que a organização apresenta dentro de si, e tão menor a parte do universo que se contrai na organização. O mundo

---

106. Korten e Ziche (2005, p. 147) apresentam como essa metáfora de Schelling se encontra em textos de Leibniz, famoso por se referir ao seu conceito de mônada como "espelho do universo". A respeito da questão do microcosmo na obra de Schelling. Cf. Puente (1997) [N.T.].

das plantas é certamente o mais estreito, pois, em sua esfera, uma quantia de transformações naturais não ocorre. Já mais amplo, todavia ainda bem reduzido, é o círculo de modificações que se apresentam na classe inferior do reino animal, na medida em que, por exemplo, os sentidos mais nobres, os da visão e audição, ainda estão inacessíveis, e até mesmo o tato, isto é, a receptividade pelo imediatamente presente, mal se encontra. – O que nós chamamos o sentido animal não se indica, por exemplo, com uma capacidade de obter representações mediante impressões externas, mas apenas sua relação com o universo, que pode ser mais ampla ou mais restrita. Porém, o que se pode sustentar sobre os animais *em geral* é aclarado pelo fato de que, na natureza, eles indicam aquele momento da consciência nos quais nossa dedução se encontra presentemente. – Avançando-se na série de organizações, descobre- -se que os sentidos gradualmente se desenvolvem na ordem em que, através deles, o mundo da organização se amplia[107]. O sentido da audição, por exemplo, surge bem mais cedo, pois, por meio dele, o mundo do organismo é expandido apenas a uma distância bem próxima. Muito posteriormente, o sentido divino da visão, uma vez que, através dele, o mundo é expandido a uma distância da qual mesmo a imaginação é incapaz de avaliar. Leibniz atestou uma veneração tamanha pela luz que ele, simplesmente por esse motivo, atribuiu aos animais representações mais elevadas, uma vez que eles seriam receptivos às impressões da luz. Contudo, também de onde emerge esse sentido, com seu envoltório externo, permanece sempre ainda incerto, quão longe o próprio sentido se estende, e se a luz não é simplesmente luz para a organização mais elevada.

3) A organização em geral é restrita em seu curso e, por assim dizer, sucessão petrificada. Ora, porém a inteligência não deveria intuir apenas a sucessão de suas representações em geral, mas intuir a si mesma e, certamente, como ativa nessa sucessão. Caso ela venha a ser objeto para si mesma como ativa na sucessão (compreende-se, externamente, pois a inteligência, agora, é intuinte apenas externamente), então ela deve intuir a sucessão como mantida por um princípio interno da atividade. Ora, porém a sucessão mais

---

107. Em relação a essa lei, eu devo remeter para o discurso sobre a relação entre forças orgânicas do Sr. Kielmeyer, onde ela é desenvolvida e demonstrada [N.A.].

interna intuída externamente é movimento. Portanto, ela só poderia se intuir em um objeto que contenha um princípio interno de movimento em si mesmo. Contudo, tal objeto se chama "vivo". Logo, a inteligência deve intuir a si mesma não apenas como organização em geral, mas como organização viva.

Entretanto, agora se torna claro, precisamente a partir dessa dedução da vida, que a vida deve ser comum à natureza orgânica em geral e que, portanto, a diferença entre organizações vivas e não-vivas na natureza não pode ocorrer. Como a inteligência deve intuir a si mesma como ativa na sucessão através de toda a natureza orgânica, então também aquela organização deve conter, em si mesma, no sentido mais amplo do termo, vida; isto é, um princípio interno de movimento. A vida pode, certamente, ser mais ou menos restrita; a questão, portanto, ["]de onde vem aquela diferença[?"], reduz-se à precedente, ["]de onde [vem] a sequência de passos na natureza orgânica[?"]

Essa sequência de passos das organizações, todavia, indica apenas momentos diversos da evolução do universo. Ora, assim como a inteligência se esforça para apresentar permanentemente a síntese absoluta por meio da sucessão, igualmente a natureza orgânica aparece permanentemente como lutando pelo organismo universal e em combate contra uma natureza inorgânica. Os limites da sucessão nas representações da inteligência, portanto, serão também os limites da organização. Ora, porém deve haver um limite absoluto do intuir da inteligência. Esse limite, para nós, é a *luz*, pois embora ela expanda nossa esfera de intuição quase ao imensurável, também o limite da luz não pode ser o limite do universo, e não é mera hipótese que, além do mundo luminoso, irradie um mundo com uma luz desconhecida a nós, mundo que não esteja mais em nossa esfera de intuição. – Agora, se a inteligência intuir a evolução do universo, até o ponto em que este emerge dentro da sua intuição, em uma organização, então aquela será intuída como idêntica a si mesma. Afinal, é a própria inteligência que busca reverberar a si mesma como produtiva através de todos os labirintos e sinuosidades da natureza orgânica. Contudo, em nenhuma das organizações subordinadas, o mundo da inteligência se apresenta completamente. Ora, então, até que a organização mais completa suceda, na qual seu mundo inteiro se contraia, essa organização se conhecerá como idêntica a si mesma. Por esse motivo, a inteligência não só deve aparecer em geral como orgânica, mas como permanecendo no ápice da organização. Ela pode considerar as organizações restantes apenas como membros intermediários, através dos quais gradualmente a [organização] mais completa se liberta das algemas da matéria, ou através dos quais ela mesma se torna completamente objeto. Portanto, a mesma dignidade consigo mesma que ela possui não cabe também às organizações restantes.

Os limites de seu mundo ou, o que é o mesmo, os limites da sucessão de suas representações são, também, os limites da organização para a inteligência. Então, a por nós chamada terceira limitação consiste no fato de que a inteligência deve aparecer a si mesma como indivíduo orgânico. Mediante a necessidade de se intuir como indivíduo orgânico, o mundo da inteligência é inteiramente limitado e, inversamente, pelo fato de que a sucessão das representações da inteligência é limitada, ela se torna, ela própria, indivíduo orgânico.

4) O caráter fundamental da organização é que se ela for, por assim dizer, retirada do mecanismo, ela subsiste não apenas como causa ou efeito, mas – como ela é causa e efeito de si mesma ao mesmo tempo – por meio de si mesma. Nós determinamos, primeiramente, o objeto como substância e acidente, mas ele não pôde ser intuído como tal sem também ser causa e efeito e, inversamente, não pôde ser intuído como causa e efeito sem que tivesse sido fixado como substância. Porém, onde inicia, então, a substância, e onde ela cessa? Uma simultaneidade de todas as substâncias transforma todas em uma, a qual está apenas em uma reciprocidade eterna consigo mesma; isso é a organização absoluta. A organização, portanto, é a potência superior da categoria de reciprocidade que, pensada universalmente, também conduz ao conceito de natureza, ou à organização geral, em relação à qual todas as organizações individuais são apenas acidentes. O caráter fundamental da organização, portanto, é que ela está em ação recíproca consigo mesma, é simultaneamente produtiva e produto, cujo conceito é princípio de toda teoria da natureza orgânica, a partir da qual todas as determinações posteriores da organização poderiam ser derivadas *a priori*.

Ora, agora que nós estamos no ápice de toda produção, a saber, no orgânico, então nos é concedido um olhar de volta para toda a série. Agora, nós podemos diferenciar três potências da intuição na natureza: a simples, a matéria [*Stoff*] que é posta nela [isto é, na intuição] por meio da sensação; a segunda, ou a matéria[108] [*Materie*], por meio da qual a intuição produtiva é posta; finalmente, a terceira, mediante a qual a organização é designada.

Ora, como a organização é apenas a intuição produtiva na segunda potência, então as categorias da construção da matéria em geral, ou da física geral, também são categorias da construção orgânica e da teoria da natureza orgânica, só que nesta, igualmente devem ser pensadas como potencializadas. Além disso, assim como as três dimensões da matéria são determinadas mediante as três categorias da física geral, então, por meio das três [categorias] da [física] orgânica, as três dimensões do produto orgânico. E, se o galvanismo, como dito, é expressão geral do processo que passa ao produto, e existem três categorias da física orgânica, então devemos representar o galvanismo como a ponte sobre a qual aquelas forças gerais da natureza transitam em sensibilidade, irritabilidade e impulso formativo.

O caráter fundamental da vida, em particular, consiste no fato de que ela é uma sequência fixa, que retorna a si mesma e se sustenta por meio de um princípio interior e, assim como a vida intelectual, cuja imagem é, ou a identidade da consciência apenas é mantida por meio da continuidade das representações. Da mesma forma que a vida disputa apenas por meio da continuidade de movimentos internos, a inteligência disputa permanentemente pela consciência na sucessão de suas representações, devendo a vida ser pensada em uma luta permanente contra o curso da natureza, ou em uma aspiração de afirmar sua identidade contra ela.

Após nós termos respondido às questões principais que podem ser feitas em uma dedução da natureza orgânica, voltemos agora nossa atenção a um resultado particular dessa dedução, a saber,

---

108. O que talvez faça mais sentido nesse trecho é luz (*Licht*), tanto pela passagem sobre luz e visão nas p. 179-180 quanto pela clássica tríade matéria, luz e organismo em Schelling [N.T.].

que, na sucessão de passos das organizações, necessariamente deve vir um passo no qual a inteligência seja obrigada a intuir como idêntica a si mesma. Ora, se a inteligência não é nada além de uma evolução de representações originárias, e se essa sucessão deve ser apresentada no organismo, então cada organização que deve reconhecer a inteligência como idêntica a si mesma, será, a cada momento, a marca perfeita de seu interior. Agora, onde falham as modificações dos organismos correspondentes às representações, aquelas representações não podem se tornar objetos. Se nós quisermos nos expressar de modo transcendente, então, por exemplo, os cegos de nascença certamente possuem uma representação de luz para um observador externo a ele, como tudo o que se exige para isso é o poder da intuição interna, sendo meramente que essa representação não se torna um objeto para ele; contudo, como no eu não há nada que ele não intua em si mesmo, visto transcendentalmente, aquela representação realmente não está nele. O organismo é a condição sob a qual apenas a inteligência pode se diferenciar da própria sucessão como substância ou como sujeito da sucessão, ou sob a qual apenas essa sucessão pode se tornar algo independente da inteligência. Ora, parece-nos, então, haver uma passagem do organismo na inteligência, ou seja, a noção de que, por meio de uma afecção daquele, uma representação é causada nesta é uma simples ilusão, uma vez que nós não podemos saber justamente nada da representação antes que ela se torne objeto a nós por meio do organismo – portanto, a afecção do organismo precede a representação na consciência e, portanto, não é condicionada por ela, mas, antes, deve aparecer nela como sua condição. Não a própria representação, mas certamente a consciência dela é condicionada por meio da afecção do organismo, e se o empirismo reduz sua observação ao último passo, então nada se pode objetar contra ele.

Se, então, em geral se pode falar de alguma passagem onde não há dois objetos opostos, mas propriamente apenas um objeto, então se pode falar, antes, de uma passagem da inteligência no organismo como uma [passagem] de opostos. Isso é o caso, pois como o próprio organismo é apenas um dos modos de intuição da inteligência, então ele necessariamente deve tornar tudo o que está nele imediatamente como objeto. É apenas nesta necessidade de intuir tudo o que está em nós – portanto, também a representação como tal, não algo como apenas o objeto dela – como fora de nós que se baseia toda a chamada dependência do espiritual em relação ao material. Assim que, por exemplo, o organismo não é mais reflexo perfeito de nosso universo, ele não presta mais como órgão da autointuição, isto é, ele é doente; nós nos sentimos *nós mesmos* como doentes apenas por causa daquela identidade absoluta do organismo conosco. Todavia, o próprio organismo só adoece segundo leis naturais, ou seja, segundo leis da própria inteligência. Afinal, a inteligência não é livre em seu produzir, mas limitada e coagida por leis. Portanto, onde meu organismo deve estar doente devido a leis naturais, eu também sou obrigado a intuí-lo como tal. O sentimento de doença não surge de nada além da anulação da identidade entre a inteligência e seu organismo; o sentimento de saúde, ao contrário – se é possível chamar uma sensação totalmente vazia de "sentimento"[109] –, é o sentimento de perda total da inteligência no organismo ou, como um escritor excelente[110] se expressou, a transparência do organismo para o espírito.

Também pertence a essa dependência, não do próprio intelectual, mas da consciência do intelectual em relação ao físico, o aumento e decréscimo das forças espirituais com as orgânicas, e mesmo a necessidade de aparecer a nós como tendo nascidas. Eu, como este indivíduo determinado, não era absolutamente nada, antes de me intuir como se, e nem serei a mesma pessoa quando essa intuição cessar. Uma vez que, segundo leis da natureza, é necessário um ponto no tempo onde o organismo, como uma obra que gradativamente destrói a si mesma mediante uma força própria, deve cessar de ser reflexo do mundo exterior, então a anulação absoluta da identidade entre o organismo e a inteligência, que é apenas parcial na doença, isto é, a morte, é um acontecimento

---

109. Cf. notas 76 e 80 acima [N.T.].

110. Trata-se, de acordo com Korten e Ziche (2005), de Franz von Baader, mais especificamente da obra *Beytrage zur Elementar-Phisiologie* (Contribuições à fisiologia elementar), de 1797. Franz Benedikt von Baader (1765-1841) foi um pensador alemão dedicado à filosofia, à teosofia e à medicina, além de inspetor de minas, tal como Friedrich von Hardenberg [Novalis]. Ele é citado por Hardenberg, Georg W.F. Hegel, Friedrich Schelling, entre outros pensadores da época [N.T.].

natural que ocorre mesmo na série mais originária das representações da inteligência.

O que vale para a atividade cega da inteligência, isto é, que o organismo é sua marca permanente, também deve valer para a atividade livre, caso haja algo do tipo na inteligência, que nós até agora ainda não derivamos. Portanto, para cada sucessão voluntária de representações na inteligência, deve haver, também, um movimento livre-correspondente em seu organismo, ao qual pertencem não apenas o chamado movimento voluntário no sentido estrito, mas também gestos, fala, em suma tudo o que é expressão de um estado interno. Como, todavia, uma representação da inteligência projetada livremente passa a um movimento externo – uma questão que pertence à filosofia prática e que é tocada aqui apenas porque ela poderá ser respondida, contudo, apenas segundo os princípios acima expostos. Tal questão precisa de uma solução totalmente diferente da anterior, sobre como, por meio de uma modificação no organismo, uma representação na inteligência poderia ser condicionada, pois, na medida em que a inteligência produz aconscientemente, o organismo é imediatamente idêntico a ela, de modo que o que ela intui externamente é refletido através do organismo sem mediação posterior. Por exemplo, de acordo com leis naturais, é necessário que, sob estas ou aquelas relações, por exemplo, as causas gerais de irritação, o organismo apareça como doente; essas condições dadas, a inteligência não é mais livre para representar o condicionado ou não, o organismo se *torna* doente, porque a inteligência deve representá-lo como tal. Contudo, o organismo se diferencia da inteligência na medida em que ela é livremente ativa, portanto, de um representar nesta não segue, imediatamente, um ser naquele. Uma relação causal entre uma atividade livre da inteligência e um movimento de seu organismo é tão pouco pensável quanto a relação inversa, uma vez que os dois não são simplesmente opostos realmente, mas apenas idealmente. Portanto, não resta alternativa além de pôr, entre a inteligência na medida em que ela é livremente ativa e [a inteligência] na medida em que é intuinte aconscientemente, uma harmonia, que necessariamente é preestabelecida. Sem dúvida, também o idealismo transcendental precisa de uma harmonia preestabelecida, certamente não para explicar a concordância entre mudanças no organismo com representações involuntárias, mas, antes, para elucidar a concordância entre alterações orgânicas e representações voluntárias. Tampouco é necessária uma harmonia preestabelecida como a leibniziana, segundo a conhecida interpretação de que ocorre imediatamente entre a inteligência e o organismo, mas uma [harmonia preestabelecida] do tipo que acontece entre a atividade livremente produtora e a aconscientemente produtora, uma vez que se precisa apenas desta, para se poder explanar uma passagem da inteligência ao mundo exterior.

Como, porém, essa própria harmonia deve ser possível, nós não podemos examinar, nem precisamos fazê-lo, enquanto nos encontrarmos no território presente.

V.

A partir da relação, agora completamente deduzida, entre inteligência e organismo, é evidente que, no momento presente da consciência em seu organismo, ela o intui como totalmente idêntico a ela, perdendo-se e, portanto, não sucedendo, mais uma vez, na intuição de si mesma.

Agora, porém, ao mesmo tempo, devido ao fato de que a inteligência contrai seu mundo inteiro no organismo, o círculo de produzir é fechado para ela. Portanto, deve haver a última ação pela qual, na inteligência, o plenamente consciente é posto (pois encontrar essa foi nossa única tarefa; todo o resto que apareceu a nós na resolução dessa tarefa surgiu a nós, por assim dizer, acidentalmente, assim como sem intenção, como a própria inteligência), incidindo totalmente externo à esfera do produzir; isto é, a própria inteligência deve se desprender totalmente do produzir, caso a consciência deva ser gerada, o que, sem dúvida, novamente, só poderá ocorrer mediante uma série de ações. Ora, antes que nós possamos deduzir essas ações, é necessário, ao menos no plano geral, conhecer a esfera na qual ações opostas ao produzir incidem. Afinal, que essas ações devam ser opostas ao produzir, já se infere pelo fato de que elas devem limitar o produzir.

Portanto, perguntamos se, por exemplo, no contexto atual, alguma ação oposta ao produzir surgiu a nós? – Enquanto nós derivamos a série de produções por meio das quais o eu aos poucos consegue se intuir como produtivo, certamente não se indicou nenhuma atividade por meio da qual a inteligência se desvencilhou do produzir em geral, porém, certamente o tornar-se posto por cada produto derivado na própria consciência da inteligência só pôde ser explicado por meio de um permanente refletir desta no produto, só que, mediante cada refletir, a condição de um novo produzir surgiu a nós. Nós tivemos, portanto, para elucidar o progresso no produzir, que pôr uma atividade em nosso objeto, em função da qual ele se esforçou para ultrapassar cada produto individual, só que, mediante esse mesmo esforço, o objeto se desenvolveu sempre em novas produções. Nós podemos, por isso, saber antecipadamente que a série de atos agora postulada por nós pertence à esfera da reflexão em geral.

Contudo, o produzir agora está fechado para a inteligência, de forma que ela não pode voltar à esfera do produzir por meio de novas reflexões. O refletir, que nós agora deduziremos, deve, portanto, ser totalmente diferente daquilo que correu permanentemente paralelo ao produzir; e se, de fato, tanto quanto possível, for acompanhado por um produzir, então este produzir deverá ser, em oposição àquele [produzir] necessário, ser um produzir livre. Mediante ele, a inteligência não limitará, porventura, apenas seu produzir individual, mas limitará o produzir em geral e como tal.

A oposição entre produzir e refletir será, dessa forma, mais facilmente visível no fato de que, até agora, o que nós vimos do ponto de vista da intuição, aparecerá a nós totalmente diferente do ponto de vista da reflexão.

Portanto, agora nós sabemos, em geral e de modo antecipado, ao menos a esfera a que pertence aquela série de ações em geral, por meio das quais a inteligência se desprende do produzir em geral, a saber, na esfera da reflexão livre. E se essa reflexão livre deve permanecer em nexo com a anteriormente derivada, seu fundamento, então, deverá estar imediatamente na terceira limitação, a qual nos impulsionará justamente na época da reflexão, da mesma forma que a segunda limitação nos propeliu à [época] do produzir. Porém, nós agora nos vemos ainda totalmente incapazes de mostrar, de fato, esse nexo, e podemos apenas observar que haja tal [nexo].

Observação geral à segunda época

A compreensão do contexto geral da série de ações deduzida na última época se baseia no fato de que se apreenda bem a diferença entre o que nós chamamos a primeira limitação, ou a originária, e a segunda, que nós chamamos a especial.

O limite originário já havia sido posto no eu no primeiro ato da consciência de si mediante a atividade ideal, ou como ela apareceu em seguida ao eu mediante a coisa em si. Ora, por meio da coisa em si, todavia, apenas o eu objetivo ou real fora limitado pela coisa em si. Porém o eu, na medida em que é produtivo – portanto, durante toda a segunda época – não é meramente real, mas ideal e real simultaneamente. Mediante aquele limite originário, portanto, o eu agora produtivo não pode se sentir limitado como tal, também pelo fato de que esse limite agora passou ao objeto, que é precisamente a apresentação comum entre o eu e a coisa em si, em que, por isso, também aquela limitação originária posta pela coisa em si deveria ser buscada, assim como, também realmente, foi mostrado nele.

Portanto, se agora *o eu* se sente como limitado, então ele pode se sentir apenas como produtivo, e isso, por sua vez, só pode ocorrer em virtude de um segundo limite, que deve ser tanto limite da coisa quanto limite do eu.

Ora, porém se esse limite deve ser limite da passividade no eu, isso é feito apenas para o eu real e objetivo, enquanto, pelo mesmo motivo, é limite da atividade do ideal ou objetivo. A coisa em si ser limitada significa que o eu ideal é limitado. Logo, é evidente que, por meio do produzir, o limite é realmente passado ao eu ideal. O mesmo limite que delimita o ideal em sua atividade, limita o eu real em sua passividade. Mediante a oposição entre atividade ideal e real em geral, é posta a primeira limitação; a segunda limitação, [por sua vez], é posta pela medida, ou por meio do limite dessa oposição que, na medida em que é reconhecida como oposição, ocorrendo justamente na intuição produtiva, deve necessariamente ser uma [oposição] determinada.

Sem sabê-lo, o eu também era lançado imediatamente – como ele era produtivo – na segunda limitação, isto é, também sua atividade ideal fora limitada. Essa segunda limitação deve ser, necessariamente, ao acaso de modo total para o eu ilimitável em si. Ela ser totalmente ao acaso significa que ela tem seu fundamento em uma ação absolutamente livre do próprio eu. O eu objetivo é limitado dessa determinada forma porque o [eu] ideal já agiu desse modo determinado. Todavia, que o eu ideal tenha agido dessa maneira determinada é algo que já pressupõe uma determinidade nele. Portanto, aquele segundo limite no eu deve surgir como, ao mesmo tempo, dependente e independente de sua atividade. Essa contradição só é resolvida pelo fato de que essa segunda limitação é apenas *presente* e, portanto, seu fundamento deve estar em uma ação passada do eu. Até que ponto se é refletido que o limite é presente, é algo que é independente do eu; até que ponto se reflete se, em consequência disso, ele sequer existe, é posto por meio de uma ação do próprio eu. Aquela limitação da atividade ideal, portanto, só pode aparecer ao eu como uma limitação do presente; portanto, imediatamente pelo fato de que o eu é sentiente com consciência, surge-lhe o tempo como limite absoluto, através do qual ele se torna objeto como sentiente com consciência, isto é, com senso interno. Ora, mas o eu na ação precedente (na do produzir) não era apenas senso interno, mas (o que certamente apenas o filósofo vê) senso interno e externo simultaneamente, uma vez que era atividade ideal e real ao mesmo tempo. Portanto, não se pode tornar objeto como senso interno, sem que o senso externo se torne, simultaneamente, objeto a ele e, se aquele é intuído como um limite absoluto, este poderá ser intuído apenas como atividade infinita tendente a todas as direções.

Portanto, imediatamente pelo fato de que a atividade ideal é limitada na produção, o eu se torna objeto do sentido interno por meio do tempo em sua independência do espaço e objeto do senso externo mediante o espaço em sua independência do tempo; ambos, portanto, não chegam como intuições das quais o eu não pode se tornar consciente, mas apenas como intuídos na consciência.

Ora, todavia, o próprio tempo e espaço devem, novamente, se tornar objetos para o eu, o que é a *segunda intuição* desta época, por meio da qual uma nova determinação é posta no eu, vale dizer, a *sucessão de representações*, por meio da qual para o eu em geral não há objeto primeiro algum, ao mesmo tempo em que, originariamente, apenas um segundo [objeto] pode se tornar consciente do primeiro como sua limitação, mediante a oposição contra ele – por meio do que, portanto, a segunda limitação é completamente posta na consciência.

Agora, contudo, a própria relação de causalidade deve se tornar novamente objeto para o eu, o que ocorre por meio da *reciprocidade*, a terceira intuição nessa época.

Então, portanto, as três intuições desta época não são nada além das categorias fundamentais de todo saber, vale dizer, as de relação.

A própria reciprocidade não é possível sem que a própria sucessão seja, novamente, limitada para o eu, por meio do que a *organização* ocorre e que, na medida em que designa o ponto mais elevado da produção, e como condição de uma terceira limitação, impele à transição rumo a uma nova série de ações.

Terceira época. Da reflexão ao ato absoluto da vontade

I.

Na série de ações sintéticas deduzida até o momento, nenhuma [ação sintética] foi encontrada por meio da qual o eu fosse bem-sucedido em obter consciência imediata de sua própria ação. Agora, porém, como o círculo de ações sintéticas está encerrado, e por meio das deduções precedentes, totalmente esgotado, então aquela ação – ou série de ações – por meio da qual a consciência do deduzido é posta no próprio eu não será sintética, mas apenas analítica. O ponto de vista da reflexão, portanto, é idêntico ao ponto de vista da análise, não se podendo encontrar algo dele a partir de nenhuma ação no eu que já não tenha sido posta nele sinteticamente. Porém, o que o próprio eu consegue no ponto de vista da reflexão – isso não foi explicado até o momento, e talvez sequer possa ser explicado na filosofia teórica. Pelo fato de que nós encontramos aquela ação devido à qual a reflexão é posta no eu, retomar-se-á o fio sintético e, desse ponto, sem dúvida, bastará ao infinito.

Como a inteligência, na medida em que ela intui, não é de modo algum diferente do intuído, sendo uma com ele, então não pode ocorrer intuição alguma dela mesma por meio dos produtos antes que ela tenha se isolado *a si própria* dos *produtos* e, uma vez que *ela própria* não é nada além do determinado *modo de agir pelo qual surge o objeto*, então ela só pode suceder em aparecer a si mesma na medida em que ela segrega seu agir como tal daquele que surge a ela nesse agir – ou, o que é o mesmo, do produzido.

Até agora, nós simplesmente não conseguimos saber se tal separação sequer é possível na inteligência, ou se ocorre; é perguntado: ["]o que vem a ser tal pressuposto na inteligência?["]

Aquela separação entre agir e produzir se chama, no uso comum da linguagem, abstração. Como a primeira condição da reflexão, portanto, aparece a abstração. Enquanto a inteligência não é distinta de seu agir, nenhuma consciência dela é possível. Mediante a própria abstração ela se torna algo diverso de seu produzir que, por último, mas, precisamente por isso, agora não é mais como um agir, mas apenas pode aparecer como um produto.

Ora, contudo a inteligência – isto é, aquele agir – e o objeto eram, inicialmente, um. O objeto é esse determinado, porque a inteligência produz precisamente assim, e não de outro modo. Consequentemente, o objeto de um lado coincide com o agir da inteligência de outro lado, como ambos esgotam um ao outro, e congruem plenamente, novamente em uma e a mesma consciência. – Aquilo que surge a nós, quando nós dissociamos o agir como tal do que se originou se chama conceito. A questão sobre como nossos conceitos concordam com os objetos, portanto, transcendentalmente não possui sentido algum na medida em que essa questão pressupõe uma diferença originária entre ambos. O objeto e seu conceito e, inversamente, conceito e objeto são um e o mesmo além da consciência, e a separação entre os dois surge apenas concomitantemente à consciência resultante. Uma filosofia que parta da consciência, por isso, nunca poderá explicar aquela concordância, tampouco será explicável sem identidade originária, cujo princípio necessariamente está além da consciência.

No produzir mesmo, onde o objeto ainda não existe como objeto, o próprio agir é idêntico ao gerado. Esse estado do eu pode ser esclarecido por [estados] análogos nos quais não há nenhum objeto externo como tal na consciência, embora o eu não cesse de produzir ou de intuir. No estado de sono, por exemplo, o produzir originário não é anulado, ele é reflexão livre que é rompida simultaneamente à consciência da individualidade. Objeto e inteligência se perdem totalmente um no outro e, justamente por isso, na inteligência para si mesma não há nem um, nem o outro. A inteligência, se ela não fosse tudo apenas para si mesma, intuiria nesse estado para uma inteligência fora de si; porém, ela não o é para si mesma e, por isso, não o é em geral. Tal estado é o até agora deduzido de nosso objeto.

Enquanto a ação do produzir, pura e separada do produto, não for objeto a nós, tudo existe apenas em nós e, sem aquela separação, nós realmente acreditaríamos intuir tudo apenas em nós mesmos. Uma vez que nós devemos intuir os objetos no *espaço*, ainda não se explica como nós devemos intuí-los fora de nós, pois nós não pudemos intuir também o espaço apenas em nós, e inicialmente nós realmente o intuíamos apenas em nós. A inteligência está lá onde ela intui; como ela chega então a intuir os objetos *fora* de si? Não se consegue examinar por que o mundo exterior inteiro não ocorre a nós como nosso organismo, no qual nós imediatamente acreditamos estar presentes em toda parte em que sentimos. Também após as coisas exteriores haverem se separado de nós, então nós, como nosso organismo, normalmente não poderíamos intuir fora de nós se não fosse por intermédio de uma abstração especial distinta de nós. Então, nós também não poderíamos avistar os objetos como distintos de nós sem uma abstração especial. O fato de que eles também se separam, por assim dizer, da alma, e se encontram no espaço fora de nós, só é possível em geral mediante a separação entre conceito e produto, isto é, entre subjetivo e objetivo em geral.

Agora, porém, se conceito e objeto concordam originariamente de modo que em nenhum dos dois há mais ou menos que no outro, então uma separação entre ambos é totalmente inapreensível sem uma ação especial por intermédio da qual os dois sejam opostos na consciência. Tal ação é aquela através da qual a palavra *juízo*[111]

---

111. Em alemão arcaico, no original, *"Urtheil"*. Segundo Korten e Ziche (2005, p. 152), havia uma questão etimológica importante na época, que remete ao texto de Hölderlin, "Urtheil und Sein" (*Juízo e ser*), de cerca de 1975. De acordo com

é indicada bem expressivamente, na medida em que, através da mesma, inicialmente é separado o que, até agora, era unido inseparavelmente: o conceito e a intuição, pois, no juízo, não se compara algo como conceito com conceito, mas se comparam conceitos com intuições. O predicado, em si, não é diferente do sujeito, pois precisamente no juízo, uma identidade entre ambos é posta. Portanto, uma separação entre sujeito e objeto em geral só é possível pelo fato de que aquele representa a intuição; este, o conceito. No juízo, portanto, conceito e objeto devem incialmente ser opostos; em seguida, referidos um ao outro e postos como idênticos um ao outro. Ora, essa relação, porém, só é possível por meio da intuição. Porém, essa intuição não pode ser a mesma que a produtiva – pois, caso contrário, nós não daríamos nenhum passo adiante –, mas deve ser um tipo de intuição até agora totalmente desconhecido a nós, que exige ser deduzido em primeiro lugar.

Uma vez que o mesmo objeto e conceito devem se referir um ao outro, então esse modo de intuição deve ser do tipo que beire o conceito de um lado e beire o objeto de outro lado. Ora, como o conceito de modo de ação é aquilo pelo qual o objeto da intuição em geral surge – logo, a regra segundo a qual o objeto em geral será construído –, objeto, por sua vez, não é a regra, mas expressão da própria regra, devendo, então, ser encontrada uma ação na qual a própria regra seja intuída como objeto, ou na qual, inversamente, o objeto seja intuído como regra da construção em geral.

Tal intuição é o *esquematismo*, que todos só podem conhecer a partir da própria experiência interior e que, para tornar cognoscível, com fins de orientar a experiência, só se consegue descrever e se destacar de tudo o que é semelhante a ele.

Friedrich Hölderlin (1770-1843), O juízo (*Urteil*) promove a separação (*Teilung*) originária (*Ur-*) entre objeto e sujeito, que estavam profundamente unidos na intuição intelectual. É provável que Schelling conhecesse o texto ou, ainda, que tenha entrado em contato com essa ideia de Hölderlin em Tübingen, no seminário em que os dois foram colegas e amigos, junto com G.W.F. Hegel. Ainda de acordo com Korten e Ziche (2005, p. 153), outras fontes das reflexões de Schelling sobre o juízo nesses trechos da terceira época da história da consciência de si são a *Crítica da razão pura*, de Kant, e o *Panorama geral* (1796-1798), do próprio Schelling [N.T.].

O esquema deve ser distinto não só da imagem, como do símbolo, com o qual ele é muito frequentemente confundido[112]. A imagem é sempre determinada de todos os lados, de modo que à identidade plena da imagem com o objeto falta apenas a determinada parte do espaço no qual aquele se encontra. O esquema, por sua vez, não é uma representação determinada de todos os lados, mas apenas intuição da regra segundo a qual determinado objeto pode vir a ser produzido. Ele é intuição, portanto não conceito, uma vez que é aquilo que medeia o conceito com o objeto. Porém, também não é intuição do próprio objeto, mas apenas intuição da regra segundo a qual um objeto poderá ser produzido.

O que é um esquema pode ser explicado de modo mais claro pelo exemplo do artesão, que deve produzir um objeto de certa forma conforme um conceito. O que pode ser comunicado a ele é o conceito do objeto, só que sem qualquer modelo exterior a ele, de modo que seria totalmente incompreensível como, gradativamente, a forma surge por baixo de suas mãos, [forma esta] que está ligada ao conceito, se não fosse uma regra interna – não obstante sensivelmente intuída – que lhe conduz na produção. Essa regra é o esquema, no qual inteiramente nada individual está plenamente contido, e que tampouco é conceito geral segundo o qual um artista não poderia produzir nada. Segundo esse esquema, inicialmente ele produziria apenas o esboço cru do todo, partindo dele para a formação de partes individuais até que, gradativamente, aproxima--se, em sua intuição interior do esquema, da figura, que lhe conduz, por sua vez, até a identidade com a determinação completamente aderente da imagem, concomitantemente também a própria obra de arte é completa.

O esquema se mostra no mais geral uso do entendimento como o membro mais geral do reconhecimento de qualquer conceito como determinado. Que eu, assim que veja um triângulo – de qualquer tipo que você queira – julgue, no mesmo momento, que essa figura seja um triângulo, [é algo que] pressupõe uma

---

112. Essas distinções também são trabalhadas por Schelling na *Filosofia da arte* (1802-1805), havendo também diferenciação entre símbolo, esquema, imagem e *alegoria*. A discussão sobre esquema no texto presente é mais detalhada e ajuda a entender a da *Filosofia da arte*. Cf. Assumpção (2022, p. 90-101) [N.T.].

intuição de um triângulo como tal, que não é nem obtuso, nem agudo, nem retângulo. Além disso, por causa de um mero conceito de triângulo, tampouco a intuição seria possível por meio de uma simples imagem, pois esta é necessariamente determinada, então a congruência do triângulo real com o meramente imaginado, se fosse ocorrer, seria apenas contingente, o que não é o bastante para a formação de um juízo.

Precisamente a partir dessa necessidade do esquematismo se infere que todo o mecanismo da linguagem se baseia no mesmo. Pressupõe-se, por exemplo, que uma pessoa totalmente não familiarizada com conceitos escolásticos saiba apenas algumas espécies de uma espécie animal, ou apenas algumas raças; todavia, assim que ela visse um indivíduo de uma raça ainda desconhecida a ela, ela ainda julgaria que ele pertenceria àquele tipo; em função de um conceito universal, ela não pode fazê-lo, pois onde ela obteria o conceito universal, de fato, vendo que mesmo pesquisadores da natureza muito frequentemente acham extremamente difícil concordar sobre os conceitos gerais de uma dada espécie[?]

A aplicação da doutrina do esquematismo originário à pesquisa do mecanismo das linguagens arcaicas, das concepções mais antigas de natureza – cujos remanescentes estão conservados nas mitologias dos povos mais antigos – e, finalmente, à crítica da linguagem científica, cujas expressões denunciam, quase todas, sua origem a partir do esquematismo, apresentaria de modo mais evidente quão penetrante aquela operação é através de todos os empreendimentos do espírito humano.

Para se esgotar tudo que se pode dizer sobre a natureza do esquema, ainda deve ser observado que ela é precisamente o mesmo para os conceitos que a natureza é para as ideias. O esquema se relaciona, por isso, sempre e necessariamente, com um objeto empírico ou real, ou produzido. Então, por exemplo, só é possível um esquema de cada forma orgânica, como a humana, ao passo que, por exemplo, da beleza, da eternidade, e assim em diante, só há símbolos. Ora, como o artista estético só trabalha segundo ideias e, todavia, de outro lado, para apresentar a obra de arte sob condições empíricas, precisa novamente de uma arte mecânica, então é evidente que, para ele, a sucessão de graus da ideia até o objeto é apenas a [versão] duplicada daquela do artista mecânico.

Agora, após o conceito de esquema ter sido totalmente determinado (isto é, ele é a regra sensivelmente intuída para a produção de um objeto empírico), nós podemos retornar ao contexto da investigação.

Foi necessário explicar como o eu chega a intuir a si mesmo como ativo no produzir. Isso foi explicado a partir da abstração; o modo de ação por meio do qual o objeto surge precisou ser, ele próprio, separado do que surgiu. Isso ocorreu por meio do juízo. Todavia, o próprio juízo não foi possível sem esquematismo, uma vez que, no juízo, uma intuição é igualada a um conceito; para que isso ocorra deve haver algo que faça a mediação entre os dois, e isso não é nada além do esquema.

Agora, porém, a inteligência não tem sucesso em se desprender do objeto individual por meio dessa faculdade de abstrair do objeto isolado – ou, o que é o mesmo, através da faculdade de abstração empírica –, pois, precisamente por meio do esquematismo, conceito e objeto são unidos novamente, logo aquela faculdade de abstração pressupõe, na própria inteligência, algo superior, com o que o resultado da abstração é posto na consciência. Caso a abstração empírica sequer seja fixada, então isso só pode ocorrer por meio de uma faculdade em função da qual não só o modo de ação por meio do qual determinado objeto surge, mas o modo de ação pelo qual o objeto *em geral* surge, é diferenciado do próprio objeto.

II.

Agora, pergunta-se, para caracterizar mais precisamente essa abstração superior,

a) o que ocorre com o intuir, se *todo* conceito for removido dela (pois, no objeto, conceito e objeto são originariamente unidos, porém agora se abstrai *em geral* do modo de ação, logo *todo* conceito é removido do objeto).

Em toda intuição, deve-se usar duas diferenciações: o intuir como tal, ou o intuir na medida em que é um agir em geral, e o determinante da intuição, que faz com que a intuição seja intuição de um objeto – em uma palavra, o conceito de intuição.

O objeto é esse assim determinado, porque eu agi dessa maneira determinada, porém esse determinado modo de ação é precisamente o conceito, portanto o objeto é determinado pelo conceito; consequentemente, o conceito pressupõe originariamente o objeto, certamente não segundo o tempo, mas certamente de acordo com a ordem. O conceito é o determinante, o objeto [é] o determinado.

Portanto, o conceito não é, como em geral é predeterminado, o universal, mas antes a regra, o limitante, o determinante da intuição, e se o conceito puder se chamar indeterminado, ele o é apenas na medida em que ele não é o determinado, mas o determinante. O universal, portanto, é o intuir, ou produzir, e apenas pelo fato de que, nesse intuir em si indeterminado, vem um conceito, torna-se intuição de um objeto. A explicação habitual da origem do conceito, se ela não devesse ser meramente explicação da consciência empírica de conceitos – isto é, aquela segundo a qual o conceito deve surgir a mim, uma vez que eu extermino o determinado de mais intuições individuais e apenas retenho o universal – pode ser apresentada muito facilmente em sua superficialidade. Isso é possível, pois, para se realizar aquela operação, sem dúvida, eu devo comparar aquelas intuições com as outras, mas como eu chego a fazê-lo, sem já ter sido conduzido por um conceito? De onde sabemos, então, que aqueles objetos particulares dados a nós são do mesmo tipo, se o objeto já não tiver se tornado um conceito para nós? Portanto, aquele procedimento empírico para apreender o que é comum a muitos particulares já pressupõe a regra para apreendê-lo, isto é, o conceito e, portanto, [pressupõe] algo superior àquela faculdade de abstração empírica.

Portanto, nós diferenciamos, na intuição, o intuir propriamente dito e o conceito, ou o determinante do intuir. Na intuição originária, ambos estão unidos. Portanto, por meio da abstração superior, que nós queremos chamar, em oposição à empírica, [abstração] transcendental, *todo* conceito é removido da intuição, de modo que a última se torna, por assim dizer, *livre*, uma vez que toda limitação chega nela apenas por intermédio do conceito.

Despido desse, por conseguinte, o intuir se torna pleno e, sob todos os aspectos, indeterminado.

Se a intuição se torna totalmente indeterminada, absolutamente não conceitual, então dela não sobra mais nada além do próprio intuir geral que, se ele próprio for intuído novamente, é o *espaço*.

O espaço é o intuir sem conceito, portanto não se trata de um conceito do qual, por exemplo, poder-se-ia ter abstraído das relações das coisas, pois embora o espaço surja a mim através da abstração, ele não é conceito abstrato algum – nem no sentido de que as categorias são, tampouco no sentido em que os conceitos empíricos ou conceitos de espécie são. Afinal, se houvesse um conceito específico de espaço, então teria que haver muitos espaços, ao passo que há apenas um espaço infinito, que cada limitação no espaço – isto é, cada espaço individual – já pressupõe. Uma vez que o espaço é, definitivamente, apenas um intuir, então ele necessariamente também é um espaço ao infinito, de tal modo que também a menor parte do espaço ainda é, mesmo assim, um intuir, isto é, um espaço e não, por exemplo, mero limite, única base para a divisibilidade infinita do espaço. Finalmente, o fato de que a geometria, que, não obstante somente conduza todas as provas a partir da intuição e, contudo, justamente tão universal como o conduzido a partir de conceitos, deve sua existência inteiramente e apenas a esta propriedade do espaço, é algo tão universalmente reconhecido que aqui não é necessária nenhuma explicação posterior.

b) O que ocorre com o conceito se toda intuição é retirada dele?

Enquanto o esquematismo originário se anula por meio da abstração transcendental, deve surgir, concomitantemente ao surgimento da intuição sem conceito em um polo, o conceito sem intuição no outro polo. Se as categorias, tal como elas foram deduzidas na época precedente, são determinados modos de intuição da inteligência, então, caso elas sejam despidas da intuição, restam a simples *pura determinidade*. Isso é o que é indicado por meio do conceito lógico. Logo, se um filósofo originariamente está apenas sob o ponto de vista da reflexão ou da análise, então também as categorias só poderão ser deduzidas por ele como simples conceitos formais. Contudo, abstraindo-se do fato de que as diferentes funções do juízo na própria lógica precisam ainda de uma dedução, e de que, remotamente, a filosofia transcendental é abstraída da lógica, será esta que deverá ser abstraída daquela. Então, é uma mera ilusão acreditar que as categorias, na medida em que são separadas do esquematismo da intuição, restam ainda como conceitos reais, uma vez que são despidas da intuição, consistindo em conceitos puramente lógicos, com os quais se ligam, contudo, não mais simples conceitos, mas formas reais de intuições. A insuficiência de tal dedução é revelada por ainda outras deficiências, por exemplo, o fato de que ela não pode revelar o mecanismo das categorias, tanto especiais quanto gerais, não obstante ele seja visível o suficiente. Então, de todo modo, é uma peculiaridade marcante das chamadas categorias dinâmicas, que cada uma delas possua seu correlato, ao passo que, com as chamadas categorias matemáticas, esse não é o caso. Contudo, essa idiossincrasia é explicável com grande facilidade quando se sabe que, nas categorias dinâmica, senso interno e externo ainda não se encontram separados, ao passo que, nas [categorias] matemáticas, uma pertence ao senso interno; a outra, apenas ao senso externo. Da mesma forma, o fato de haver, em todo lugar e em cada classe, três categorias, das quais as duas primeiras se opõem, porém a terceira é a síntese das duas anteriores, é algo que prova que o mecanismo geral das categorias se baseia em uma oposição superior que, do ponto de vista da reflexão, não é mais visto e, para o qual, portanto, deve haver um [ponto de vista] ainda mais elevado que ficou para trás. Ademais, como essa oposição atravessa todas as categorias, e é um tipo subjacente a todas elas, então, sem dúvida, também há apenas uma categoria e, como nós fomos capazes de derivar, a partir do mecanismo originário da intuição, apenas uma [categoria] de relação, então é de se esperar que essa seja uma originária, o que de fato é confirmado mediante a inspeção mais próxima. Se puder ser demonstrado que, antes ou além da reflexão, o objeto não é determinado de modo algum pelas categorias matemáticas e que, pelo contrário, por intermédio delas apenas o sujeito – seja na medida em que é intuinte, ou seja na medida em que é sentiente – é determinado, então, como, por exemplo, o objeto certamente não é *um* em si, mas é *um* apenas em relação ao sujeito simultaneamente intuinte e reflexivo. Se, pelo contrário, puder ser mostrado que, já na primeira intuição (e sem que a reflexão se direcione a ela), o objeto deve ser determinado como substância e acidente: então certamente segue daí que as categorias matemáticas são subordinadas às dinâmicas em geral, ou que estas precedem aquelas; logo, justamente por esse motivo, as matemáticas só conseguem representar separadamente o que as dinâmicas representam como unidas, uma vez que aquelas são apenas categorias que surgem do ponto de vista da reflexão, na medida em que aqui novamente não tenha ocorrido uma oposição entre senso externo e interno – o que ocorre nas categorias de modalidade – também pertencem apenas ou ao senso interno, ou ao externo e, portanto, não podem possuir correlato algum. A prova pode ser conduzida de maneira mais breve com base na noção de que, no mecanismo originário do intuir, as duas primeiras categorias só advêm mediante a terceira; a terceira das [categorias] matemáticas, porém, já pressupõe a *reciprocidade*, em que, por exemplo, não é pensável nem uma universalidade do objeto, sem uma pressuposição recíproca geral dos objetos um pelo outro, e tampouco uma limitação do objeto individual particular, sem que os objetos se limitem reciprocamente um pelo outro, isto é, sem se pensar na reciprocidade geral. Logo, das quatro classes de categorias, restam apenas as dinâmicas como originárias e, se puder ser ainda indicado que mesmo as [categorias] de modalidade não poderiam ser originárias no mesmo sentido que as de relação, isto é, categorias tão originárias quanto as de relação, então apenas estas permanecem como as únicas categorias fundamentais. Ora, contudo, nenhum objeto realmente incide no mecanismo originário da intuição como *possível* ou *impossível*, assim como aquele emerge como substância e acidente. Os objetos aparecem como possíveis, como reais e necessários somente por meio do ato superior de reflexão, que até agora não foi deduzido nenhuma vez. Ele expressa uma simples relação do objeto com o todo da faculdade de conhecimento (senso interno e externo), de tal modo que determinação alguma é posta, nem pelo conceito de possibilidade, nem mesmo pelo de realidade no próprio objeto. Aquela relação entre o objeto e o todo da faculdade de conhecimento, contudo, sem dúvida, só é possível, então, se o eu se desprendeu totalmente do objeto, isto é, de sua atividade ideal e real ao mesmo tempo – ou seja, portanto, somente por meio do ato supremo de reflexão. Em relação a este, as categorias de modalidade poderiam, novamente, ser chamadas as mais elevadas, assim como as de relação no tocante à síntese da intuição produtiva, do que é evidente, contudo, que não são categorias originárias que emergem na primeira intuição.

III.

A abstração transcendental é condição do juízo, mas não o próprio juízo. Ela apenas explica como a inteligência chega a separar sujeito e objeto, mas não como ela os reúne no juízo. Como o conceito, em si totalmente desprovido de intuição se une novamente com a intuição de espaço, em si totalmente não conceitual, é algo impensável sem um mediador. Entretanto, o que medeia o conceito e a intuição em geral é o esquema. Portanto, a abstração transcendental será novamente anulada por meio de um esquematismo que nós chamaremos, para diferenciar do deduzido anteriormente, [esquematismo] transcendental.

O esquema empírico foi explicado como a regra intuída sensivelmente, pela qual um objeto pode ser produzido empiricamente. O [esquema] transcendental, portanto, é a intuição sensível da regra segundo a qual um objeto pode ser produzido em geral ou transcendentalmente. Ora, na medida em que o esquema contém uma regra, na medida em que ele é apenas objeto de uma intuição interna, na medida em que ele é regra da construção de um objeto, ele deverá ser intuído externamente como algo registrado no espaço. O esquema, portanto, em geral é um mediador entre senso interno e externo. Dever-se-á, portanto, explicar o esquema transcendental como aquele que medeia, de maneira mais originária, senso interno e externo.

Contudo, o mais originário que medeia senso interno e externo é o tempo, não na medida em que ele é *simples* senso interno, isto é, limite absoluto, mas na medida em que ele mesmo se torna, novamente, objeto da intuição externa – portanto, o tempo na medida em que ele é linha, isto é, grandeza extensa segundo uma direção.

Permaneceremos nesse ponto para determinar mais precisamente o caráter real do tempo.

O tempo, do ponto de vista da reflexão, é visto originariamente como apenas uma forma de intuição do senso interno, uma vez que ele apenas ocorre no que diz respeito à sucessão de nossas *representações*, as quais, nesse ponto de vista, estão apenas em nós, ao passo que nós só conseguimos intuir a *simultaneidade* das substâncias, que é condição do senso interno e externo, fora de nós. Em oposição, do ponto de vista da intuição, originariamente já existe intuição *externa* do tempo, pois não há diferença alguma, nas intuições, entre *representações* e *objetos*. Portanto, se para a reflexão o tempo é apenas a forma da intuição interna, então ele é, para a intuição, os dois ao mesmo tempo. A partir dessa propriedade do tempo, pode-se ver, entre outras coisas, por que ele, embora o espaço seja o substrato apenas da geometria, é substrato da matemática como um todo e por que até mesmo toda geometria pode ser conduzida de volta à análise; justamente por isso se explica a relação entre o método geométrico dos antigos e o analítico dos modernos, por meio do qual, não obstante ambos se oponham, aquele é atualizado por este.

Apenas em uma propriedade do tempo, pertencer concomitantemente ao espaço e ao tempo, baseia-se o fato de que ele seja o membro de mediação universal entre o conceito e a intuição, ou o esquema transcendental. Como as categorias são, originariamente, modos de intuição, portanto não se separam do esquematismo, o que só ocorre por meio da abstração transcendental, então torna-se claro disso [:]

1) que o tempo já entra originariamente na intuição produtiva, ou na construção do objeto, como também foi demonstrado na época precedente;

2) que, a partir dessa relação entre o tempo e o puro conceito, de um lado, e a intuição pura, ou o espaço, de outro lado, pode-se deduzir todo o mecanismo das categorias;

3) que, caso o esquematismo originário seja anulado por meio da abstração transcendental, também deve surgir, a partir da construção originária do objeto, uma concepção totalmente modificada do objeto que, uma vez que aquela abstração é condição de toda a consciência, também será aquela que só pode ocorrer na consciência.

Portanto, a intuição produtiva perde seu caráter por meio do próprio meio que ela deve percorrer para atingir a consciência.

Para a explicação do último ponto, alguns exemplos podem ser úteis.

Em toda mudança ocorre uma passagem de um estado ao seu oposto contraditório, por exemplo, se um corpo passa do movimento segundo a direção A a um movimento na direção -A. Essa ligação de estados contraditoriamente opostos é possível apenas por meio do esquematismo do tempo na inteligência idêntica consigo mesma e que sempre aspira à identidade da consciência. A intuição produz o tempo como permanentemente na passagem de A para -A, para mediar a contradição entre opostos. Por meio da abstração, o esquematismo é anulado e, com ele, o tempo. – Um sofisma conhecido dos antigos sofistas é a contestação da possibilidade de se comunicar o movimento. Suponhamos, eles dizem, o último momento de repouso de um corpo, e o primeiro de seu movimento. Entre ambos, não há mediador (isso também é totalmente verdadeiro do ponto de vista da reflexão). Portanto, se um corpo for posto em movimento, então isso ocorre ou no último momento de seu repouso, ou no primeiro de seu movimento, mas este não é possível, pois ele ainda repousa; tampouco aquele, pois ele já está em movimento. Esse sofisma, que foi resolvido inicialmente pela intuição produtiva, tem os artifícios da mecânica engendrados para ser resolvido pela reflexão. Tais artifícios só podem pensar a passagem de um corpo, por exemplo, do repouso ao movimento (isto é, [só podem pensar] a relação entre estados opostos contraditórios) como mediados por uma infinitude, ao passo que, para a reflexão, a intuição produtiva é anulada – sendo que apenas esta pode apresentar algo infinito em algo finito, isto é, uma grandeza da qual, não obstante ela mesma seja finita, nenhuma parte infinitamente pequena seja possível. Por isso, ela se vê compelida a interpolar, entre aqueles dois estados, uma infinitude de partes discretas do tempo, cada uma das quais é infinitamente pequena. Ora, mas toda passagem, por exemplo, deve ocorrer de uma direção à oposta, embora no tempo finito, não obstante através de mediação infinita que, originariamente, só é possível devido à continuidade; então, também o movimento que deverá ser compartilhado em um momento ao corpo será apenas uma solicitação, pois no tempo finito seria originada uma velocidade infinita. Todos esses conceitos peculiares se tornam necessários somente por meio da anulação do esquematismo originário da intuição. Todavia, no que diz respeito ao movimento em geral, então, é totalmente impossível uma construção deles do ponto de vista da reflexão, pois entre dois pontos de uma linha podem ser pensados infinitamente outros. Por isso, também a geometria *postula* a linha, isto é, exige que a própria reflexão produza a produção intuitiva – o que ela certamente não faria, se o surgimento de uma linha pudesse ser comunicado por meio de conceitos.

A partir da propriedade do tempo de ser um esquema transcendental, fica claro por si mesmo que ele é nem simples conceito, nem um conceito do tipo que pudesse ser empírico ou sequer um do tipo que pudesse ser abstraído transcendentalmente. Afinal, tudo que pudesse ser abstraído do tempo já o pressupõe como condição. No entanto, se ele fosse uma abstração transcendental como os conceitos do entendimento, então deveria haver, tanto como múltiplas substâncias, por exemplo, também múltiplos tempos, porém o tempo é apenas um; o que se chama de tempos diferentes são apenas limitações diferentes do tempo absoluto. Por isso, também nenhum axioma do tempo pode demonstrar a partir de simples conceitos, por exemplo, que não pode haver dois tempos simultaneamente ou separadamente, ou [demonstrar] qualquer proposição da aritmética que se baseie inteiramente na forma temporal.

Agora, após termos derivado o esquematismo transcendental, nós nos vimos também postos no lugar de analisar completamente todo o mecanismo das categorias.

A primeira categoria – subjacente a todas as demais, a única por meio da qual o objeto já é determinado na produção – é, como nós sabemos, a de relação que, uma vez que ela é a única categoria da intuição, é única a representar o senso externo e interno como unidos.

A primeira categoria de relação, substância e acidente, indica a primeira síntese entre senso interno e externo. Ora, mas se o esquematismo transcendental é retirado tanto do conceito de substância quanto do de acidente, então não resta nada além do simples conceito lógico de sujeito e de predicado. Ao contrário, ao se retirar todo conceito de ambas, restam apenas a substância como pura extensidade, ou o espaço; e o acidente apenas como limite absoluto, ou como tempo, na medida em que ele é *mero* senso interno, e totalmente independente do espaço. Ora, mas o conceito do sujeito lógico, em si totalmente desprovido de intuição, ou o conceito igualmente sem intuição do predicado lógico, aquele se tornando substância, este acidente, é algo explicável somente pelo fato de que a determinação do tempo é acrescentada aos dois.

Porém, essa determinação é acrescentada inicialmente por meio da segunda categoria, pois apenas por meio da segunda [categoria] (segundo nossa dedução, a intuição da primeira) aquilo que, na primeira, é senso interno, para o eu se torna tempo. Portanto, a primeira categoria em geral é intuível apenas por meio da segunda, como foi mostrado em seu tempo; o motivo para isso que aqui se mostra é que, somente por meio da segunda, o esquema transcendental do tempo é acrescentado.

A substância é intuível como tal apenas pelo fato de que ela é intuída como subsistente no tempo, porém ela não consegue ser intuída no tempo sem que o tempo – que, até agora, designa apenas o limite absoluto – transcorra (estenda-se em uma dimensão), o que ocorre precisamente apenas por meio da sucessão do nexo causal. Contudo, ao contrário, também o fato de que ocorra qualquer sucessão no tempo é intuível apenas em oposição a algo nele, pois o tempo que para no transcorrer = espaço, algo que subsiste no espaço, o que é precisamente substância. Portanto, essas duas categorias são recíprocas apenas por meio uma da outra, isto é, elas só são possíveis em uma terceira, que é a de reciprocidade.

A partir dessa dedução podem-se abstrair, de si, as duas seguintes proposições, a partir das quais o mecanismo de todas as categorias acima é apreensível:

1) A oposição que ocorre entre as duas primeiras categorias é a mesma que, originariamente, ocorre entre tempo e espaço.

2) A segunda categoria em cada classe é necessária apenas porque ela adiciona o esquema transcendental à primeira. –

Não para antecipar algo que ainda não foi deduzido, mas para tornar essas duas proposições ainda mais claras mediante explicação adicional, nós mostramos a aplicação delas às chamadas categorias matemáticas, embora essas ainda não tenham sido deduzidas como tais.

Nós já indicamos que as categorias matemáticas não são categorias da intuição, uma vez que surgem apenas a partir do ponto de vista da reflexão. Porém, justamente e de modo concomitante com a reflexão, a unidade entre senso externo e interno é anulada e, dessa maneira, a única categoria fundamental de relação é separada em duas opostas, das quais a primeira designa apenas o que pertence ao objeto do senso externo, ao passo que a outra expressa apenas o que pertence, no objeto, ao [senso] interno intuído externamente.

Ora, se, para iniciar com a primeira, toda intuição for removida da categoria de unidade, que é a primeira na classe da quantidade, então resta apenas a unidade lógica. Caso essa seja ligada com a intuição, então a determinação do tempo é acrescentada. Todavia, grandeza ligada ao tempo é *número*. Então, apenas mediante a segunda categoria (de multiplicidade) a determinação do tempo é acrescentada à primeira, pois apenas com a multiplicidade dada, inicia o enumerar. Eu não enumero onde há apenas um. A unidade só se tornará número por meio da multiplicidade. (Que o tempo e a multiplicidade surjam inicialmente um com o outro, também é aparente pelo fato de que, apenas por intermédio da segunda categoria de relação – precisamente aquela através da qual o tempo surge na intuição externa ao eu em primeiro lugar –, uma multiplicidade de objetos é determinada. Mesmo na sucessão voluntária de representações, surge-me uma multiplicidade de objetos apenas pelo fato de que eu apreendo aquelas uma após a outra, isto é, de uma maneira que eu consiga apreendê-las pura e simplesmente no tempo. Na série temporal, somente por meio da multiplicidade, o 1 se torna unidade, isto é, expressão da finitude em geral. Isso pode ser demonstrado da seguinte maneira. Se 1 é um número finito, então deve haver para ele um divisor possível, porém $\frac{1}{1} = 1$, portanto 1 é divisível apenas por 2, 3 etc., ou seja, pela multiplicidade em geral; sem essa, ele é $\frac{1}{0}$, isto é, o infinito.)

Contudo, nem a unidade é intuível sem a multiplicidade, nem a multiplicidade sem a unidade, portanto as duas se pressupõem reciprocamente, isto é, as duas só são possíveis por meio de uma terceira comum.

O mesmo mecanismo, agora, mostra-se nas categorias de qualidade. Se eu retiro a realidade da intuição de espaço, o que ocorre por meio da abstração transcendental, então não me resta nada além do conceito lógico de posição em geral. Se eu vinculo novamente esse conceito com a intuição de espaço, então me surge o preenchimento do espaço que, todavia, não é intuível sem possuir um grau, isto é, sem uma grandeza no tempo. Contudo, o grau, isto é, a determinação mediante o tempo, só é acrescentado por intermédio da segunda categoria, a de negação. Portanto, a segunda [categoria] aqui só é necessária, porque a primeira só é intuível por meio dela, ou porque esta acrescenta àquela o esquema transcendental.

Talvez fique mais claro da seguinte maneira. Se eu penso para mim o real nos objetos como ilimitado, então ele se expande ao infinito, e como, conforme o demonstrado, a intensidade está em relação inversa com a extensidade, não resta nada além de extensidade infinita com falta de toda intensidade, isto é, espaço absoluto. Ao contrário, pensando-se a negação como o ilimitado, então não resta nada além da intensidade infinita sem extensidade, isto é, o ponto, ou o senso interno, na medida em que é *mero* senso interno. Portanto, se eu retiro da primeira categoria a segunda, então me resta o espaço absoluto; se eu retiro da segunda a primeira, então me resta o tempo absoluto (isto é, o tempo *apenas* como senso interno).

Na intuição originária, nem conceito, nem espaço, tampouco tempo surgem para nós de modo separado, mas todos simultaneamente. Da mesma forma que nosso objeto, o eu, liga essas três determinações aconscientemente e por si mesmas ao objeto, também o fizemos na dedução da intuição produtiva. Por meio da abstração transcendental – que consiste, justamente, na anulação daquele terceiro [elemento] que vincula a intuição, foi possível restar a nós como elementos dela apenas o conceito sem intuição e a intuição sem conceito. Desse ponto de vista, a pergunta: ["]como o objeto é possível[?"] pode ser formulada apenas assim: ["]como conceitos inteiramente desprovidos de intuição que nós encontramos em nós como conceitos *a priori*, podem ser associados tão indissoluvelmente à intuição, ou passar a ela a ponto de ser totalmente inseparáveis do objeto?["] Ora, uma vez que essa passagem só é possível mediante o esquematismo do tempo, então concluímos que também o tempo já deve ter entrado naquela síntese originária. Então, muda totalmente a ordem da construção que nós observamos nas épocas precedentes, na medida em que apenas a abstração transcendental nos permite analisar o mecanismo da síntese originária com consciência clara.

IV.

A abstração transcendental é postulada como condição da empírica e esta, como condição do juízo. Todo juízo, inclusive o mais comum, portanto, tem como fundamento essa abstração, e a faculdade de abstração transcendental, ou a capacidade de conceitos *a priori*, é tão necessária à inteligência quanto a própria consciência de si.

Porém, a condição não vem à consciência antes do condicionado, e a abstração transcendental se perde no juízo, ou no empírico que, concomitantemente com seu resultado, é elevado por meio deste à consciência.

Ora, como também a abstração transcendental é afirmada novamente na consciência juntamente com seu resultado, isso ocorre (como nós podemos saber) pois, na consciência comum, nenhum dos dois aparece necessariamente e que, se algo aparece, é por si contingente e podemos suspeitar que isso só seja possível por meio de uma ação que, em relação à consciência comum, não pode mais ser necessária (pois, caso contrário, o resultado seria sempre e necessariamente encontrado nela) e que, por isso, deve ser uma ação que não suceda a partir de nenhum elemento na própria inteligência (mas de algo a partir de uma ação externa a ela), e que, portanto, seja algo absoluto para a própria inteligência. Até [se chegar] a consciência da abstração empírica, e ao resultante a partir dela, a consciência comum basta, pois disso se encarrega a abstração transcendental. Porém, talvez justamente pelo fato de que, por meio dela, tudo o que emerge na consciência empírica como tal é, ela própria não necessariamente atinge mais a consciência e, caso o consiga, o faz apenas de modo contingente.

Ora, porém agora é claro que apenas porque o eu, pelo fato de ele também ser consciente da abstração transcendental, pôde se elevar absolutamente sobre o objeto (pois, através da abstração empírica, ele apenas se desprende de um determinado objeto) – e como, apenas na medida em que ele se elevou sobre todo objeto –, ele pôde se elevar como inteligência absoluta. Ora, porém essa ação, que é uma abstração absoluta, precisamente pelo fato de ser absoluta, não é mais explicável a partir de nenhum outro elemento na inteligência, então interrompe-se aqui a cadeia da filosofia teórica; em vista desta, resta apenas a exigência absoluta: uma ação desse tipo *deve* emergir na inteligência, mas justamente com isso a filosofia teórica ultrapassa seu limite e entra no terreno do prático, o que se impõe apenas por exigências categóricas.

Se, e caso essa ação seja possível, é uma questão que não mais se responde na esfera da investigação teórica, mas uma pergunta que ainda se há de responder. – Tomado hipoteticamente que haja tal ação na inteligência, como ela seria si mesma, e como ela se encontraria no mundo dos objetos? Sem dúvida, por meio dessa ação surge a ela precisamente aquilo que já foi posto a nós por meio da abstração transcendental e, então, nós trazemos *nosso objeto*, dessa forma – uma vez que *nós* demos um passo na filosofia *prática* – inteiramente a partir do ponto em que o havíamos deixado na medida em que nós transitamos ao prático.

A inteligência se eleva, por meio de uma ação absoluta, sobre tudo o que é objetivo. Nessa ação, tudo o que é objetivo desapareceria se a limitação originária não perdurasse, mas essa deve perdurar; então, a abstração deve ocorrer, de modo que aquilo de que se abstrai não cesse. Agora, como a inteligência na atividade de abstração é absolutamente livre e, contudo, é conduzida de volta à intuição por meio da limitação originária – por assim dizer, pela gravidade intelectual –, então, somente e apenas por essa ação, ela é limitada por si mesma como inteligência, portanto não somente como atividade real, como na sensação, nem apenas como [atividade] ideal, tal como na intuição produtiva, mas limitada como as duas concomitantemente, isto é, objeto. Ela aparece a si como limitada por intermédio da intuição produtiva. Todavia, a intuição como ato desaparece na consciência e resta apenas o produto. Ela se reconhecer como limitada por meio da intuição produtiva, portanto, significa dizer o mesmo que ["]ela se reconhece como limitada por meio do mundo objetivo["]. Aqui, pela primeira vez, portanto, o mundo objetivo e a inteligência estão diante um do outro na própria consciência, precisamente como se encontravam na consciência por meio da primeira abstração filosófica.

Ora, a inteligência só pode fixar a abstração transcendental, que, todavia, opera por meio da liberdade e, mais precisamente, por meio de uma direção particular da liberdade. Com isso se explica por que conceitos *a priori* não emergem em toda consciência, e por que eles não incidem na consciência sempre e necessariamente. Eles podem emergir, mas não precisam fazê-lo.

Uma vez que, por meio da abstração transcendental, tudo o que na síntese originária da intuição estava unido se separa, então isso tudo, não obstante sempre por meio da liberdade, é separado da inteligência como objeto, por exemplo: o tempo [é] separado do espaço e do objeto; o espaço como forma da simultaneidade, [é separado] dos objetos, como um determina o lugar do outro reciprocamente no espaço em que, todavia, a inteligência se acha totalmente livre, em relação ao objeto, do qual a condição parte.

No geral, porém, sua reflexão se dirige ao *objeto*, por meio do qual surge a ela a já derivada categoria da intuição, ou a de *relação*.

Ou ela se reflete sobre *si mesma*. Se ela é, ao mesmo tempo, reflexiva e *intuinte*, então surge a ela a categoria de *quantidade* que, vinculada ao esquema, é número que, justamente por esse motivo, não é originário.

Se ela for, concomitantemente, reflexiva e *sensitiva*, ou refletir-se no grau em que o tempo lhe preenche, então surge a ela a categoria de *qualidade*.

Ou, finalmente, por meio do ato supremo de reflexão, se ela reflete *simultaneamente sobre objeto e sobre si mesma*, na medida em que ela é atividade ideal e real ao mesmo tempo. Se ela reflete concomitantemente sobre o objeto e sobre si mesma como atividade real (livre), então surge a ela a categoria de possibilidade. Caso ela reflita, simultaneamente, acerca do objeto e a respeito de si mesma como atividade ideal (limitada), então, através disso, surge a ela a categoria de realidade.

Também aqui acrescenta-se a determinação do tempo à primeira categoria por meio da segunda, pois a limitação da atividade ideal surge segundo a que foi derivada na época precedente justamente pelo fato de que ela reconhece o objeto como *presente*. Portanto, real é um objeto que é posto em um *determinado* momento do tempo, ao passo que possível é aquele posto em uma atividade reflexiva no tempo em geral e, por assim dizer, projetado.

Caso a inteligência ainda una essa oposição entre atividade real e ideal, então surge a ela o conceito de *necessidade*. Necessário é o que é posto em todo tempo; mas todo tempo é a síntese para o tempo em geral, e por tempo determinado, pois tudo o que é posto em todo tempo, justamente assim determinado, é posto como no particular – e, justamente por isso, tão livre quanto no tempo em geral.

Os correlatos negativos das categorias dessa classe não se comportam como os de relação, uma vez que, de fato, não são correlatos, mas opostos contraditórios dos positivos. Também não são categorias reais, isto é, conceitos, alguns por meio dos quais um objeto da intuição seria determinado apenas para a reflexão, mas antes, se as categorias positivas dessa classe são as mais elevadas para a reflexão, ou a silepse de todas as outras, então, ao contrário, aqueles (os negativos) são o oposto absoluto do todo das categorias.

Uma vez que os conceitos de possibilidade, realidade e necessidade surgem por meio do ato supremo de reflexão, então eles são, necessariamente, também aqueles com os quais se encerra toda a abóbada da filosofia teórica. Porém, algo que o leitor em parte já deve pressupor e, em parte, ainda irá reconhecer mais claramente, é que esses conceitos já estão na transição da filosofia teórica rumo à prática, assim que edificarmos, agora, o próprio sistema da filosofia prática.

Observação geral sobre a terceira época

A última investigação que deve encerrar o todo da filosofia teórica, sem dúvida, é sobre a diferença entre conceitos *a priori* e *a posteriori*, que dificilmente pode ser esclarecida de outro modo, senão indicando sua origem na própria inteligência. O característico do idealismo transcendental no que diz respeito a essa doutrina é justamente que ele também pode comprovar a origem dos chamados conceitos *a priori* – o que, certamente, só é possível pelo fato de que ele se desloca a uma região situada além da consciência comum, ao passo que a filosofia que se limita a esta, de fato, apenas pode descobri-los como dados e, por assim dizer, largados lá[113], pelo que se desenvolvem dificuldades insolúveis com as quais os advogados desses conceitos já se confrontaram há muito tempo.

Pelo fato de que nós deslocamos a origem dos chamados conceitos *a priori* além da consciência, para onde incide também, para nós, a origem do mundo objetivo, observamos com a mesma evidência e os mesmos direitos que nosso conhecimento seja originariamente total e inteiramente empírico, e que seja total e inteiramente a *priori*.

Todo nosso conhecimento é originariamente empírico precisamente pelo fato de que surgem a nós, de maneira inseparável e ao mesmo tempo, conceito e objeto. Se nós podemos ter, originariamente, um conhecimento a *priori*, deveria haver primeiro, para nós, um conceito do objeto e, então, conforme o mesmo, o próprio objeto surgiria – o que, por si só, permitiria uma compreensão real *a priori* do objeto. Inversamente, todo aquele conhecimento que me surge totalmente sem minha participação – por exemplo, mediante um experimento fisicalista, cujo sucesso eu não consigo saber antecipadamente – se chama empírico. Ora, porém todo conhecimento dos objetos originariamente é tão independente de nós que nós só projetamos um conceito dele após ele já ter estado presente, porém não conseguimos compartilhar esse conceito novamente por meio da intuição totalmente involuntária. Todo conhecimento, portanto, originariamente é puramente empírico.

---

113. No original, em alemão, *"daliegend"* [N.T.].

Contudo, precisamente pelo fato de que todo nosso conhecimento é originariamente total e plenamente empírico, ele é total e plenamente *a priori*, pois se ele não fosse nossa produção, então ou o todo de nosso saber seria dado de fora, o que é impossível – pois, nesse caso, não haveria nada necessário e de validade universal em nosso saber; e também não restaria nada além de algumas coisas virem de fora; outras virem de nós mesmos. Portanto, nosso saber só pode ser total e plenamente empírico pelo fato de que ele vem plena e totalmente de nós mesmos, isto é, plena e totalmente *a priori*.

De fato, na medida em que o eu produz tudo a partir de si mesmo, na medida em que é tudo, não apenas este ou aquele conceito, ou meramente a forma do pensamento, mas o uno e indivisível saber *a priori*.

Contudo, na medida em que não somos conscientes desse produzir, nessa medida em nós nada é *a priori*, mas tudo é *a posteriori*. O fato de que nós nos tornamos conscientes de nosso conhecimento como tal, que é *a priori*, envolve que nós nos tornemos conscientes da ação do produzir em geral separada do produto. Todavia, justamente nessa operação, nós perdemos, como no que foi deduzido anteriormente, todo elemento material (toda intuição) do conceito, e nada além do puramente formal resta. Logo, na medida em que há conceitos *a priori* em nós – vale dizer, puramente formais –, esses conceitos só o são na medida em que os apreendemos e que abstraímos deles de forma determinada, portanto, sem nosso apoio, mas por meio de uma direção especial da liberdade.

Logo, há conceitos *a priori*, sem que haja conceitos *inatos*. Não conceitos, mas nossa própria natureza, e o todo de seu mecanismo é o inato em nós. Essa natureza é determinada e age de certa forma, porém totalmente privada de consciência, pois ela não é nada além desse agir; o conceito desse agir não está nela, pois, caso contrário, ela deveria ser originariamente distinta daquele agir, e se ela chega a ele, então ela o faz por meio de um novo agir, que torna o primeiro em um objeto.

Todavia, é com aquela identidade originária entre o agir e o ser, a qual nós pensamos no conceito de eu, que torna totalmente impossível não somente a representação de conceitos inatos, que já deixou de ser necessária há muito tempo, por meio da descoberta de que em todos os conceitos há algo ativo. Essa identidade também impossibilita totalmente a até agora frequentemente alegada existência dos conceitos como disposições originárias, uma vez que ela se baseia na representação do eu como um substrato particular, distinto de seu agir. Quem nos diz que não se é capaz de pensar agir algum sem substrato, confessa com isso que o suposto substrato do próprio pensar é um mero produto de sua imaginação, portanto, novamente, apenas seu próprio pensamento que é obrigado a pressupor como independente, regressando ao infinito. É uma mera ilusão da imaginação que, após se retirar de um objeto os únicos predicados que ele tem, ainda sobre algo que não se saiba dele. Então, por exemplo, ninguém dirá que a impenetrabilidade é implantada na matéria, pois a impenetrabilidade é a própria matéria. Por que se fala, então, de conceitos que são implantados pela inteligência, uma vez que esses conceitos são a própria inteligência? – Os aristotélicos comparam a alma com uma tábua não escrita na qual os traços das coisas externas são gravados. Porém, se a alma não é nenhuma tábua não escrita, justamente por isso, então, ela é escrita?

Se os conceitos *a priori* são disposições em nós, então nós temos o impacto externo para catalisar o desenvolvimento dessas disposições. A inteligência seria uma faculdade em repouso, à qual as coisas externas, por assim dizer, servem como causas de excitação para a atividade, ou atuam como estímulos. Porém, a inteligência não é faculdade em repouso alguma que teve, inicialmente, que ser posta em atividade, pois, então, ela deveria ser algo diferente de atividade, ela deveria ser atividade ligada a um produto, aproximadamente como a do organismo, uma intuição já potencializada da inteligência. Também para aquele desconhecido do qual parte o impacto, após se ter retirado dele todos os conceitos *a priori*, não resta predicado objetivo algum. Portanto, pode-se pôr aquele X em uma inteligência, como Malebranche, que nos fez ver tudo em Deus, ou o profundo Berkeley, que chama a luz um diálogo da alma com Deus, cujas ideias, porém, não precisam de refutação para uma época que sequer as entende.

Portanto, se por conceitos *a priori* se entende certas disposições originárias do eu, então sempre se poderia, com razão, preferir o pensamento de que todos os conceitos surgem por meio de impressões externas, não como se também se pudesse pensar algo compreensível com isso, mas porque, então, ao menos haveria unidade e totalidade em nosso conhecimento. – Locke, o defensor principal dessa opinião, disputou contra o desvario de conceitos inatos, que ele supõe [haver] em Leibniz, que estava bem distante disso, sem notar que é igualmente incompreensível que as ideias sejam inicialmente gravadas na alma ou que sejam entalhadas pelos objetos; tampouco ocorreu a ele se perguntar se, nesse sentido, não haveria só ideias inatas, mas se em geral haveria uma ideia no sentido que pudesse, igualmente, ser uma impressão na alma – ou, igualmente, de onde [viria]?

Todas essas confusões são resolvidas por meio da proposição de que nosso conhecimento, originariamente, é tão pouco *a priori* quanto *a posteriori*, na medida em que essa diferença é feita simplesmente e somente em relação à consciência filosófica. A partir dos mesmos motivos, vale dizer, porque o conhecimento originariamente – isto é, em relação ao *objeto* da filosofia, o eu – não é nem um, nem o outro, também não podendo ser nem parcialmente um e nem parcialmente outro, observação que, de fato, torna impossível *a priori* toda a verdade, ou objetividade do conhecimento. Afinal, não apenas o fato de que ela anula totalmente a identidade entre representação e objeto, uma vez que causa e efeito nunca podem ser idênticos, ela precisa ou afirmar que as coisas, segundo suas formas iniciais, por assim dizer, aconchegam-se em nós como uma matéria disforme ou, ao contrário, que aquelas formas são regidas pelas coisas, por meio do que elas perdem toda necessidade. Então, a terceira pressuposição possível – segundo a qual o mundo objetivo e a inteligência, de certo modo, representam dois relógios que, sem saber um do outro e, totalmente separados um do outro, concordam um com o outro precisamente pelo fato de que cada um procede em seu curso regular – defende algo totalmente supérfluo, e que falha diante de um princípio geral de toda explicação: o que pode ser explicado por um, não deve ser explicado por vários; para não dizer do fato de que também esse mundo objetivo, inteiramente fora das representações da inteligência, por ser expressão de conceitos, ainda pode existir por meio de, e para uma inteligência.

QUARTA SEÇÃO PRINCIPAL.
SISTEMA DA FILOSOFIA PRÁTICA SEGUNDO PRINCÍPIOS DO IDEALISMO TRANSCENDENTAL

Parece-nos desnecessário recordar o leitor antecipadamente de que o que nós aqui pensamos em implantar não é um tipo de filosofia moral, mas antes, a dedução transcendental da pensabilidade e da explicabilidade dos conceitos morais em geral; também, [recordar] que nós deveremos conduzir esta investigação acerca do que, [dentro da] filosofia moral, cabe à filosofia transcendental com a maior generalidade. Desta maneira, nós conduziremos o todo de volta a poucos princípios e problemas – cuja aplicação a problemas particulares, todavia, será deixada ao próprio leitor que pode descobrir, deste modo, mais facilmente se ele não apenas apreendeu o idealismo transcendental, mas (o que é o mais importante) se, além disso, ele aprendeu a utilizar esse tipo de filosofia, também, como instrumento de investigação.

Primeira proposição. A abstração absoluta, isto é, o início da consciência, só é explicável a partir de um autodeterminar, ou de um agir da inteligência sobre si mesma.

Prova. O que se entende por "abstração absoluta" é pressuposto como conhecido. É a ação em virtude da qual a inteligência se eleva absolutamente acima do objetivo. Como essa ação é absoluta, então, ela não pode ser condicionada por nenhuma das ações precedentes; portanto, com ela, o composto de ações nas quais cada seguinte necessariamente é feita pela precedente é, por assim dizer, rompido, e inicia-se uma nova série.

Uma ação não seguir de outra [ação] anterior da inteligência significa que ela não pode ser elucidada pela inteligência, na medida em que aquela é desse tipo determinado; na medida em que ela age de determinado tipo e como, além disso, ela deve ser explicável, então ela só é explicável a partir do absoluto na própria inteligência, a partir do último princípio de todo agir nela [presente].

["]Uma ação só é explicável a partir do último elemento na inteligência mesma["] deve significar (uma vez que o último elemento na inteligência não é nada além de sua duplicidade originária) o mesmo que: a inteligência deve determinar a si mesma rumo a essa ação. A ação é, contudo, explicável, apenas não a partir de um *determinar*[114] da inteligência, mas a partir de um autodeterminar imediato.

Contudo, uma ação por meio da qual a inteligência determina a si mesma é uma ação sobre si mesma. Portanto, a abstração absoluta só é explicável a partir de tal agir da inteligência sobre si mesma, e como a abstração absoluta é o início de toda consciência no tempo, então também o primeiro início da consciência é explicável apenas a partir de tal [ato], o que foi provado.

Corolários

1) Esse autodeterminar da inteligência se chama *querer*, no significado mais geral da palavra. Uma vez que, em todo querer, há um autodeterminar, que ao menos parece como tal, pode-se demonstrar a todos por meio da própria intuição interna; se esse fenômeno é verdadeiro ou ilusório, aqui não é o caso. Também não é o caso de qualquer ato determinado, no qual já estava presente o conceito de um objeto, mas se trata, aqui, do autodeterminar transcendental, do ato de liberdade originário. Porém, o que seja essa autodeterminação, ninguém pode explicar, caso ainda não se saiba dela a partir da própria intuição.

2) Se essa autointuição é o querer originário, então segue que a inteligência só se torna objeto a si mesma através do *medium* do querer.

---

114. No original, em alemão arcaico: *"Das Bestimmtseyn"* (grifo do autor). Uma tradução mais literal seria "ser determinado" [N.T.].

O ato da vontade, portanto, é a solução perfeita para nosso problema: ["]como a inteligência se reconhece como intuinte[?"] A filosofia teórica foi completada por meio de três atos principais. No primeiro ato, ainda aconsciente da consciência de si, o eu foi sujeito-objeto sem o ser para si mesmo. No segundo ato, o da sensação, apenas a atividade objetiva do eu foi objeto. No terceiro, o da intuição produtiva, o eu se tornou objeto para si mesmo enquanto sentiente, isto é, enquanto sujeito. Enquanto o eu for apenas produtivo, ele nunca será, como eu, objetivo, precisamente porque o intuinte sempre é direcionado a algo diferente de si mesmo e aquilo, pelo qual todo o demais é objetivo, ele mesmo não se torna objetivo; por isso, nós nunca poderíamos, por meio de toda a época da produção, alcançar o ponto em que o produto, intuinte, tornar-se-ia objeto de si como tal; somente a intuição produtiva poderia ser potencializada (por exemplo, por meio da organização), porém não a autointuição do próprio eu. Somente no querer, também esta é elevada a uma potência superior, pois, por meio dele, o eu se torna como objeto para si mesmo enquanto o *todo* que ele é, isto é, como sujeito e objeto ao mesmo tempo, ou produtor. Esse produtor se desprende, por assim dizer, do eu puramente ideal, e agora nunca se tornará ideal novamente, mas é o eterno e absolutamente objetivo para o próprio eu.

3) Uma vez que o eu se torna objeto *enquanto* eu por meio do ato da autodeterminação, então se pergunta: como esse ato poderia se relacionar com aquele ato absoluto da consciência de si o qual, igualmente, é um autodeterminar, todavia, mediante o qual não ocorre o mesmo?

Por meio do que precedeu, já foi dada uma característica de diferenciação. Naquele primeiro ato havia apenas a simples oposição entre determinante e determinado, que, igualmente, era a oposição entre intuinte e intuído. No ato presente não há essa simples oposição, mas existe, em oposição *comum* ao determinante e ao determinado, um intuinte, e os dois juntos, intuinte e intuído do primeiro ato, são aqui o *intuído*.

O motivo dessa diferenciação foi o seguinte. No primeiro ato, o eu em geral *veio a ser* em primeiro lugar, pois não é nada além do que aquilo que se torna objeto; portanto, no eu ainda não havia atividade ideal alguma e que, ao mesmo tempo, poderia refletir o que veio a ser. No ato presente, o eu já *existe*, e agora apenas trata de se tornar objeto para si mesmo como aquilo que já existe. Este segundo ato da autodeterminação, portanto, é objetivo e, de fato, o mesmo ato que aquele primeiro e originário, apenas com a diferença de que, no [ato] presente, o todo é primeiramente feito objeto ao eu, ao passo que, no primeiro [ato], apenas o elemento objetivo no eu é feito objeto a ele.

Aqui, sem dúvida, é o lugar mais adequado para retornar, simultaneamente, a questão frequentemente repetida: por meio de qual princípio comum a filosofia teórica e prática se conectam?

É a autonomia que, em geral, é colocada apenas no topo da filosofia prática e que, ampliada a princípio do todo da filosofia, em sua realização é idealismo transcendental. A diferença entre a autonomia originária e aquela da qual se fala na filosofia prática é apenas a seguinte: em função daquela, o eu determina absolutamente a si mesmo, porém sem o ser para si mesmo – o eu, simultaneamente, dá a lei e a realiza em uma e na mesma ação, pelo que ele também não se diferencia de si mesmo como legislador, mas percebe a lei apenas em seus produtos, como em um espelho; em oposição, na filosofia prática o eu é como idealmente oposto não ao real, mas ao simultaneamente real e ideal, precisamente por isso, porém, não mais ideal, porém *idealizador*. Contudo, a partir dos mesmos motivos, uma vez que um eu idealizador é oposto ao eu simultaneamente ideal e real, isto é, produtivo, este não é mais intuinte na filosofia prática, isto é, *aconsciente*, mas produtivo com consciência, isto é, *realizador*.

A filosofia prática, portanto, consiste inteiramente na duplicidade entre o eu idealizador (projetista de ideais) e o eu realizador. Ora, o realizar é, certamente, também um produzir e, então, o mesmo que, na filosofia teórica, é o intuir, apenas com a diferença de que o eu, aqui, produz com consciência, assim como, ao contrário, na filosofia teórica o eu também é idealizador – só que, aqui, conceito e ato, projetar e realizar são um e o mesmo.

Pode-se, a partir dessa oposição entre filosofia teórica e prática, agora mesmo, deduzir mais importantes conclusões, das quais aqui serão fornecidas apenas as mais importantes.

a) Na filosofia teórica, isto é, além da consciência, o objeto surge a mim precisamente como ele surge a mim na filosofia prática, isto é, aquém da consciência. A diferença entre o intuir e o agir livre é apenas que o eu, neste, é produtivo para si mesmo. O *intuinte*, como sempre, se ele tiver apenas o eu como objeto, é *simplesmente ideal*, enquanto o *intuído* é o eu *total*, isto é, o eu ao mesmo tempo ideal e real. O mesmo que age em nós, quando nós agimos livremente, é o que intui em nós – ou ainda, a atividade intuinte e prática são uma, o resultado mais notável do idealismo transcendental, que fornece as maiores informações sobre a natureza do intuir, bem como do agir.

b) O ato absoluto da autodeterminação é postulado para explicar como a inteligência se torna intuinte para si mesma. Após a experiência frequentemente repetida que nós fizemos até agora, não pode nos ser estranho se surgir a nós, também por meio desse ato, algo inteiramente novo do que nós tínhamos em vista. Por meio de toda a filosofia teórica nós vimos falhar continuamente o empenho da inteligência em se tornar consciente de seu agir como tal. O mesmo é o caso aqui também. Porém, justamente a partir desse erro, justamente a partir do fato de que a consciência completa surge à inteligência ao mesmo tempo em que ela intui a si mesma como produtiva, tem base o fato de que o mundo se torna realmente objetivo para ela. Afinal, precisamente pelo fato de que a inteligência se intui como produtiva, o eu puramente ideal se separa daquele que é ideal e real ao mesmo tempo, portanto agora totalmente objetivo e independente do puramente ideal. Na mesma intuição, a inteligência é produtiva com consciência, porém ela deveria se tornar consciente de si mesma como aconsciente. Isso é impossível e, apenas por esse motivo, o mundo aparece a ela como realmente objetivo, isto é, como presente sem seu apoio. A inteligência, agora, não cessará de produzir, mas ela produz com consciência; portanto, aqui ela começa todo um mundo novo, o qual segue deste ponto rumo ao infinito. O primeiro mundo (se me permitem falar dessa maneira), isto é, aquele que surgiu por meio do produzir aconsciente agora, por assim dizer, perde terreno com sua origem para trás da consciência. A inteligência, portanto, também nunca poderá examinar imediatamente que ela produz, igualmente, esse mundo a partir de si mesma, assim como este segundo [mundo], cuja produção iniciou com consciência. Da mesma forma que, a partir do ato originário da consciência de si, toda uma natureza se desenvolve, a partir do segundo ato, ou da autodeterminação livre, emana uma segunda natureza, cuja derivação é o objeto total da seguinte investigação.

Até agora, nós refletimos apenas sobre a identidade do ato da autodeterminação com o [ato] originário da consciência de si, e apenas sobre o único traço de diferenciação entre ambos, que este é aconsciente, aquele é consciente, porém ainda há outra característica muito importante, à qual maior consideração deve ser dada, vale dizer, que o originário da consciência de si ocorre *fora de todo o tempo*, enquanto o outro, que não faz o início transcendental da consciência, mas o início empírico, necessariamente ocorre em um momento determinado da consciência.

Ora, porém, cada ação da inteligência que ocorre para ela em um determinado momento do tempo é consequência de uma ação necessária de se explicar. Porém, é igualmente inegável que a ação do autodeterminar, da qual aqui se fala, não é explicável a partir de nenhuma [ação] precedente na inteligência; pois nós fomos, de fato, impelidos a ela como *fundamento explicativo*, isto é, *idealmente*, porém não *realmente*, ou então, que ela necessariamente suceda a partir de uma ação precedente. – Em geral, para se recordar disso de passagem, enquanto nós acompanhamos a inteligência em seu produzir, cada ação seguinte foi condicionada pela precedente; logo que abandonamos essa esfera, a ordem se inverteu totalmente, e nós devemos inferir do condicionado à condição, de modo que nós possamos, finalmente, ver-nos impelidos a algo incondicionado, isto é, inexplicável. Porém, isso não pode ser, segundo as próprias leis de pensamento da inteligência, e ocorre tão certamente como aquela ação em um momento determinado do tempo.

A contradição é que a ação deve ser, simultaneamente, explicável e inexplicável. Para essa contradição deve ser encontrado um conceito mediador, um conceito que até o momento não entrou na esfera de nosso saber em geral. Nós agimos, na resolução desse problema, como nos portamos na solução de outros problemas, isto é, de modo a traçar cada vez mais e mais precisamente a tarefa, até que reste a única solução possível.

[Afirmar que] uma ação da inteligência é inexplicável significa: ela não pode ser explicável a partir de nenhuma ação prévia e, como até agora não conhecemos nenhuma ação além do produzir, [significa]: ela não é explicável a partir de nenhum produzir prévio da inteligência. A proposição ["]a ação é inexplicável a partir de um produzir["] não diz: ["]a ação é absolutamente inexplicável["]. Porém, como na inteligência não há nada além do que ela produz, então também aquele algo, se não é um produzir, não está em seu ser; porém, ele deve estar *nela*, uma vez que se há de explicar uma ação nela. Logo, o ato deve ser explicável a partir de algo que seja um produzir e, todavia, também não seja produzir algum da inteligência.

Essa contradição não pode ser intermediada de nenhuma outra maneira além da seguinte: este algo que contém o fundamento da livre-autodeterminação deve ser um produzir da inteligência, porém a condição negativa desse produzir deve estar *fora* dela. Aquele, porque nada chega à inteligência a não ser a partir de sua própria ação; esta, porque aquela ação não deve ser explicável a partir da própria inteligência em e para si mesma. Ao contrário, a condição negativa desse algo *fora* da inteligência deve ser uma determinação na própria inteligência, sem dúvida, uma negativa, e como a inteligência é apenas um agir, deve se tratar de um não agir[115] da inteligência.

Se esse algo é condicionado por intermédio de um não agir e, mais precisamente, mediante um determinado não agir da inteligência, então ele é algo que poderá ser excluído e tornado impossível por meio de uma ação dessa, portanto, até mesmo uma ação, e ainda uma determinada. A inteligência, consequentemente, deverá intuir uma ação como efetuada e, como todo o demais, intuir em função de um produzir nela; não deve ocorrer, portanto, nenhum efeito imediato na inteligência, não deve haver condição positiva alguma de seu intuir fora dela, e ela deve permanecer, como sempre, inteiramente fechada em si mesma. Não obstante, ela não deve ser

---

115. No original, em alemão, *"Nichthandeln"* [N.T.].

causa de um agir, mas apenas conter a condição negativa dele; por conseguinte, o agir deve ocorrer de modo totalmente independente da inteligência. Em suma, aquele agir não deve ser fundamento direto de um produzir na inteligência, mas, também inversamente, a inteligência não deve ser fundamento direto daquele agir; não obstante, a *representação* de tal agir, na inteligência, como independente dela, e o *próprio agir* fora dela devem coexistir como se um fosse determinado pelo outro.

Tal relação só é pensável por meio de uma harmonia preestabelecida. O agir fora da inteligência ocorre totalmente a partir de si mesmo; ela só conteria a condição negativa do mesmo, isto é, se ela agisse de determinada forma, então esse agir não ocorreria; mas, por meio de seu mero não agir, ela não é nem fundamento direto, tampouco positivo de um agir, pois, apenas pelo fato de que ela não age, aquela ação ainda não ocorreria, a não ser que houvesse algo fora da inteligência que contivesse o fundamento daquele agir. Ao contrário, a representação ou o conceito daquele agir chega à inteligência totalmente a partir dela mesma, como se não houvesse nada fora dela, e não poderia estar nela se aquela ação não ocorresse realmente e independente dela; logo, também esse agir, novamente, é apenas fundamento indireto de uma representação na inteligência. Essa reciprocidade indireta é o que nós compreendemos por harmonia preestabelecida.

Porém, tal harmonia é pensável apenas entre sujeitos de realidade igual, logo aquele agir deve partir de um sujeito a que se atribui precisamente a mesma realidade que a própria inteligência, isto é, ele deve partir de uma inteligência fora dela, e, então, nós nos vemos conduzidos, por meio da contradição observada acima, a uma nova proposição.

Segunda proposição. O ato da autodeterminação, ou o agir livre da inteligência a partir de si mesma, só é explicável a partir do determinado agir de uma inteligência externa a ela.

Prova. Essa está contida na dedução exposta acima, e consiste apenas nas duas proposições: que a autodeterminação deve ser, ao mesmo tempo, explicável e inexplicável a partir de um produzir da inteligência. Ao invés de nos delongarmos mais tempo na prova, dirigir-nos-emos agora mesmo aos problemas que veremos derivar desse teorema e da prova aduzida para ele.

Em primeiro lugar, então, nós vemos *que* um determinado agir de uma inteligência fora de nós é condição necessária do ato da autodeterminação e, dessa forma, da consciência; porém, não [vemos] *como,* e *de que modo* tal agir fora de nós poderia ser, também, apenas fundamento indireto de uma livre-autodeterminação?

Em segundo lugar. Nós não compreendemos como alguma influência de fora chega a ocorrer na inteligência, logo também não [compreendemos] como a influência de outra inteligência sobre ela é possível. Ora, nossa dedução já se deparou com essa dificuldade enquanto nós deduzíamos um agir fora da inteligência apenas como fundamento indireto de um agir dentro dela. Contudo, agora, como se pode pensar nessa relação indireta, ou em tal harmonia preestabelecida entre inteligências distintas?

Em terceiro lugar. Se essa harmonia preestabelecida deve ser explicada, dessa maneira, pelo fato de que, por meio de um determinado não agir em mim, seria posto para mim, necessariamente, determinado agir de uma inteligência fora de mim, então é de se esperar que esta, uma vez que está ligada a uma condição contingente (meu não agir), seja livre, e que, portanto, também esse não agir seja de um tipo livre. Ora, porém esse agir de uma inteligência fora de mim é condição de um agir pelo qual a consciência e, com ela, a liberdade surge a mim em primeiro lugar; como se pode pensar um não agir livre antes da liberdade?

Esses três problemas devem ser respondidos acima de tudo, antes que nós possamos avançar em nossa investigação.

Solução do primeiro problema. Por meio do ato de autodeterminação, eu surjo a mim mesmo *como* eu, isto é, como sujeito--objeto. Além disso, esse ato deve ser livre; como eu determino a mim mesmo, o fundamento disso deve estar única e somente em mim mesmo. Se esse ato é uma ação livre, então eu devo ter *querido* o que me surge por meio dessa ação, e isso só deve surgir a mim porque eu o quis. Ora, porém aquilo que me surge por meio dessa ação é o próprio querer (pois o eu é um querer originário).

Eu devo, portanto, já ter querido o querer, antes que eu possa agir livremente e, por assim dizer, surja a mim o conceito de querer, com o qual o eu surge somente por meio dessa ação.

Esse círculo evidente só pode ser resolvido se o querer puder se tornar um objeto a mim antes do querer. Por intermédio de mim mesmo, isso é impossível, logo deve ser precisamente aquele conceito de querer que surgiu a mim por meio da ação de uma inteligência.

Portanto, apenas tal agir fora da inteligência pode ser o fundamento indireto de autodeterminação para ela, mediante o qual o conceito de querer surge a ela, e a tarefa se transforma agora na seguinte: por meio de qual agir o conceito de querer poderia surgir à inteligência?

Não pode ser uma ação mediante a qual o conceito de um objeto real surge, pois dessa maneira ela [isto é, a inteligência] retornaria ao ponto que ela teria acabado de abandonar. Logo, deve ser o conceito de um objeto possível, isto é, de algo que ainda não é, mas que pode ser em momentos seguintes. Porém, tampouco dessa maneira surge o conceito de querer. Ele deve ser o conceito de um objeto que só pode ser se a inteligência o realiza. Apenas por intermédio do conceito de tal objeto, aquilo que se divide no querer pode se separar em eu para o próprio eu; pois, na medida em que o conceito de um objeto surge ao eu, ele é apenas ideal; na medida em que esse conceito surge a ele como conceito de um objeto a se realizar pelo seu agir, ele se torna real e ideal concomitantemente para ele. Logo, por meio desse conceito, ele [o objeto] ao menos *pode* se tornar em objeto como inteligência. Mas ele só pode fazê-lo. Para que ele apareça a si realmente como tal, isso envolve que ele oponha o momento presente (o da limitação ideal) ao seguinte (produção) e relacione os dois um ao outro. Quanto a isso, o eu pode ser coagido apenas para que esse agir seja uma exigência para realizar o objeto. Apenas pelo conceito de querer, surge a oposição entre o eu produtivo e o eu ideal. Agora, se a ação mediante a qual o que se exige é realizado de fato sucede, é incerto, pois a condição da ação que é dada (o conceito de querer) é condição da própria [ação] como uma ação *livre*. A condição, todavia, não pode contradizer o condicionado, de modo que, posto aquele, a ação fosse necessária. O próprio querer permanece sempre livre, e deve permanecer livre caso não deva cessar de ser um querer. Apenas a condição de possibilidade do querer deve ser produzida no eu sem sua participação. E nós vemos, pois, simultaneamente a contradição totalmente resolvida pelo fato de que a mesma ação da inteligência deve ser explicável e inexplicável, concomitantemente. O conceito intermediário para essa contradição é o conceito de uma exigência, pois mediante a exigência, a ação é *explicada*, *quando ela ocorre*, sem que, por esse motivo, ela *deva* ocorrer. Ela pode ocorrer assim que o conceito de querer surja ao eu, ou logo que ele, refletindo sobre si mesmo, veja-se no espelho de outra inteligência[116], porém isso não precisa ocorrer.

Nós não podemos nos envolver imediatamente com os corolários seguintes que resultam dessa solução de nosso problema, uma vez que nós devemos, antes de tudo, responder à questão sobre como, então, essa exigência de uma inteligência fora do eu poderia chegar nele, questão que, expressa em termos gerais, significa: como, então, inteligências em geral podem influenciar uma à outra?

Solução do segundo problema. Nós investigamos essa questão, inicialmente, de modo inteiramente geral e sem relação com o caso especial agora diante de nós, ao qual a aplicação pode ser feita facilmente e por si mesma.

Que a influência imediata entre inteligências segundo princípios do idealismo transcendental é impossível, é algo que não carece de demonstração, e tampouco outra filosofia faz isso apreensível. Portanto, quanto a isso, não resta nada além de supor uma influência indireta entre diferentes inteligências, e aqui se falará apenas das condições de possibilidades disso.

---

116. Essa é uma passagem instigante do *Sistema do idealismo transcendental*, pois nela inicia uma discussão sobre o tema da intersubjetividade, ainda pouco discutido em Schelling, e mais famoso em Fichte e Hegel pela temática do reconhecimento. Um trabalho nacional que capta a importância do tema, com apontamentos de valor heurístico é: Cunha (2021). Em Fichte, a referência é a obra sobre *Fundamentos do direito natural*, de 1796, como apontam Korten e Ziche (2005, p. 170). Cf. Fichte (1834) [N.T.].

Por enquanto, deve haver uma harmonia preestabelecida entre inteligências que têm efeito uma sobre a outra por meio da liberdade, [harmonia essa] em relação ao mundo comum que elas representam. Afinal, como toda determinidade na inteligência surge apenas mediante a determinidade de suas representações, então as inteligências que intuíssem um mundo totalmente diferente não poderiam ter absolutamente nada comum entre si, e nenhum ponto de contato no qual elas se encontrassem. Como eu tomo o conceito de inteligência apenas a partir de mim mesmo, então uma inteligência que eu devo reconhecer como tal deve estar sob as mesmas condições da visão de mundo que eu e, como a diferença entre essa [inteligência] e a minha só é feita pela individualidade mútua, então, o que permanece se eu prescindo da determinidade desse caráter individual deve ser comum a nós dois. Isso significa que nós devemos ser iguais em relação à primeira limitação, à segunda e até mesmo à terceira limitação, sem imaginar a determinidade da terceira.

Mas, agora, se a inteligência produz todo o objetivo a partir de si mesma, e não há arquétipo comum algum das representações que nós intuímos fora de nós, então a concordância entre as representações de inteligências diferentes, tanto em relação ao todo do mundo objetivo quanto em relação às coisas individuais e modificações no mesmo espaço e mesmo tempo – cuja concordância, por si só, compele-nos a atribuir verdade objetiva a nossas representações –, será completamente explicada apenas a partir de nossa natureza comum, ou a partir da identidade entre nossa limitação primitiva e nossa limitação deduzida. Isso é o caso, pois assim como para a inteligência individual com a limitação originária, tudo o que pode adentrar na esfera de suas representações é predeterminado, da mesma forma, também, por meio da unidade daquela limitação, a concordância permanente nas representações de diferentes inteligências [é predeterminada]. Essa intuição comum é o fundamento e, por assim dizer, o solo no qual toda interação entre inteligências ocorre, um substrato ao qual elas, precisamente por isso, retornam permanentemente, logo que elas se encontram em desarmonia sobre o que não é determinado imediatamente pela intuição. – Só que a explicação, aqui, não se arroga ir mais longe, como a um princípio absoluto que contém o fundamento comum da concordância das inteligências em representações objetivas – por assim dizer, como o foco comum das inteligências, ou como criador e organizador uniforme delas (que, para nós, são conceitos totalmente incompreensíveis). Ao invés disso, tão certo como o fato de que há uma inteligência individual, com todas as determinações de sua consciência, há também outras inteligências com as iguais determinações, pois elas são condições da consciência da primeira, e vice-versa.

Todavia, as inteligências diferentes só podem ter em comum a primeira e a segunda limitação – a terceira, porém, apenas em geral, pois a terceira é justamente aquela em função da qual a inteligência é um indivíduo determinado. Logo, parece que, precisamente por intermédio dessa terceira limitação, na medida em que ela é determinada, toda comunidade entre inteligências é anulada. Porém, justamente por meio dessa limitação da individualidade, uma harmonia preestabelecida pode ser condicionada novamente, se nós a tomarmos apenas como o oposto da precedente. Se, por meio dessa que ocorre no que tange a suas representações objetivas, algo comum é posto nas inteligências, então, por sua vez, decorrente da terceira limitação, em todo indivíduo algo é posto que, justamente pelo fato de ser negado por todas as outras, e aquilo que, justamente por isso, as outras não podem intuir como o agir delas; logo, [as inteligências] podem intuir apenas como não delas[117], isto é, como o agir de uma inteligência fora delas.

Também é observado: imediatamente por meio da limitação individual de cada inteligência, e imediatamente por meio da negação de uma certa atividade nela, essa atividade é posta para ela como atividade de uma inteligência externa a ela, o que, portanto, é uma harmonia preestabelecida de tipo *negativo*.

Para provar tal tese, duas proposições devem, portanto, ser observadas.

1) Que eu devo intuir como atividade de uma inteligência fora de mim aquilo que não é *minha* atividade, simplesmente pelo fato de que ela não é minha, e sem que seja necessária uma influência direta de fora sobre mim;

---

117. No original, em alemão, *"nichtihres"*. Decidimos manter a ideia de neologismo, "traduzindo-o", dentro do possível, para o português brasileiro [N.T.].

2) Que imediatamente, pelo ato de pôr minha individualidade sem limitação mais ampla de fora, uma negação de atividade seja posta em mim.

Agora, no que diz respeito à primeira questão, cabe observar que se fala apenas de consciências ou de ações livres; ora, a inteligência, contudo, é limitada em sua liberdade por meio do mundo objetivo, como foi demonstrado em geral no que precedeu, mas, no interior dessa liberdade, ela é novamente ilimitada, de modo que sua atividade, por exemplo, pode se direcionar a todo e qualquer objeto; agora, suponhamos que ela comece a agir, então sua atividade necessariamente deverá se dirigir a um determinado objeto, de modo que ela deixe todos os demais objetos livres e, por assim dizer, intocados: agora, porém, não se compreende como sua atividade, inicialmente indeterminada por completo, é limitada dessa forma, a não ser que a direção rumo a outros objetos fosse tornada impossível – o que, até onde pudemos examinar até agora, só é possível mediante inteligências externas a ela. Portanto, é condição da consciência de si que eu intua uma atividade de inteligências fora de mim (visto que, até o momento, a investigação ainda não está completa), uma vez que é condição da consciência de si que minha atividade se dirija a um determinado objeto. Porém, justamente essa direção de minha atividade é algo já posto e predeterminado por intermédio da síntese de minha individualidade. Logo, também por meio da mesma síntese, já são postas para mim outras inteligências, mediante as quais eu me intuo limitado em meu livre--agir, sem que eu precise de mais uma influência particular da parte delas sobre mim.

Nós nos abstemos de indicar a aplicação dessa solução a casos particulares ou às objeções que nós pudemos antever agora mesmo. Por ora, apenas deixaremos mais clara a própria solução por intermédio de exemplos.

Para fins de elucidação, portanto, o seguinte. – Entre os impulsos originários da inteligência, também há o impulso rumo ao conhecimento, e conhecimento é um dos objetos aos quais sua atividade pode se direcionar. Supondo-se que isso ocorra, o que, sem dúvida, só ocorre se todos os objetos imediatos da atividade já estão ocupados previamente, então sua atividade é, precisamente por isso, limitada; mas aquele objeto é, em si, infinito, e também deverá ser, aqui, novamente limitado: supõe-se, portanto, que a inteligência dirija sua atividade a um objeto determinado do saber, então ela ou descobrirá a ciência desse objeto, ou aprenderá, por exemplo, a conseguir esse tipo de saber por meio de influência externa. Ora, pelo que essa influência externa é posta aqui? Meramente por meio de uma negação na própria inteligência, pois ou ela é incapaz de descobrir devido à sua limitação individual, ou a descoberta já foi feita e, então, também isso é posto novamente por meio da síntese de sua individualidade, o que também significa que a inteligência começou a existir nessa determinada época. Portanto, ela só é capaz de entrega e, por assim dizer, abertura à influência externa em geral mediante a negação de sua própria atividade.

Agora, porém, surge a nova pergunta, a mais importante desta investigação: como, então, algo positivo poderia ser posto por intermédio da simples negação, de modo que eu deva intuir o que não é minha atividade, simplesmente pelo fato de que ela não é a minha, como atividade de uma inteligência fora de mim? A resposta é a seguinte: para querer em geral, eu devo querer algo determinado, mas eu nunca poderia querer algo determinado se eu pudesse querer tudo, logo a intuição involuntária já deve ter tornado impossível para mim querer tudo, o que, porém, seria impossível se pontos limitadores da minha atividade livre já não tivessem sido postos com minha individualidade, portanto com minha intuição de si, na medida em que ela é permanentemente determinada. Ora, esses pontos não poderiam ser objetos desprovidos de eu, mas apenas outras atividades livres, isto é, atividades de inteligências fora de mim.

Se, então, o sentido da questão é *este*: ["]por que, então, aquilo que não ocorre por meu intermédio, em geral deve ocorrer[?"] (o que, contudo, é o sentido de nossa observação, na medida em que, imediatamente por meio da negação de uma determinada atividade em uma inteligência, aquela pode ser posta positivamente em outra [inteligência]), então respondemos: ["]uma vez que o reino das possibilidades é infinito, então também tudo o que, sob determinadas circunstâncias, só é possível mediante a liberdade, é *real*, exceto se apenas uma inteligência for realmente limitada em seu livre-agir e, mais precisamente, *realmente* por meio de inteligências externas a ela, de modo que resta a ela apenas o objeto determinado a que ela direciona sua atividade["].

Contudo, se uma objeção for feita, por exemplo, quanto a ações totalmente sem propósito, então retorquimos desta maneira: que tais ações em geral não pertencem de modo algum às livres, portanto também não àquelas que, quanto à sua possibilidade, são predeterminadas para o mundo moral, mas são mera consequência natural, ou fenômenos que, como todos os outros, já são predeterminados pela síntese absoluta.

Ou, caso se queira argumentar da seguinte maneira: ["]admitindo que, por meio da síntese, minha individualidade já seja determinada, que eu intua essa ação como a de outra inteligência, então ela não foi determinada por nada, uma vez que precisamente esse *indivíduo* deveria exercê-la["]. Então, nós perguntamos contra isso: ["]o que é, então, esse indivíduo, como precisamente o que age assim, e não de outro modo, ou de que é composto seu conceito dele, além de justamente seu modo de agir?["] Mediante a síntese de sua individualidade, certamente, foi determinado para você apenas que, em geral, outro [indivíduo] exercita essa atividade determinada; mas, precisamente pelo fato de que ele a exercita, um outro determina aquilo em que você pensa. Que você também intuiu essa atividade como atividade desse indivíduo específico, não foi por intermédio de sua individualidade, mas certamente pela daquele, não obstante você possa buscar o fundamento disso meramente na própria autodeterminação livre dele, pelo que também deve aparecer a você como absolutamente contingente o fato de que é precisamente esse indivíduo que exerce aquela atividade.

A harmonia deduzida até agora e, sem dúvida, compreensível até agora, consiste, então, no fato de que, imediatamente por meio do pôr uma passividade em mim – o que é necessário para o propósito da liberdade, pois eu só posso chegar à liberdade por meio de um determinado ser afetado de fora –, a atividade fora de mim é posta como correlato necessário e para minha própria intuição, teoria que é, portanto, o contrário da costumeira, assim como o idealismo transcendental como um todo surge por meio da inversão direta dos modos anteriores de explicação filosófica. De acordo com a representação comum, a passividade é posta em mim por atividade fora de mim, de modo que aquela é a originária e esta, a derivada. Segundo nossa teoria, a passividade posta imediatamente através de minha atividade é condição da atividade que eu intuo fora de mim. Pensemos em um *quantum* de atividade, por assim dizer, espalhado pelo todo dos seres racionais; cada um deles possui direito igual no todo, porém, para ser apenas ativo em geral, deve-se ser ativo de modo específico; Se um deles pudesse tomar todo o *quantum* para si, então só restaria passividade absoluta para todos os outros seres racionais além dele. Mediante a negação de atividade nele – portanto, imediatamente, isto é, não apenas nos pensamentos, mas também para a intuição (pois tudo o que é condição da consciência deve ser intuído externamente na intuição) – a atividade fora dele, vale dizer, seria posta de tal modo que é como se tivesse sido anulada nele.

Nós passamos à segunda questão que restou não respondida acima, ou seja, em que medida, então, imediatamente por meio do ato de pôr a individualidade, necessariamente também uma negação da atividade é posta? A questão já foi respondida, em grande parte, por meio do que sucedeu.

Pertence à individualidade não apenas a existência em um tempo determinado, e o que é de costume posto por limitações em virtude da existência orgânica, mas também mediante o próprio agir e, enquanto se age, a individualidade se limita novamente, de tal modo que se pode dizer, em certo sentido, que o indivíduo se torna cada vez menos livre quanto mais ele age.

Contudo, para também apenas começar a poder agir, eu já devo ser limitado. Que minha atividade livre, inicialmente, direcione-se apenas a um objeto, foi explicado no trecho antecedente pelo fato de que já foi impossibilitado a mim querer tudo por intermédio de outras inteligências; logo, que eu escolha entre muitos objetos B, C, D, justamente C, é algo cujo fundamento último deve estar, todavia, em mim mesmo. Ora, porém esse fundamento não pode estar em minha liberdade, pois apenas mediante essa limitação da atividade livre a um objeto específico, eu me torno consciente da minha, logo também livre [atividade], por conseguinte, antes que eu seja livre, isto é, consciente da liberdade, eu já devo ter restringido minha liberdade, e certas ações livres devem, ainda, antes que eu seja livre, ser tornadas impossíveis para mim. A isso pertence, por exemplo, o que se chama talento, ou gênio, e mais precisamente não apenas gênios para as artes, ou ciências, mas também gênios para as ações. Soa duro, mas nem por isso e nem por nada é menos verdadeiro que, assim como inúmeras pessoas são primordialmente incapazes das funções mais elevadas do espírito, também inúmeras nunca serão capazes de agir até mesmo acima da lei com a liberdade e elevação do espírito, o que pode ser conferido apenas a poucos escolhidos. Justamente isso, que ações *livres* já são inicialmente tornadas impossíveis, até mesmo por intermédio de uma necessidade desconhecida, que obriga o ser humano a se queixar de, ou a exaltar às vezes o favor ou por vezes o desfavor da natureza, às vezes a fatalidade do destino.

O resultado da investigação inteira pode ser resumido da forma mais breve da seguinte maneira:

No que diz respeito à autointuição originária de minha atividade livre, essa atividade livre só pode ser posta quantitativamente, isto é, sob limitações, restrições que, uma vez que a atividade é livre e consciente, só são possíveis por intermédio de inteligências fora de mim, de tal modo que eu não avisto, entre os efeitos das inteligências sobre mim, nada além dos limites iniciais de minha própria individualidade, e devo intuí-los, mesmo que, realmente, não houvesse nenhuma outra inteligência fora de mim. Que eu, não obstante outras inteligências sejam postas apenas por meio de negações em mim, deva reconhecê-las como independentes de mim, não estranha a ninguém que reflete sobre o fato de que essa relação é plenamente recíproca, e nenhum ser racional pode se conservar como tal, a não ser mediante o reconhecimento de outro como tal.

Ora, mas se nós aplicarmos essa elucidação geral ao caso presente, então isso nos conduz à[:]

Solução do terceiro problema. Se toda influência de seres racionais sobre mim é posta por intermédio da negação de atividades livres em mim e, contudo, aquela primeira influência que é condição da consciência, antes que eu seja livre (pois apenas com a consciência surge a liberdade) pode ocorrer, então se pergunta: como, antes da consciência da liberdade, a liberdade em mim pôde ter sido limitada? A resposta a essa pergunta, em parte, já está contida no trecho anterior, e nós aqui acrescentamos apenas a observação de que aquela influência a qual é condição da consciência, não deve ser pensada, por exemplo, como um ato individual, mas apenas como contínua, pois nem somente por meio do mundo objetivo, tampouco por meio da primeira influência de outro ser racional, a continuidade da consciência é feita necessária, mas ela faz parte de uma influência contínua a se orientar sempre novamente no mundo intelectual, o que ocorre pelo fato de que, por meio da influência de um ser racional, não a atividade aconsciente, mas a atividade livre e consciente, que apenas transparece através do mundo objetivo, é refletida em si e se torna livre como um objeto. Aquela influência progressiva é o que se chama educação, no sentido mais amplo da palavra, no que a educação nunca é acabada, mas é constante como condição da permanência da consciência. Porém, se não fosse negada uma certa quantidade de ações livres (permitam-nos usar essa expressão para fins de brevidade) para cada indivíduo, antes que ele fosse livre, não se apreenderia como aquela influência é, necessariamente, contínua. A interação que nunca cessa entre seres racionais, apesar da liberdade que sempre se expande, portanto, só é tornada possível por meio do fato daquilo que se chama diversidade de talentos e de características que, precisamente por esse motivo, por mais que se pareça contrária ao impulso da liberdade, embora seja, ela própria, necessária como condição da consciência. Porém, como aquela própria limitação originária no que diz respeito a ações morais, em função da qual, por exemplo, é impossível que um ser humano alcance um certo grau de excelência ao longo de toda a sua vida, ou que ele emancipe a tutela de outros – essa é uma questão com que a filosofia transcendental não precisa se preocupar; ela deve, aos quatro ventos, apenas deduzir fenômenos, e para ela a própria liberdade não é nada além de um fenômeno necessário cuja condição deve possuir, precisamente por isso, uma igual necessidade, na medida em que a questão sobre se esses fenômenos são objetivos e, em si, verdadeiros, possui tão pouco sentido quanto a questão teórica sobre se existem coisas em si.

A solução do terceiro problema se baseia, sem dúvida, no fato de que em mim já deve haver, inicialmente, um não agir livre, embora aconsciente, isto é, a negação de uma atividade que, se ela não fosse originariamente anulada, seria livre, da qual eu agora, como ela está anulada, certamente não posso me tornar consciente dela como tal.

Com nosso segundo teorema, o fio acima rompido da investigação sintética é agora reatado. Foi a terceira limitação, como foi observado na época dela, que precisou conter o fundamento da ação pela qual o eu é posto para si mesmo como intuinte. Todavia, precisamente essa terceira limitação foi a da individualidade, mediante a qual foi determinado, anteriormente, justamente a existência e a influência de outros seres racionais sobre a inteligência, e com eles a liberdade, a capacidade de refletir sobre o objeto, tornar-se consciente de seu próprio ser e toda a série de ações livres e conscientes. A terceira limitação, ou a da individualidade, portanto, é o ponto sintético, ou o ponto de viragem entre a filosofia teórica e a prática, e somente agora propriamente desembarcamos no território desta, e a investigação sintética inicia daqui em diante.

Como a limitação da individualidade e, com ela, a da liberdade, foram postas apenas inicialmente de forma que a inteligência foi obrigada a se intuir como indivíduo orgânico, então vê-se aqui, concomitantemente, o motivo pelo qual, involuntariamente, e por meio de um tipo de instinto geral tomou-se aquilo que é contingente à organização, a constituição física e a forma, principalmente dos órgãos mais nobres, como a expressão mais visível e, ao menos, como fundamento de suposição do talento e mesmo do caráter.

Aditivos

Na investigação feita acima, deixamos muitas questões ancilares propositalmente sem resposta. Agora, após acabamento da investigação principal, elas exigem resposta.

1) Foi afirmado: por meio de influência de outras inteligências sobre um objeto, a direção aconsciente da atividade livre sobre ele

poderia ser tornada impossível. Nessa afirmação já é pressuposto que o objeto não possui capacidade, em e por si mesmo, de elevar a atividade a que ele se direciona a uma [atividade] consciente – não, por exemplo, como se o objeto se comportasse de modo absolutamente passivo diante de meu agir (o que, embora o oposto disso ainda não tenha sido provado, certamente também não é pressuposto), mas apenas porque, por si só, e sem a influência prévia de uma inteligência, [o objeto] não possui capacidade de refletir a atividade livre como tal em si. O que, então, se junta ao objeto por meio da influência de uma inteligência, que o objeto não possui em si e por si?

Para a resposta a essa questão, ao menos um dado é fornecido por meio do precedente:

O querer não se baseia, como o produzir, na simples oposição entre atividade ideal e real, mas na [oposição] duplicada entre a atividade ideal de um lado, e a [atividade] ideal e real do outro lado. A inteligência, no querer, é simultaneamente idealizante e realizadora. Se a inteligência também não fosse realizadora, então ela – visto que em todo realizar, além da atividade real há uma atividade ideal – expressaria um conceito no objeto. Ou seja, como também não é simplesmente realizadora, mas além do mais ainda independente do realizar ideal, então a inteligência não pode expressar meramente um conceito no objeto, mas ela deve expressar no objeto, por meio do agir livre, um conceito do conceito. Agora, na medida em que a produção consiste apenas na oposição *simples* entre atividade ideal e real, o conceito deve pertencer à essência do próprio objeto, uma vez que este é totalmente indiferenciável daquele; o conceito não vai além do objeto, ambos devem se esgotar reciprocamente. Ao contrário, em uma produção em que está contida uma *atividade ideal da ideal*, o conceito necessariamente ultrapassaria o objeto ou, por assim dizer, destacar-se-ia dele. Isso, todavia, só é possível pelo fato de que o conceito que ultrapassa o objeto só pode se esgotar em outro [objeto], fora de si mesmo, isto é, pelo fato de que ele se relaciona àquele objeto como algo diferente, como *meio* para um *fim*. Portanto, é o conceito do conceito, e esse próprio é o conceito de um fim exterior ao objeto, que chega a ele por meio do livre-produzir. Isso se deve ao fato de que nenhum objeto possui, em si e para si, um fim externo a si mesmo, pois, se há objetos conforme a fins, então eles só podem ser conforme a fins em relação a eles próprios, eles são seus próprios fins. Apenas o artefato[118], no sentido mais amplo da palavra, possui um fim externo a si. Então, assim como inteligências no agir devem se limitar reciprocamente, e isso é tão necessário quanto a própria consciência, certamente, também, os artefatos devem suceder na esfera de nossas intuições externas. *Como* artefatos são possíveis, sem dúvida, é uma questão importante para o idealismo transcendental, mas aqui ainda não é respondida.

Ora, apenas pelo fato de que uma atividade livre e consciente se direciona ao acréscimo do conceito de conceito ao objeto, ao passo que, ao contrário, no objeto da produção cega, o conceito passa imediatamente ao objeto e só é diferenciável dele por meio do conceito de conceito – o qual, porém, só pode surgir à inteligência justamente por intermédio de influência externa, então o objeto da intuição cega não pode levar a reflexão adiante – isto é, a algo independente dele. Logo, a inteligência deixa o mero fenômeno, na medida em que o artefato – que, para começar, certamente também é apenas minha intuição –, pelo fato de que ele expressa o conceito de um conceito, leva a reflexão imediatamente adiante a uma *inteligência fora dela* (pois apenas algo desse tipo é capaz do conceito potencializado) e, dessa forma, a algo absolutamente independente *dele*. Somente por meio do artefato, portanto, a inteligência pode ser impelida a algo que não é novamente objeto, portanto sua produção, mas a algo que é bem maior que todo objeto, a saber, a uma *intuição* fora dela que, uma vez que nunca poderá ser algo intuído, é o primeiro absolutamente objetivo totalmente independente dela. Ora, o objeto que impele a reflexão a algo além de todo objeto opõe à ação livre uma resistência ideal invisível, por meio da qual, justamente por isso, não o objetivo e produtor, mas o simultaneamente ideal e produtor é refletido em si. Logo, lá onde se encontra apenas a força agora objetiva e, após derivação, aparente de maneira física como resistência, só pode haver natureza; onde, porém, a atividade consciente, isto é,

---

118. No original, em alemão, *"Kunstproduct"*. O próprio autor informa se tratar de um sentido amplo da palavra, motivo pelo qual não se trata, aqui, apenas de "produto artístico" [N.T.].

aquela atividade ideal da terceira potência é refletida em si, necessariamente há algo invisível externo ao objeto que torna totalmente impossível uma direção cega da atividade ao objeto.

De fato, isso não pode significar, por meio do efeito ocorrido de uma inteligência sobre o objeto, que minha liberdade em relação a ele é absolutamente anulada, mas apenas significa que a resistência invisível que eu encontro em tal objeto me necessita a uma decisão, isto é, à autolimitação. Ou [, ainda, significa] que a atividade de outros seres racionais, na medida em que eles são apresentados ou fixados mediante objetos, serve para me determinar rumo à autodeterminação, e apenas isso: ["]como eu pude querer algo determinado["], precisou ter sido explicado.

2) *Apenas pelo fato de haver inteligências externas a mim, o mundo como tal se torna objetivo a mim.*

Foi mostrado acima, que apenas efeitos de inteligências sobre o mundo sensível me coagem a aceitar algo como absolutamente objetivo. Agora, não se trata disso, mas de que toda a epítome de objetos só se torna real para mim pelo fato de haver inteligências fora de mim. Também não se trata, por exemplo, do que poderia ser produzido por habituação ou por educação, mas de que, originariamente, a representação de objetos extrínsecos simplesmente já não pode surgir a mim, a não ser por meio de inteligências externas a mim, pois

a) como a representação de algo *fora de mim* em geral de fato poderia surgir apenas mediante influência de inteligências, seja sobre mim, seja sobre objetos do mundo sensível nos quais elas exercem sua cunhagem, já se esclarece pelo fato de que os objetos, em e para si, não estão fora de mim, pois onde há objetos, eu também estou, e até mesmo o espaço no qual eu os intuo está, originariamente, apenas em mim. O único originário *fora de mim* é uma *intuição* fora de mim e aqui é o ponto onde, em primeiro lugar, o idealismo inicial se transforma em realismo.

b) O fato de que eu sou necessitado, em particular, à representação de *objetos* existentes na condição de *exteriores*, e independentes de mim (pois que os objetos aparecem a mim como tais, é algo que deve ser deduzido como necessário, caso sequer possa ser deduzido), apenas por meio de uma intuição fora de mim, é algo que há de ser provado da seguinte maneira.

Que realmente existam objetos externos a mim, isto é, independentes de mim, isso é algo de que eu só posso estar convicto pelo fato de que, então, eles também existem, ainda que eu não possa intuí-los. Que os objetos existam antes que houvesse o indivíduo é algo de que ele não pode ser convencido apenas por ele se encontrar como que intervindo em um ponto determinado da sucessão, pois isso é uma mera consequência de sua *segunda* limitação. A única objetividade que o mundo pode ter para o indivíduo é que ele é intuído por inteligências externas ao indivíduo (pode-se inferir, precisamente por isso, que deve haver estados de não-intuir para o indivíduo). A harmonia já preestabelecida por nós, tendo em vista as representações involuntárias de inteligências distintas é, portanto, algo a se deduzir como a única condição sob a qual o mundo se torna objetivo ao indivíduo. Para o indivíduo, as outras inteligências são, por assim dizer, as eternas portadoras do universo e, [para] tantas inteligências, tantos espelhos indestrutíveis do mundo objetivo. O mundo é independente de mim, não obstante apenas posto pelo eu, pois ele repousa para mim na intuição de outras inteligências, cujo mundo comum é o arquétipo cuja concordância com minhas representações é a única verdade. Nós não queremos invocar, em uma investigação transcendental, a experiência de que o desacordo entre nossas próprias representações e as de outros nos deixa em dúvida em relação à objetividade delas; tampouco pelo fato de que, para cada fenômeno inesperado, representações de outros são, por assim dizer, a pedra de toque, mas apenas remetemos ao fato de que, assim como a intuição só pode se tornar objetiva ao eu por meio de objetos externos, também esses objetos, agora, podem não ser nada além de inteligências externas a nós, assim como muitas intuições de nosso intuir.

Portanto, a partir do que foi demonstrado, segue que um ser racional isolado não apenas não conseguiria atingir a consciência da liberdade, mas também não teria sucesso em atingir a consciência do mundo objetivo como tal, visto que apenas inteligências extrínsecas ao indivíduo – e uma nunca cessante reciprocidade com elas – completam o todo da consciência, com todas as suas determinações.

Nossa tarefa: como o eu conhece a si mesmo como intuinte, só agora é completamente resolvida. O *querer* (com todas as determinações que pertencem a ele, segundo o que precedeu) é a ação pela qual o próprio intuir é integralmente posto na consciência.

Segundo o método conhecido de nossa ciência, surge a nós agora a nova [tarefa].

E. Tarefa: Explicar como o querer se torna, novamente, objetivo ao eu

Solução

I.

Terceira proposição. O querer se direciona, originariamente e de modo necessário, a um objeto exterior

Prova. Por meio do ato livre de autodeterminação o eu nega, por assim dizer, toda matéria de seu representar, enquanto ele se torna totalmente livre em consideração ao objetivo; e, apenas por meio disso, o querer se torna propriamente em querer. Todavia, o eu não poderia se tornar consciente desse ato como tal se o querer não pudesse se tornar novamente objeto dele. Isso, porém, só é possível pelo fato de que um objeto da intuição se torna expressão visível de seu querer. Contudo, todo objeto da intuição é determinado; logo, esse objeto deve ser determinado, porém apenas e na medida em que o eu quis desse modo determinado. Somente dessa maneira o eu se torna causa própria da matéria de seu representar.

Porém, além disso, a ação por meio da qual o objeto determina esta não deve ser absolutamente idêntico com o próprio objeto, senão a ação seria um produzir cego, um simples intuir. A ação como tal e o objeto devem, portanto, ser distinguíveis. Ora, porém a ação apreendida como tal é conceito. Contudo, que conceito e objeto permaneçam diferenciáveis é possível apenas pelo fato de que o objeto existe independentemente dessa ação, isto é, que o objeto é algo *externo*. – Inversamente, o objeto vem a mim precisamente pelo fato de querer algo externo – pois o querer é querer somente na medida em que ele se direciona a algo independente dele.

Aqui, também já se explica o que, na sequência, será explicado de modo ainda mais completo, por que o eu de modo algum pode aparecer como um objeto que produz segundo a matéria, porque, antes disso, todo produzir no querer aparece apenas como uma forma ou imagem do objeto.

Por meio de nossa prova, agora, certamente é explicado que o querer como tal só pode se tornar objetivo ao eu por meio da direção a um objeto externo; porém, ainda não foi explicado: de onde, então, vem essa própria direção?

Nessa questão já é pressuposto que a intuição produtiva dura enquanto eu quiser; ou que, no próprio querer, eu sou compelido a representar determinado objeto. Nenhuma realidade, nenhum querer. Portanto, mediante o querer surge, imediatamente, uma oposição, ao mesmo tempo em que eu sou, de um lado, consciente da liberdade por meio daquela – logo, também consciente da finitude –, de outro lado, mediante a coerção a representar, sou constantemente impelido de volta à infinitude. Logo, com essa contradição, deve surgir uma atividade que fique no meio e oscile entre a finitude e a infinitude. Nós chamamos essa atividade, entretanto, imaginação meramente pelo fim da brevidade e sem, com isso, manter sem prova que o que em geral se chama imaginação seja tal coisa que oscila entre finitude e infinitude ou, o que é o mesmo, uma atividade mediadora entre o teórico e o prático; pois a prova para tudo isso se encontrará na sequência. Logo, essa faculdade que nós chamamos imaginação produz, também necessariamente nesse oscilar, algo que oscila, ele próprio, entre infinitude e finitude e que, destarte, igualmente só pode ser compreendido como tal. Produtos desse tipo são o que se chama *ideias* em oposição a conceitos, e a imaginação, justamente por esse motivo, nesse oscilar não é entendimento, mas razão e, ao contrário, o que em geral se chama razão teórica não é nada além da liberdade a serviço da liberdade. Porém, que as ideias sejam meros objetos da imaginação e que se encontrem apenas naquele oscilar entre finitude e infinitude é algo que fica claro pelo fato de que elas, feitas objeto do entendimento, conduzem àquelas contradições insolúveis que Kant ordenou como antinomias da razão, cuja existência consiste unicamente no fato de que ou são refletidas ao objeto, caso em que necessariamente a contradição é finita, ou no fato de que o próprio refletir é refletido novamente, pelo que o objeto imediatamente se torna, de novo, infinito. Ora, é evidente que, se o objeto de uma ideia é finito ou infinito é algo que depende somente da livre-direção da reflexão, o próprio objeto em si não é nem um, nem o outro. Se isso é evidente, então aquelas ideias certamente devem ser simples produtos da imaginação, isto é, uma atividade do tipo que não produz nem finita, nem infinitamente.

Mas como, agora, o eu no querer faz a passagem da ideia ao determinado objeto – ainda que no pensamento (pois como tal passagem seria objetivamente possível, ainda não foi de modo algum perguntado) –, não é compreensível se não houver algo, novamente, mediador, que para o agir é precisamente o mesmo que, para o pensar, junto às ideias é o símbolo – ou, para os conceitos, é o esquema. Esse mediador é o *ideal*.

Por intermédio da oposição entre o ideal e o objeto, surge ao eu, pela primeira vez, a oposição entre o objeto, como a atividade idealizante o exige, e o objeto como ele é segundo o pensar coagido; mediante essa oposição, contudo, imediatamente o impulso, o objeto como ele é, transforma-se no objeto como ele deveria ser. Nós chamamos a atividade que surge aqui um impulso, pois de um lado ela é livre e, contudo, de outro lado, brota imediatamente e sem qualquer reflexão a partir de um sentimento, sendo a união dos dois fatores o que completa o conceito de impulso. Mais precisamente, aquele estado do eu oscilante entre o ideal e o objeto é um estado de sentimento, pois é um estado de estar[119] restrito por si mesmo. Porém, naquele sentimento uma contradição é sentida, e ela não pode sentir de nenhuma outra maneira além de uma contradição interna em nós mesmos. Ora, por meio de toda contradição, a condição de atividade é dada imediatamente, a atividade surge bastando apenas sua condição ser dada, sem qualquer reflexão posterior. Ademais, se a atividade é ao mesmo tempo livre – isto é,

---

119. No original alemão, em grafia arcaica: *"Beschränktsein"*.

do tipo que, por exemplo, não é produção –, ela é, justamente por esse motivo, e apenas quanto a isso, um impulso.

A direção a um objeto externo se exterioriza, então, por intermédio de um *impulso*, e esse impulso surge imediatamente a partir da contradição entre o eu idealizante e o eu intuinte, expandindo imediatamente rumo ao reestabelecimento da identidade anulada do eu. Esse impulso deve, necessariamente, ter tanta causalidade quanto a consciência de si tiver duração (pois nós ainda deduzimos todas as ações do eu como condições da consciência de si, uma vez que, apenas mediante o mundo objetivo, a consciência de si não é completa, mas apenas conduzida até o ponto em que ela pode *começar*; desse ponto em diante, todavia, ela só pode prosseguir através de ações livres); pergunta-se apenas: *como* esse impulso poderia ter causalidade?

Aqui, é claramente postulada uma transição do (puramente) ideal ao objetivo (concomitantemente ideal e real). Nós buscamos, em primeiro lugar, estabelecer as condições negativas de tal transição e, em seguida, passaremos às condições positivas, ou àquelas sob as quais ela de fato ocorre.

A.

a) Por meio da liberdade, a infinitude se abre imediatamente ao eu ideal, de modo tão certo quanto, apenas por intermédio do mundo objetivo, o eu é posto em limitação; mas ele não pode tornar a infinitude em objeto para si sem delimitá-la; ao contrário, a infinitude não pode ser absoluta, mas apenas delimitada em relação ao agir, de modo que, quando, por exemplo, o ideal é realizado, a ideia deve poder ser expandida adiante e rumo ao infinito. Consequentemente, o ideal vale sempre apenas para o momento presente do agir, a própria ideia, que sempre se torna infinita novamente ao refletir sobre o agir, só pode ser realizada em um progresso infinito. Apenas pelo fato de que a liberdade é limitada em todo momento, e ainda assim se torne infinita no que diz respeito a sua aspiração, é possível a própria consciência da liberdade, isto é, a continuidade da consciência de si. Isso é devido ao fato de que a liberdade é o que mantém a continuidade da consciência de si. Se eu reflito sobre o produzir do tempo em meu agir, então ele me é certamente uma grandeza descontínua e composta a partir de momentos. Todavia, no próprio agir, o tempo me é sempre contínuo; quanto mais eu ajo e quanto menos eu reflito, mais contínuo [será o tempo]. Aquele impulso, portanto, não pode possuir causalidade alguma, salvo no *tempo*, que é a primeira determinação dessa passagem. Ora, uma vez que o tempo, contudo, só pode ser pensado de forma contínua e objetiva como uma sucessão de representações, na qual a seguinte é determinada pela precedente, então, neste livre-produzir, deve ocorrer igualmente tal sucessão, só que as representações se relacionam uma com a outra, não como causa e efeito, mas – uma vez que em todo agir consciente há um conceito de conceito, isto é, o conceito de um fim – se relacionam como meio e fim, dois conceitos que se relacionam aos de causa e efeito tal como um conceito de conceito se relaciona, em geral, com conceitos simples. Fica claro, precisamente pelo fato de que a condição da consciência é a liberdade, que eu não posso chegar imediatamente à realização de qualquer fim, mas apenas por meio de vários membros intermediários.

b) Foi determinado que a ação não poderia passar absolutamente ao objeto, pois, caso contrário, seria um intuir. O objeto, contudo, deve permanecer sempre externo, isto é, um objeto diferente de minha ação; como isso é imaginável?

Segundo a), o impulso possui causalidade apenas no tempo. O objeto, todavia, é o que é oposto à liberdade; agora, ele tem que ser determinado, todavia, pelo objeto, logo aqui há uma contradição. No objeto há uma determinação = a, agora, a liberdade exige a determinação oposta = -a. Para a liberdade, isso não é contradição alguma, mas certamente o é para a intuição. Para esta, a contradição só pode ser revogada por meio do mediador geral, o tempo. Se o eu pudesse produzir -a fora de todo o tempo, então a transição não seria representável, a e -a seriam simultâneos. Porém, nos seguintes momentos, deve haver algo que ainda não é – somente dessa maneira, é possível uma consciência da liberdade. Ora, mas sucessão alguma no tempo pode ser percebida sem algo que persevere. A passagem de a até -a em minhas representações anula a identidade da consciência, portanto a identidade deve ser produzida novamente *na* transição. Essa identidade produzida na transição é a substância, e aqui está o ponto no qual esse conceito, assim como as categorias restantes de relação, é posto mediante uma reflexão necessária também na consciência comum. Eu pareço, em meu agir, modificar todas as determinações das coisas: ora, porém o objeto não é nada diferente de suas determinações, e, no entanto, nós pensamos no objeto junto a todas as mudanças de suas determinações como idêntico a elas, isto é, como substância. Logo, a substância não é nada além daquilo que porta todas aquelas determinações e, propriamente, apenas expressão do refletir permanente sobre o devir do objeto. Uma vez que nós necessariamente devemos pensar em uma passagem do objeto de um estado ao oposto, se nós nos representamos como surtindo efeito sobre o objeto, então nós podemos parecer, também, a nós mesmos apenas como modificadores das determinações *contingentes* das coisas, mas não das determinações substanciais delas.

c) Observamos agora mesmo: na medida em que eu modifico as determinações contingentes das coisas, meu agir deve conduzir uma reflexão permanente ao objeto que se modifica. Mas sem reflexão não há resistência. Então, aquelas condições contingentes não devem ser mutáveis sem resistência para que o agir livre ocorra com reflexão contínua. Justamente em decorrência disso, fica claro também que, visto que as determinações contingentes das coisas são aquilo nelas que me limitam em meu agir, explica-se disso por que aquelas qualidades secundárias das coisas (que são expressão de determinada limitação), por exemplo dureza, maciez etc. simplesmente não existem para a pura intuição.

As condições negativas até agora deduzidas da passagem do subjetivo ao objetivo, porém, ainda deixam inexplicado como, então, essa passagem de fato ocorre, isto é, como e sob quais condições eu sou coagido a representá-la. Que tal passagem em geral não poderia ocorrer sem uma relação permanente entre o ideal e o objeto determinado conforme a ele – relação só possível mediante a intuição que, todavia, não parte do eu, mas meramente oscila entre as duas representações opostas do eu, a livremente esboçada e a objetiva –, é algo que se compreende de si mesmo, e nós, por isso, vamos imediatamente à tarefa principal dessa investigação.

B.

Em relação a essa investigação, nós retornamos à primeira exigência. Por meio de um agir livre, algo deve ser determinado no mundo objetivo.

No mundo objetivo, tudo só é na medida em que o eu o intui. Algo se modificar no mundo objetivo, portanto, significa o mesmo que: algo se modificar em minha intuição, e aquela exigência é = por meio de um livre-agir em mim, algo em minha intuição externa deve ser determinado.

Como algo poderia passar ao mundo objetivo pela liberdade seria totalmente inapreensível se esse mundo fosse algo em si subsistente, inapreensível mesmo por meio de uma harmonia preestabelecida que, por sua vez, só seria possível mediante um terceiro, cujas modificações comuns são a inteligência e o mundo objetivo, pelo qual toda liberdade no eu seria anulada. Pelo fato de que o próprio mundo é apenas uma modificação do eu, a investigação recebe uma mudança totalmente distinta. A questão, a saber, em seguida é a seguinte: como algo em mim pode ser determinado por intermédio de uma atividade livre, na medida em que eu não sou livre e na medida em que eu não sou intuinte? – Minha atividade livre possuir causalidade significa: eu a intuo como possuindo causalidade. O eu que *age* é diferente do eu que *intui*; no entanto, os dois devem ser idênticos em relação ao objeto. O que é posto no objeto mediante o eu ativo deve ser posto, também, no [objeto pelo] eu intuinte, o eu ativo deve determinar o intuinte, pois como *eu* sou o que agora intui a ação, eu sei agora – a partir da identidade entre os dois – que aquele que intui a ação se torna consciente da ação. O ativo (assim parece) não *sabe*, ele é apenas ativo, apenas objeto, só o intuinte sabe, e é precisamente por isso apenas sujeito; como, então, aqui se alcança a identidade que, no objeto, é precisamente aquilo que é posto no sujeito e, no sujeito, é precisamente aquilo que é posto no objeto?

Nós consideraremos preliminarmente o aspecto geral da resposta a essa questão, mas seguiremos, posteriormente, a elucidação mais detida dos pontos individuais.

Algo deve ser determinado, mediante o livre-ativo, no intuir objetivo. O que é, então, o livre-ativo? Todo agir livre se baseia no fato de que nós sabemos da oposição duplicada entre o eu ideal, de um lado, e o eu ao mesmo tempo ideal e real do outro lado. – Mas o que é, então, o intuinte? – Precisamente esse concomitantemente ideal e real, que no livre-agir é o objetivo. *O livre-ativo e o intuinte, portanto, são diferentes, posta aquela atividade ideal adversa à atividade produtiva; removida aquela, [são] um.* Ora, isso, sem dúvida, é aquele ponto ao qual cabe direcionarmos nossa atenção com excelência, e no qual deve ser buscado o fundamento da identidade por nós postulada entre o eu livremente ativo e o *eu* objetivamente intuinte.

Entretanto, nós devemos, caso queiramos completa clareza a respeito do assunto, repetir o fenômeno, uma vez que tudo o que nós até agora deduzimos pertence apenas ao *fenômeno*, ou foi apenas condição sob a qual o eu haveria de aparecer a si mesmo – portanto, não possuía a mesma realidade que o próprio eu. O que nós agora buscaremos explicar – como, mediante o eu, na medida em que ele *age*, algo deveria poder ser determinado no eu, na medida em que ele *sabe* –, toda essa oposição entre o eu ativo e o eu intuinte, pertence, sem dúvida, apenas ao *fenômeno* do eu, não ao próprio eu. O eu deve *aparecer* a si mesmo como se, em seu intuir, ou pelo fato de ele não ser consciente dele, algo fosse determinado pelo seu agir. Isso pressuposto, as seguintes explicações serão compreensíveis o suficiente.

Fizemos uma oposição entre o eu livremente ativo e o eu objetivamente intuinte. Ora, mas essa oposição não ocorre objetivamente, isto é, no eu em si, pois o que age é propriamente o eu intuinte, que aqui se tornou, ao mesmo tempo, intuinte e, por isso, *ativo*. Se o eu que intui (com sua atividade real e ideal ao mesmo tempo) não fosse aqui, simultaneamente, o intuído, então o agir apareceria sempre como um intuir e, inversamente, o fato de que o intuir aparece como um agir tem seu fundamento apenas no fato de que o eu, aqui, não é o intuinte, mas intuído na condição de intuinte. O intuinte intuído é o próprio agir. Logo, é pensável qualquer mediação entre o intuinte ativo e o intuinte externo; consequentemente, também não é pensável qualquer mediação entre o livremente ativo e o mundo exterior. Pelo contrário, seria totalmente inapreensível como, mediante um agir do eu, um intuir externo poderia vir a ser determinado se o agir e o intuir não fossem, originariamente, um. Meu agir deve ser – na medida em que eu, por exemplo, componho um objeto –, concomitantemente, um intuir e, reciprocamente, o meu intuir deve, nesse caso, ser simultaneamente uma ação; apenas o *eu* não consegue ver essa identidade, porque o objetivamente intuinte para o eu, aqui, não é intuinte, mas intuído. Logo, é o caso, pois, para o eu, aquela identidade entre o ativo e o intuinte é anulada. A modificação pela qual o livre-agir ocorre no mundo exterior deve ter lugar conforme às leis da intuição produtiva, e como se a liberdade não tivesse parte alguma nisso. A intuição produtiva age, por assim dizer, inteiramente isolada, e produz de acordo com suas leis peculiares precisamente o que ocorre aqui. Que esse produzir não apareça ao eu como um *intuir* é algo cujo fundamento está somente no fato de que, aqui, o conceito (a atividade ideal) é oposto ao objeto (ao objetivo), ao passo que, na intuição, tanto a atividade objetiva quanto a subjetiva são uma. Porém, que o conceito aqui anteceda o objeto é, por sua vez, apenas devido ao fenômeno. Contudo, se o conceito antecede o objeto apenas pelo fenômeno, então também o livre-agir como tal pertence apenas ao fenômeno, e o único elemento objetivo é o intuinte. – Assim como também se pode dizer que eu, na medida em que acreditei intuir, estava propriamente agindo, então se pode dizer que eu aqui, na medida em que eu acredito agir no mundo externo, sou propriamente intuinte, e tudo o que ocorre fora do intuir no agir pertence, propriamente, apenas ao fenômeno do único aspecto objetivo, ou seja, do intuir e, vice-versa, separando-se do agir tudo o que pertence apenas ao fenômeno, não sobra nada além do intuir.

Agora, nós buscamos, por ainda outros lados, elucidar e tornar mais nítido o resultado até agora derivado e, como nós acreditamos, suficientemente demonstrado.

Se o idealista transcendental declara que não há passagem do objetivo ao subjetivo, que ambos são originariamente um, o objetivo é apenas um subjetivo tornado objeto, então certamente uma questão central que ele deve responder é: como, então, é possível, inversamente, uma passagem do subjetivo ao objetivo, do tipo que nós somos coagidos a supor no agir? Se, em todo agir, um conceito livremente projetado por nós deve passar à natureza que independe de nós – embora essa natureza não independa realmente de nós –, como essa passagem pode ser pensada?

Sem dúvida, apenas pelo fato de que nós, precisamente por meio desse próprio agir, inicialmente tornamos o mundo objetivo para nós. Nós agimos livremente e o mundo vem a existir independentemente de nós – essas duas proposições devem ser unidas sinteticamente.

Agora, se o mundo não é nada além de nosso intuir, então o mundo, sem dúvida, se torna objetivo a nós quando nossa intuição se torna objetiva a nós. Mas agora, é afirmado que nosso intuir se torna objetivo a nós, em primeiro lugar e justamente por meio do agir, e que o que nós chamamos um agir não é nada além do fenômeno de nosso intuir. Isso pressuposto, nossa proposição "o que nos parece como um agir sobre o mundo exterior é visto de forma idealista como nada além de um contínuo intuir" não será mais estranha. Por exemplo: se, por meio de um agir, alguma modificação é produzida no mundo externo, então essa modificação considerada em si é uma intuição, como qualquer outra. Logo, o próprio intuir, aqui, é o objetivo, aquilo que possui o fenômeno como fundamento; aquilo que pertence ao fenômeno é o agir sobre o mundo sensível pensado como independente; logo, objetivamente, aqui não há passagem alguma do subjetivo ao objetivo, tampouco há uma passagem do objetivo ao subjetivo. Eu não posso aparecer a mim mesmo apenas como intuinte sem intuir um subjetivo como passando ao objeto.

Toda a investigação a respeito disso pode ser conduzida de volta ao princípio geral do idealismo transcendental; vale dizer que em meu saber o subjetivo nunca poderia ser determinado pelo objetivo. No agir, necessariamente, um objeto é pensado como determinado mediante uma causalidade que é exercida por mim conforme um conceito. Agora, como eu chego a pensar essa necessidade? Se eu também aceito, sem explicação, que o objeto é imediatamente determinado por meio de meu agir, portanto que aquele está para este como efetuado está para o efetuador, como, então, ele agora é também determinado para minha representação, e por que eu sou obrigado a intuir o objeto também pelo fato de que eu o determinei pelo meu agir? Meu agir, aqui, é o objeto, uma vez que o agir é o oposto do intuir ou do saber. Ora, mas, por meio desse agir, por meio desse objetivo em meu saber, algo em meu intuir deve ser determinado. Isso, segundo o princípio dado acima, é impossível. Através do meu agir, meu saber não pode ser determinado, mas, pelo contrário, aquele agir já deve ser inicialmente um saber, um intuir, como todo objetivo. Isso é tão evidente e claro que não se pode achar em mais dificuldades, salvo no caso daquela transformação que deve ser pensada em prol do fenômeno daquilo que, objetivamente, é intuir em um agir. A reflexão, aqui, se regula de três maneiras diferentes:

a) ao *objetivo*, o *intuir*;

b) ao *subjetivo*, que também é um intuir, mas um intuir do intuir. – Nós chamamos este, para diferenciá-lo daquele [intuir] objetivo, o intuir *ideal*;

c) ao *fenômeno* do objetivo. Ora, já foi demonstrado que aquele objetivo, o intuir, não pode aparecer sem que o conceito de intuição (o ideal) anteceda a própria intuição. Mas se o conceito de intuição anteceder a própria intuição, de modo que esta é determinada por aquele, então o intuir será um produzir segundo um conceito, isto é, um agir livre. Já se o próprio conceito de intuição for anterior apenas em prol do vir a ser objetivo da intuição, logo também o agir será apenas o fenômeno do intuir e aquilo que nele é objetivo, o produzir em si será abstraído do conceito que lhe precede.

Nós buscamos tornar isso mais claro por meio de um exemplo. Qualquer modificação no mundo externo ocorre através de minha causalidade. Inicialmente, reflete-se somente sobre o êxito dessa modificação em si, então ["]no mundo exterior, ocorre algo["], sem dúvida, significa: ["]eu produzo, pois no mundo externo não há simplesmente nada além do que existe por meio de meu produzir["]. Na medida em que meu produzir é um intuir, e não é nada mais, o conceito da modificação não antecede a própria modificação, mas na medida em que esse próprio produzir deverá, novamente, se tornar objeto, o conceito *deve* preceder. O *objeto* que aqui deve aparecer é o próprio produzir. No produzir mesmo, portanto, isto é, no objeto, o conceito não antecede a intuição; ele antecede apenas para o eu ideal, para o eu que intui a si mesmo como intuinte, ou seja, apenas em prol do fenômeno.

Agora aqui se explica, ao mesmo tempo a nós, pela primeira vez, de onde vem a diferença entre objetivo e subjetivo, entre um *em si* e um mero *fenômeno*, que nós até agora não havíamos feito. O motivo é que, como nós aqui, pela primeira vez, tivemos algo verdadeiramente objetivo, isto é, aquilo que contém o fundamento de tudo objetivo, a atividade simultaneamente real e ideal que, agora, nunca mais pode se tornar subjetiva e que se separou totalmente do eu meramente ideal. Nessa atividade, na medida em que ela é objetiva, ao mesmo tempo o real e o ideal são um; contudo, na medida em que ela aparece, e em oposição à atividade meramente ideal, intuinte, que se defronta com ela, agora representa simplesmente o real, o conceito lhe antecede e apenas na medida em que é um agir.

Após esses esclarecimentos, ainda poderia sobrar meramente a questão sobre como a inteligência em geral poderia ser intuinte, depois que nós já tenhamos deixado o produtivo para ela encerrado na filosofia prática. Nós respondemos que apenas o produzir, na medida em que foi subjetivo, seria encerrado – a inteligência, na medida em que ela é objetiva, nunca poderia ser de outro jeito do que ela é, ou seja, sujeito e objeto ao mesmo tempo, isto é, produtiva. Só que o próprio produzir deverá ocorrer dentro dos limites da atividade ideal, contraposta à atividade produtiva, o que nós até o presente ainda não deduzimos.

No entanto, para nós nos pormos em concordância com a consciência comum, então nos perguntamos como nós chegamos, então, a tomar aquele elemento objetivo que age como livre, uma vez que, conforme nossa dedução, ele é uma atividade totalmente cega? Isso ocorre totalmente pela mesma ilusão mediante a qual o mundo objetivo também se torna objetivo a nós, pois que aquele próprio agir pertença apenas ao mundo objetivo (logo que também seja de realidade idêntica à dele) segue do fato de que ele só se torna um agir por intermédio do vir a ser objetivo. A partir desse ponto, inclusive, uma nova luz pode ser lançada de volta ao idealismo teórico. Se o mundo objetivo é um mero fenômeno, então o elemento objetivo em nosso agir também o é e, inversamente, apenas se o mundo for dotado de realidade, então o elemento objetivo no agir também o é. Logo, é uma e a mesma realidade que nós avistamos no mundo objetivo e em nosso agir sobre o mundo sensível. Essa copermanência, de fato, esse condicionar recíproco entre agir subjetivo e a realidade do mundo, fora de, e através um do outro, é um resultado inteiramente peculiar ao idealismo transcendental e não é possível por meio de nenhum outro sistema.

Em que medida, então, o eu é *ativo* no mundo exterior? Ele age apenas em função da identidade entre ser e fenômeno, que já é expressa na consciência de si. – O eu só é com base no fato de que ele aparece a si mesmo, seu saber é o seu ser. A proposição eu = eu não diz nada além de que eu, o eu *sei*, é o mesmo que o eu *sou*, meu saber e meu ser se esgotam mutuamente. O sujeito da consciência de si e da atividade são um. De acordo com a mesma identidade, portanto, meu saber e o livre-agir são idênticos ao próprio agir livre, ou com a proposição: ["]eu me intuo como agindo objetivamente["] = à proposição: ["]eu sou objetivamente ativo["].

II.

Agora, se o que aparece como um agir que nós, agora, derivamos e demonstramos é, em si, um intuir, então segue que todo o agir deve ser permanentemente limitado por meio de leis da intuição e que nada que é impossível segundo leis naturais pode ser intuído como surgindo mediante ação livre, o que é uma nova prova daquela identidade. Ora, mas uma passagem do subjetivo ao objetivo, que ao menos para o fenômeno ocorre realmente, é ela própria uma contradição de leis naturais. O que deverá ser intuído como surtindo efeito sobre o real deve aparecer, ele mesmo, como real. Por isso, eu não posso me intuir como imediatamente atuante sobre o objeto, mas apenas como fazendo efeito pela mediação da matéria que, todavia, na medida em que eu acho, deve ser intuída como idêntica a mim mesmo. A matéria como órgão imediato da atividade livre, direcionada para o exterior, é o corpo orgânico, que por isso deve aparecer como livre e aparentemente capaz de movimentos voluntários. Aquele impulso que possui causalidade em meu agir deve aparecer objetivamente como *impulso natural*, que também surte efeito sem toda liberdade e que produziria, para si, o que ele parece produzir mediante a liberdade. Porém, para ser capaz de intuir esse impulso como impulso natural, eu devo aparecer objetivamente a mim como impelido a todo agir mediante uma coerção do organismo (por meio da dor no significado mais geral) e todo agir, para ser objetivo, deve estar relacionado a uma coação física – por intermédio de tantos membros intermediários quanto forem necessários – como condição da própria liberdade fenomênica.

Além disso, a modificação proposital no mundo exterior só ocorre sob a permanente resistência do objeto, portanto, sucessivamente. Se a modificação se chama D, então ela será condicionada pela modificação C como sua causa, porém essa o será por B e assim em diante; toda essa série de modificações, portanto, deve ter ocorrido até que a modificação final D possa ter êxito. O sucesso mais completo só pode acontecer no momento em que todas as suas condições estão dadas no mundo exterior; caso contrário, haverá uma contradição às leis naturais. Algo pelo qual as condições na natureza em geral simplesmente não podem ser dadas deve ser totalmente impossível. Mas se a liberdade há de ser objetiva, totalmente igual ao intuir e completamente submetida às leis da natureza, então precisamente as condições sob as quais a liberdade pode aparecer anulam, mais uma vez, a própria liberdade; a liberdade, pelo fato de que em suas extrusões é um fenômeno natural, também se torna explicável de acordo com leis naturais e, justamente por isso, anulada *como* liberdade.

A tarefa formulada acima sobre como o próprio querer novamente se torna objetivo ao eu e, vale dizer, *como* querer, portanto, não foi resolvida pelo deduzido até o momento, pois, precisamente por se tornar objetivo, ele cessa de ser um querer, Portanto, em geral não há fenômeno algum de liberdade absoluta (no querer absoluto), a não ser que haja outro como aquele meramente objetivo, que não é nada além do *impulso natural*.

O motivo pelo qual nós nos enredamos com essa contradição não é outro além do que nós, até agora, refletimos apenas sobre o objetivo que se exterioriza no querer que, como nós agora sabemos, originariamente é apenas um intuir – portanto, objetivamente não é querer nenhum –, que transita ao mundo exterior sem qualquer mediação adicional. Contudo, mas se aqui o assunto é: ["]como *todo o querer* (não apenas aquela atividade objetiva, simultaneamente real e ideal – que está incluída nisso e que, de acordo com as deduções conduzidas anteriormente, não pode ser livre –, mas também a atividade ideal oposta a ela) se torna objeto ao eu[?"], então deve ser encontrado um fenômeno no qual *esses dois* devem incidir como opostos.

Ora, porém a atividade que é o objetivo no querer, uma vez que ela própria é uma *intuinte*, necessariamente tende a algo *externo*. O subjetivo no querer, contudo, ou a atividade puramente ideal, possui a própria atividade simultaneamente ideal e real – que, justamente por isso, é o elemento objetivo no próprio querer – como objeto imediato e, por isso, não tende a nada externo, mas apenas àquele objetivo incluído no querer como tal.

A atividade *ideal* incluída no querer, portanto, será para o eu apenas como a atividade que tende ao objetivo no querer *em si*, embora esse próprio objetivo só possa se tornar objeto como uma atividade direcionada a algo externo, diferente do querer.

Agora, a atividade objetiva no querer *em si*, isto é, considerada puramente (e apenas como tal ela é objetiva para a atividade ideal), não é nada além da *autodeterminação em geral*. O objeto da atividade ideal no querer, portanto, não é nada além do *próprio puro autodeterminar*, ou do próprio eu. A atividade ideal, contida no querer, portanto, será objetiva ao eu pelo fato de que ela se torna objetiva a ele com uma atividade direcionada apenas ao puro autodeterminar *em si*; a [atividade] objetiva, por sua vez, se tornará objetiva ao eu apenas como uma *atividade externa, e de fato direcionada às cegas* (pois, apenas nessa medida, ela é intuinte).

Portanto, para encontrar aquele fenômeno por meio do qual a totalidade do querer se torna objeto ao eu, nós devemos

1) refletir sobre aquela atividade direcionada meramente ao puro autodeterminar em si e perguntar: como, então, algo do tipo poderia se tornar objeto ao eu?

O puro autodeterminar em si, abstraído de todo o contingente que, somente por meio da direção daquela atividade lá intuinte, aqui objetiva, a algo externo a ela, como já foi dito, o puro autodeterminar em si, abstraído de todo o contingente – que só é acrescentado ao eu mediante a direção daquela atividade (lá intuinte, aqui objetiva) a algo externo a ela –, não é nada além do próprio eu puro. Portanto, é o elemento comum em que todas as inteligências são, por assim dizer, aplicadas. Logo, trata-se do único em si que todas as inteligências possuem em comum uma com a outra. Em cada ato originário e absoluto da vontade, que nós postulamos como condição de toda consciência, portanto, o puro autodeterminar se torna imediatamente objeto ao eu, e não há mais condito nesse ato. Ora, porém, se aquele próprio ato originário da vontade é originariamente livre, por conseguinte, ainda menos pode ser deduzido o ato por meio do qual aquele primeiro ato novamente se torna objeto ao eu, ou mediante o qual o eu se torna consciente da atividade direcionada ao próprio autodeterminar puro. Não obstante, ele é condição da continuidade da consciência. Aquele tornar-se objetivo da atividade ideal, portanto, só pode ser explicado por intermédio de uma exigência. A atividade ideal, direcionada apenas ao puro autodeterminar deve, então, se tornar um objeto ao eu por meio de uma *exigência*, reivindicação que agora não pode ser nenhuma outra além da *seguinte*: o eu não *deve* querer mais nada além do próprio autodeterminar puro, pois, mediante essa exigência, aquela atividade pura, direcionada meramente ao autodeterminar em si, será posta na frente dele como objeto. Essa própria exigência, todavia, não é nada além do imperativo categórico, ou a lei moral, que Kant expressou da seguinte maneira: ["]tu deves querer apenas o que todas as inteligências podem querer["]. Entretanto, o que todas as inteligências podem querer é apenas o próprio autodeterminar puro, a própria conformidade a leis. Mediante a lei moral, portanto, o autodeterminar puro – o puramente objetivo em todo querer, na medida em que é *meramente* objetivo, não é novamente intuinte de si mesmo, isto é, direcionado a algo exterior (empírico) – se torna objeto ao eu. Apenas nessa medida também se fala de lei moral na filosofia transcendental, pois também a lei moral é somente deduzida como condição da consciência de si. Essa lei não se aplica originalmente a mim, na medida em que eu sou essa determinada inteligência – antes, ela extingue tudo o que pertence à individualidade e a aniquila totalmente –, mas ela se aplica, pelo contrário, a mim como inteligência em geral, ao que tem por objeto o puramente objetivo em mim, o eterno imediato. Não, porém, a esse próprio objetivo na medida em que se direciona a algo contingente distinto e independente do eu e, por essa razão, [a lei moral é] também a única condição sob a qual a inteligência se torna consciente de sua consciência.

2) A reflexão agora deve se aplicar à atividade objetiva, direcionada a algo externo, que esteja fora do raio do próprio querer, e perguntar: como essa [atividade] se torna objeto ao eu?

Contudo, essa pergunta já foi respondida em grande parte no que antecede, e nós podemos, aqui, também buscar apresentar a resposta de um novo lado.

A atividade objetiva, distinta do querer e direcionada fora dele, será oposta, na consciência, àquela atividade ideal, direcionada precisamente a esta atividade objetiva, meramente como tal, e na medida em que ela é um puro autodeterminar.

Agora, porém, aquela atividade ideal se tornará objeto ao eu apenas por intermédio de uma *exigência*. Logo, caso a oposição venha a ser completa, então a atividade objetiva deve se tornar objetiva *por si mesma*, isto é, sem exigência e, como ela se torna objetiva, deve ser *pressuposta*. Aquilo pelo qual ela se torna objetiva ao eu como uma atividade direcionada a algo externo, com o que ela se relaciona da mesma forma que se relaciona com a atividade ideal, portanto, deve ser algo necessitado e, uma vez que só pode haver uma atividade desse tipo, deve ser um mero *impulso natural*, como nós deduzimos anteriormente (I), um impulso natural que opere de maneira totalmente cega, tal como a intuição produtiva e que não é nenhum querer em si, mas só se torna querer por meio da oposição ao querer puro, direcionado meramente ao autodeterminar em si. Uma vez que eu me torno, por meio desse impulso, consciente de mim somente como indivíduo, ele corresponde ao que na moral é chamado interesse próprio, e seu objeto será o que se chama, no sentido mais abrangente, felicidade.

Não há mandamento ou imperativo da felicidade. É absurdo pensar em algo do tipo, pois o que ocorre por si mesmo, isto é, segundo uma lei natural, não precisa ser ordenado. Aquele impulso à felicidade (para fins de brevidade, o desenvolvimento posterior desse conceito pertence à moral) não é nada além do que a atividade objetiva, que tende a algo independente do querer, tornada novamente objetiva. Trata-se de um impulso que é, portanto, tão necessário quanto a própria consciência da liberdade.

A atividade, portanto, cujo objeto imediato é a própria consciência de si pura, não pode chegar à consciência como em oposição a uma atividade cujo objeto é externo, ao qual ela se direciona de modo inteiramente cego. Logo, é necessária, como há uma consciência do querer, uma oposição entre a atividade que se torna objeto por meio da lei moral, direcionada apenas ao autodeterminar em si, e aquela que é exigida pelo impulso natural. Essa oposição deve ser real, isto é, as duas ações devem incidir na consciência como igualmente possíveis: aquela mediante a qual é ordenado que a vontade pura se torne um objeto para si mesmo, e aquela exigida pelo impulso natural. Logo, segundo leis naturais, não deve ocorrer ação nenhuma, pois as duas se anulam. Portanto, uma ação tendo êxito – e, certamente, ela tem êxito enquanto durar a consciência – não pode suceder segundo leis da natureza, isto é, de modo necessário; consequentemente, só pode ocorrer mediante autodeterminação livre, isto é, por intermédio de uma atividade do eu a qual, na medida em que ela oscila no meio, entre os até agora chamados subjetivo e objetivo, e este é determinado por aquele, ou aquele por este, sem ser ele mesmo *determinado* novamente, produz as condições sob as quais, logo que são dadas, o agir, que sempre é o *determinado*, ocorre de maneira totalmente cega e, por assim dizer, por si mesmo.

Aquela oposição entre ações igualmente possíveis na consciência, portanto, é condição sob a qual somente o ato absoluto da vontade pode se tornar novamente objeto ao eu. Agora, porém, aquela *oposição* é precisamente o que torna o ato absoluto em *arbítrio*, logo o *arbítrio* é o fenômeno da vontade absoluta por nós buscado – não o próprio querer originário, mas o ato de liberdade absoluto tornado objeto, com o qual se inicia toda consciência.

Que haja uma liberdade da vontade, é algo de que se pode convencer a consciência comum apenas mediante o arbítrio, isto é, pelo fato de que nós, em cada querer, estamos conscientes de uma escolha entre opostos. Ora, porém é observado que o arbítrio não é a própria vontade absoluta (pois essa é, como mostramos anteriormente, direcionada apenas ao puro autodeterminar em si), mas é o fenômeno da liberdade absoluta. Logo, se liberdade = arbítrio, então também a liberdade não é a própria vontade absoluta, mas apenas o fenômeno dela. Não se pode dizer, portanto, sobre a vontade pensada absolutamente, nem que ela é livre, nem que ela é não-livre, pois o absoluto não pode ser pensado como agindo segundo uma lei que já tivesse lhe sido prescrita mediante a necessidade interna de sua natureza. Como o eu, no ato de vontade absoluto, só possui o autodeterminar como tal na condição de objeto, então, para o querer pensado absolutamente, não é possível nenhum desvio dele. Logo, ele é, se ele puder ser chamado de livre, *absolutamente* livre, pois o que para a vontade fenomênica é mandamento, para aquele é uma lei, que procede da necessidade de sua natureza. Porém, se o absoluto aparece a si mesmo, então ele deve aparecer dependente, no que diz respeito a seu aspecto objetivo, de algo outro, de algo alheio. Todavia, essa dependência não pertence ao próprio absoluto, mas apenas a seu fenômeno. Esse estranho de que a vontade absoluta é dependente, no que tange ao fenômeno, é o impulso natural, em oposição ao qual, somente, a lei do puro querer se transforma em um imperativo. Porém, a vontade considerada absolutamente não possui inicialmente nada como objeto além do puro autodeterminar, isto é, a si própria. Logo, não pode haver nenhum querer, nenhuma lei dada para ele, que *exija* que ele *seja* objeto para si mesmo. Consequentemente, a lei moral e a liberdade, na medida em que elas consistem no arbítrio, são apenas condição do fenômeno daquele querer absoluto, que constitui toda consciência e, nessa medida, também são condição da consciência que se torna objeto a si mesma.

Agora, por meio desse resultado, sem propriamente querer, ao mesmo tempo resolvemos um problema notável que, bem longe de ser resolvido, até agora mal foi entendido adequadamente: eu me refiro à liberdade transcendental. Esse problema não é a respeito de se o eu é absoluto ou não, mas se, na medida em que ele *não é absoluto*, na medida em que ele é empírico, ele é livre. Agora, porém, justamente por meio de nossa solução, indica-se que a vontade, precisamente e apenas na medida em que ela é *empírica*, ou em que *aparece*, poderia ser chamada *livre* no sentido transcendental. É o caso, porque a vontade, na medida em que é absoluta, ela mesma se eleva sobre a *liberdade* e, longe de ser sujeita a qualquer lei é, antes, a fonte de todas as leis. Contudo, na medida em que a vontade absoluta aparece, para aparecer *como* absoluta, ela só pode aparecer por meio do arbítrio. Esse fenômeno, o arbítrio, por isso, não pode mais ser explicado objetivamente, pois ele não é objetivo, que possui em si realidade, mas se torna o absoluto-subjetivo, a intuição do próprio querer absoluto, pelo qual se torna objeto para si mesmo tendendo ao infinito. Todavia, justamente esse fenômeno do querer absoluto é a liberdade de fato, ou o que, em geral, é compreendido por liberdade. Ora, como o eu no agir livre intui a si mesmo ao infinito como querer absoluto, e na potência superior não é, ele *próprio*, nada senão essa intuição da vontade absoluta, então, o fenômeno do arbítrio é tão certo e induvidoso quanto o próprio eu. – Inversamente, também, o fenômeno do arbítrio só se pode pensar como uma vontade absoluta que, contudo, aparece dentro dos limites da finitude e é, por isso, uma revelação sempre recorrente do querer absoluto em nós. Porém, é certo pensar que, quando se quer inferir, do fenômeno do arbítrio regressivamente ao que está em seu fundamento, dificilmente se encontrará a explicação correta, embora Kant, em sua doutrina do direito, ao menos indicou o contraste entre a vontade absoluta e o arbítrio, ainda que já não tenha indicado a verdadeira relação entre elas, o que, então, é uma nova prova da excelência do método que não pressupõe nenhum fenômeno como *dado*, mas todos como se fossem totalmente desconhecidos, tornando-se familiarizado com eles a partir dos seus fundamentos.

Agora, porém, precisamente com isso se resolvem todas as dúvidas que poderiam ser tidas, digamos, da pressuposição geral sobre a liberdade da vontade – por exemplo, sobre a afirmação feita anteriormente, de que o eu objetivo, como agir fenomênico, é em si apenas intuinte. É o caso, pois não é apenas aquele eu *meramente objetivo* e que se relaciona de modo totalmente mecânico tanto no agir quanto intuir, que é o *determinado* em todo o agir, a que se atribui o predicado de liberdade, mas somente é ao eu que oscila entre o aspecto subjetivo e objetivo do querer, um determinante por meio do outro, ou *ao determinante de si mesmo na segunda potência*, que a liberdade é atribuída, e pode vir a ser atribuída, na medida em que o objetivo que é determinado em relação à liberdade, em e para si, ou abstraído do determinante, é sempre o que fora anteriormente, ou seja, um mero intuir. Logo, se eu reflito meramente sobre a atividade objetiva como tal, então no eu há mera necessidade natural; se eu reflito somente acerca do subjetivo, então nele há apenas um querer absoluto que, de acordo com sua natureza, não possui objeto algum além do autodeterminar em si; se eu reflito finitamente sobre a atividade que determina, ao mesmo tempo, a atividade determinante subjetiva e objetiva, elevada acima das duas, então no eu há arbítrio e, com esse, liberdade da vontade[120]. A partir dessas distintas direções da reflexão surgem os diferentes sistemas sobre a liberdade, dos quais um deles nega totalmente a liberdade, o outro a põe somente na razão pura, isto é, naquela atividade ideal que tende imediatamente à autodeterminação (suposição mediante a qual é-se compelido, em todas as ações contrárias à razão, a adotar um mero aquiescer sem fundamento dessa, pelo que, porém, precisamente toda a liberdade da vontade é anulada), porém o terceiro deduz uma atividade que excede as duas, ideal e objetiva, como a única a que se pode atribuir a liberdade.

Para esse eu pura e simplesmente determinante, agora, não há predeterminação alguma, mas somente para o eu intuinte, objetivo. Que, porém, para o eu intuinte, todo agir, na medida em que transita para o mundo exterior, seja predeterminado, pode ocorrer tão pouco registro no eu que é o absolutamente determinante e se eleva sobre todo fenômeno, quanto de que na natureza tudo é predeterminado. Aquele eu objetivo, em relação ao eu livre, é um mero fenômeno que, em si, não possui realidade alguma e, tal como a natureza, é apenas o fundamento externo de seu agir, pois,

---

120. Esta é uma das raras ocorrências do termo "vontade" (*der Wille*) no texto. Diferentemente de Kant, que usa bastante o termo, Schelling usará mais o termo "querer" (*das Wollen*) [N.T.].

pelo fato de que uma ação seja predeterminada pelo fenômeno, ou pela atividade meramente intuinte, não é algo que posso inferir retroativamente, uma vez que ambos são de dignidade totalmente desigual, de modo que o mero fenomênico é, de fato, totalmente independente do determinado não fenomênico, assim como, também e inversamente, o determinante é totalmente independente do fenomênico. Cada um age por si, aquele a partir de seu livre-arbítrio; o fenomênico, porém, porque foi determinado de tal modo, logo age e continua a atuar totalmente de acordo com suas leis peculiares, em uma independência recíproca um do outro, não obstante eles concordem – o que, todavia, é possível somente mediante *harmonia preestabelecida*. Aqui, portanto, está o ponto onde entra, pela primeira vez, a harmonia preestabelecida anteriormente já deduzida por nós entre o livre-determinante e o intuinte, na medida em que aquele é separado deste e este é separado daquele de tal modo que nenhuma influência recíproca de um sobre o outro seria possível se uma concordância entre ambos não fosse promovida por meio de algo externo aos dois. O que, porém, seria esse terceiro, é algo que até agora nós não sabemos de modo algum explicar e [que] devemos, uma vez satisfeito esse ponto, por ora apenas insinuar o ponto mais elevado de toda a investigação e, uma vez indicado, aguardar seu esclarecimento adicional pelas pesquisas naturais posteriores.

Agora, nós apenas observamos que se, de um lado, há uma predeterminação para o livre-determinante, de outro lado, nós observamos anteriormente que, na medida em que nós exigimos uma negação originária da liberdade, como necessária para a individualidade e algo mediato para a reciprocidade entre inteligências, todavia essa própria predeterminação novamente só é pensável por intermédio de um ato originário da liberdade que, certamente, não chega à consciência, e devido ao qual nós devemos remeter nosso leitor às investigações de Kant sobre o mal radical.

Agora, se nós, mais uma vez, não fomos abrangentes no curso da investigação atual, buscamos inicialmente explicar a pressuposição da consciência comum que, no grau mais inferior de abstração, diferencia o objeto, ao qual se efetua algo, do efetuador, ou do próprio ativo, pelo que surgiu, portanto, a questão: como o objeto poderia ser determinado, em seguida, pelo que age? Nós respondemos: o *objeto, sobre o qual se age,* e *o próprio agir* são um, ou seja, ambos são apenas um intuir. Dessa forma, nós conseguimos que nós, no querer, tenhamos apenas *um determinado,* isto é, o intuinte, que é, simultaneamente, o atuante. Esse objetivamente atuante e o mundo exterior, portanto, existem originariamente sem independência um do outro, e o que era posto em um, precisamente por isso era também posto no outro. Agora, porém, esse meramente objetivo na consciência se defronta com um subjetivo, que por meio da exigência absoluta se torna objeto ao eu, ao passo que aquele meramente objetivo se torna objeto ao eu por meio de uma direção totalmente independente do eu, para fora. Logo, não havia nenhum agir mediante o qual *todo o querer* se tornava objeto ao eu, sem uma atividade autodeterminante, que se elevasse acima do subjetivo, assim como do objetivo. Isso poderia, em primeiro lugar, nos impelir à pergunta: ora, como, por meio desse totalmente determinante sobre tudo o que é objetivo, apesar de tudo, o objetivo, ou intuinte, poderia ser determinado?

Aditivos

Antes que possamos deixar a resposta a essa questão, outra se coloca no caminho, vale dizer: como, agora, também o eu determina a si próprio, se o objetivo em si mediante o subjetivo, ou o subjetivo através do objetivo, aquela atividade que tende para fora (o impulso) é, em todo caso, o único veículo mediante o qual algo pode, a partir do eu, chegar ao mundo exterior; então, mesmo por meio da autodeterminação, aquele impulso não pode ser anulado. Logo, pergunta-se: que relação é estabelecida entre o impulso que tende para fora mediante a lei moral e a atividade ideal, meramente direcionada ao puro autodeterminar?

Nós podemos indicar, para a resposta a essa questão, apenas os pontos principais, uma vez que, aqui, ela surge propriamente como um membro intermediário da investigação. – No entanto, a pura vontade não pode se tornar objeto ao eu sem ao mesmo tempo se tornar um objeto externo. Ora, mas como já foi deduzido acima, esse objeto externo não possui realidade alguma em si, mas ele é simples meio do aparecer para a pura vontade, e não deve ser nada além da expressão desta para o mundo exterior. A pura vontade, portanto, não pode se tornar objeto a si mesma, sem identificar o mundo externo consigo mesma. Porém, no conceito de felicidade, se ele é propriamente analisado, nada mais é pensado que precisamente a identidade entre o que é independente do querer com o próprio querer. Logo, a felicidade, o objeto do impulso natural, deve ser apenas o fenômeno da pura vontade, isto é, deve ser um e o mesmo objeto com a própria vontade pura. Os dois devem ser totalmente um, de modo que nenhuma relação *sintética* entre os dois, por exemplo, entre condicionado e condicionante, seja possível, ainda que os dois simplesmente não possam existir *independentemente* um do outro. Se por felicidade se entende algo que também é possível independentemente da vontade pura, então não haverá vontade pura alguma. Porém, se a felicidade é apenas a identidade entre o mundo exterior e a vontade pura, então ambas são um e o mesmo objeto, apenas visto de lados distintos. Porém, assim como a felicidade não pode ser algo independente da vontade pura, tampouco se pode pensar que um ser finito anseia a uma moralidade meramente formal, que a própria moralidade possa se tornar objetiva a ele apenas mediante o mundo externo. O objeto imediato de toda aspiração não é a vontade pura, tampouco a felicidade, mas o objeto externo como expressão da vontade pura. Essa vontade pura, totalmente idêntica à vontade pura que prevalece no mundo externo, é o único e Sumo Bem.

Agora, não obstante a natureza não se comporte de maneira absolutamente passiva perante o agir, ela não pode, contudo, contrapor resistência absoluta à realização do fim mais elevado. A natureza não pode *agir* no sentido mais próprio do termo. Todavia, seres racionais podem agir, e uma reciprocidade entre eles por meio do mundo objetivo é, inclusive, condição da liberdade. Ora, se todos os seres racionais limitam seu agir mediante a possibilidade de agir livre de todos os demais, ou não, isso depende de um acaso absoluto, ou arbítrio. Isso não pode ser. O mais sagrado não pode ser confiado ao acaso. Deve ser feito impossível, mediante a coerção de uma lei inquebrantável que, na reciprocidade de todos, a liberdade do indivíduo seja anulada. Agora, essa coerção, porém, não pode se direcionar imediatamente contra a liberdade, como nenhum ser racional pode ser coagido, mas apenas determinado a se coagir; ainda que essa coerção não possa ser direcionada contra a vontade pura, que não possui objeto algum além do que é comum a todo ser racional (o autodeterminar em si), mas apenas contra o impulso de interesse próprio que parte do indivíduo e que retorna ao mesmo. Contra esse impulso, todavia, nada pode ser usado como meio de coerção ou como arma, exceto ele mesmo. O mundo exterior deve ser, digamos, organizado de tal modo que ele coage esse impulso contra ele mesmo, na medida em que ele ultrapassa seus limites, e opõe algo a ele que o ser livre, na medida em que é ser racional, pode querer, mas não como ser natural, pelo que o atuante se põe em contradição consigo mesmo e, ao menos, se torna atento de que ele está cindido consigo mesmo.

O mundo objetivo, em e para si, não pode conter em si o fundamento de tal contradição, uma vez que ele se comporta com total indiferença diante do operar de seres livres como tais; o fundamento dessa contradição diante do impulso de interesse próprio, portanto, só pode estar situado nos seres racionais.

Deve haver uma segunda natureza, superior e, por assim dizer, edificada sobre a primeira, na qual uma lei da natureza predomina, mas uma lei da natureza totalmente diversa da que prevalece na natureza visível, a saber: uma lei da natureza no que diz respeito à liberdade. Inexoravelmente, e com a necessidade férrea com a qual o efeito segue a causa na natureza sensível, nessa segunda natureza, a uma interferência na liberdade alheia, deve suceder a contradição instantânea diante do impulso do interesse próprio. Uma lei da natureza, como a acima descrita, é a lei do direito, e a segunda natureza na qual essa lei prevalece é a constituição legal, que, por isso, é deduzida como condição da consciência que perdura.

Fica aclarado, a partir dessa dedução, que a doutrina do direito não é, por exemplo, uma parte da moral, ou uma ciência prática em geral, mas uma ciência puramente teórica, que está para a liberdade assim como a mecânica está para o movimento. Na medida em que ela deduz apenas o mecanismo natural sob o qual seres livres como tais podem ser pensados em ação recíproca – um mecanismo, que, sem dúvida, só pode ser alcançado mediante a liberdade, e para o qual a natureza em nada contribui. Pois, como diz o poeta, a natureza é insensível e, como diz o Evangelho, Deus deixa seu Sol brilhar sobre os justos e injustos[121]. Porém, decorrente do fato de que a constituição legal deve ser apenas o suplemento da natureza visível, segue que a ordem legal não é moral, mas uma mera ordem da natureza, sobre a qual a liberdade é capaz de tão pouco quanto sobre a natureza sensível. Por isso, não é milagre algum que toda tentativa de a converter em uma ordem moral se apresenta em sua infâmia por meio de seu próprio erro e em sua forma mais terrível como despotismo, a consequência imediata disso. Isso ocorre, pois embora a constituição legal exerça, segundo a *matéria*, o mesmo que nós esperamos realmente de uma providência e, em geral, a melhor teodiceia é a que o ser humano pode conduzir, ela ainda não exerce o mesmo que a providência segundo a *forma*, ou ela não o exerce como providência, isto é, com reflexão e premeditação. Ela deve ser vista como uma máquina que, em certos casos, é direcionada antecipadamente e por si mesma, isto é, que opera de maneira totalmente cega, logo que esses casos são dados; e, não obstante essa máquina seja construída e equipada por mãos humanas, todavia ela deve ser, tal como a natureza visível, conforme a suas próprias leis, e independente, logo que o artista retira suas mãos dela. A máquina continua a atuar como se existisse por si mesma. Se, por causa disso, a constituição legal for venerável na proporção em que se aproxima da natureza, então tem-se a vista de uma constituição na qual não a lei, mas a vontade do juiz e um despotismo reinam. Se o despotismo e a vontade do juiz exercem o direito como uma providência que vê no mais íntimo, com permanentes interferências no curso natural do direito, [tem-se a vista] do mais indigno e mais revoltante que pode haver para um indivíduo com sentimento penetrado pela sacralidade do direito.

Agora, mas se a constituição legal é condição legal da liberdade existente no mundo externo, então, sem dúvida, um problema importante é como tal liberdade pode ser pensada, ainda que apenas com o existente, uma vez que a vontade do indivíduo, quanto a

---

121. Segundo Korten e Ziche (2005, p. 180), trata-se do poema de Goethe, "O divino" (*"Das Göttliche"*), e a passagem bíblica aludida é Mt 6,43-45 [N.T.].

isso, não é capaz de nada, e como suplemento necessário, algo independente dele é pressuposto, isto é, a vontade de todos os outros.

É de se esperar que já o primeiro surgir de uma ordem legal não foi deixado ao acaso, mas a uma compulsão natural, que é conduzida por meio da violência exercida em geral que impeliu o ser humano a tal ordem, sem que ele mesmo o soubesse, e de modo que encontrasse inesperadamente os primeiros efeitos de tal ordem. Agora, porém, é fácil reconhecer que uma ordem que a necessidade promoveu não poderia ter consistência alguma em si, em parte porque aquilo que é fundado sobre a necessidade também é fundado apenas sobre a carência mais próxima, e em parte porque o mecanismo de uma constituição direciona sua coerção contra seres livres, que só se permitirão ser coagidos enquanto encontrarem vantagem nisso. Como nos assuntos da liberdade não existe *a priori*, pertence aos problemas que só podem ser resolvidos mediante infinitamente muitas tentativas o problema da união de seres livres sob um mecanismo comum, particularmente considerando que o mecanismo pelo qual a constituição é posta novamente em andamento, o membro intermediário entre a ideia da constituição e a execução real, é inteiramente diferente da própria constituição e deve sofrer modificações inteiramente distintas segundo a diversidade de graus de cultura, de características da nação, e assim em diante. Portanto, espera-se também que, por enquanto, surjam meras constituições temporárias, todas portando em si o germe de seu declínio e, visto que originariamente são promovidas não pela razão, mas pela coerção das circunstâncias, cedo ou tarde se dissolveriam, uma vez que é natural que um povo desista, inicialmente, de vários direitos sob a pressão das circunstâncias, direitos dos quais não pode ser alienado eternamente e que, cedo ou tarde, reivindica onde, então, a subversão da constituição é irremediável. Isso é mais certo quanto mais completa ela for no aspecto formal, uma vez que, quando esse é o caso, o poder em exercício certamente não restituirá voluntariamente aqueles direitos, o que já mostra uma fraqueza interior da constituição.

Ora, mas se, independentemente de como ocorrer, finalmente se chegar a uma constituição legal, fundamentada não meramente na repressão, que de início é necessária, mas de fato legalmente;

a experiência, contudo, que certamente nunca seria o suficiente, nem ao infinito, para provar uma proposição universal, mas indica forte evidência de que mesmo a existência de tal constituição, que é a mais completa possível para o Estado individual, é tornada dependente do mais evidente acaso.

Se, de acordo com o exemplo da natureza, que não implanta nenhum sistema de forma autônoma ou persistente em si, que não é fundado em nenhum dos poderes independentes um do outro, a legalidade da constituição é posta na separação dos três poderes fundamentais do Estado postos como independentes um do outro, então as objeções que podem ser feitas ponderadamente contra essa separação – embora não possa ser negado que elas sejam necessárias a uma constituição legal – mostram precisamente uma imperfeição dessa constituição que, todavia, não pode residir nela mesma, mas que deve ser buscada fora dela. Como a segurança do Estado individual contra os outros faz totalmente irremediável o mais decisivo sobrepeso do poder executivo sobre os demais, especialmente o legislativo – a força retardadora da máquina do Estado, então a persistência do todo se baseará, em última instância, não no ciúme dos poderes opostos, os meios de segurança mais superficialmente concebidos, mas apenas na boa vontade daqueles que possuem o poder supremo em suas mãos. Mas nada que pertença à proteção e à blindagem da lei pode depender do acaso. Que, porém, a persistência de tal constituição seja feita independente de boa vontade, seria, por sua vez, possível apenas mediante uma coerção cujo fundamento, porém, claramente não pudesse estar na própria constituição, uma vez que, para isso, seria necessário um quarto poder, a que ou a soberania seria dada, em cujo caso ele seria o próprio poder executivo, ou seria deixado impotente, caso em que seu efeito seria dependente do mero acaso e, no melhor caso, por exemplo, se o povo se une a ele, a insurreição é irremediável, o que deve ser tão impossível em uma boa constituição quanto em uma máquina.

Portanto, não há permanência segura alguma a partir de uma constituição individual, ainda que se pense a ideia de uma constituição mais perfeita, sem uma organização que transcenda todos os estados individuais, uma federação de todos os estados, que se garantam, reciprocamente, sua constituição, cuja garantia universal recíproca, por sua vez, não é possível antes que, *em primeiro lugar*, os princípios da verdadeira constituição sejam difundidos universalmente, de modo que todos os países individuais possuam apenas um interesse: preservar a constituição de todos, e antes que, *em segundo lugar*, esses países se submetam igualmente a uma lei comum, assim como foi feito anteriormente por indivíduos quando eles formavam cada Estado particular. Desse modo, os países individuais pertencem, por sua vez, a um Estado dos estados, e para as disputas entre os povos entre si haverá um Aerópago Universal das Nações, composto de membros de todas as nações cultas, e que possui a seu comando, contra cada Estado individual rebelde, o poder de todos os demais.

Agora, como tal constituição universal, que se expande também além de todos os estados individuais, por meio da qual estes saem do estado de natureza no qual até agora eles se encontram um contra o outro, e mediante o qual realizam a liberdade que joga o seu jogo mais irrestrito e ousado na relação recíproca entre os estados. Isso não é compreensível de modo algum, a não ser que, precisamente naquele jogo da liberdade, cujo andamento é a história, novamente predomine uma necessidade cega que produza objetivamente a liberdade, o que nunca seria possível apenas por meio dela.

E, então, nós nos vemos, ao longo do raciocínio, recuando de volta à questão acima colocada, pelo fundamento da identidade entre a liberdade, na medida em que ela se externaliza no arbítrio de um lado, e o objetivo ou conforme a fins de outro lado – questão que, agora, recebe um significado bem mais preeminente, e que deverá ser respondida na maior universalidade.

III.

A formação da constituição universal não deveria ser deixada ao mero acaso e, no entanto, isso é algo que se esperaria do livre-jogo de forças que nós percebemos na história. Surge daí a questão se uma série de acontecimentos sem plano e fim em geral poderia sequer merecer o nome de história, e se no mero *conceito* de história já não reside também o conceito de uma necessidade, que o próprio arbítrio é compelido a servir.

Em primeiro lugar, compete que nos asseguremos do conceito de história.

Nem tudo o que ocorre é, por isso, um objeto da história. Acontecimentos naturais, por exemplo, devem seu caráter histórico, caso o obtenham, apenas à influência que tiveram sobre ações humanas; menos ainda, porém, será visto como objeto histórico o que ocorre segundo uma regra conhecida, repetido periodicamente ou, em geral, um resultado que se pôde calcular *a priori*. Caso se queira falar de uma história natural no sentido peculiar da palavra, então se deve representar a natureza como se ela, aparentemente livre em suas produções, tivesse produzido gradualmente toda a multiplicidade dessas mediante contínuos desvios de um original primordial que, em seguida, não seria uma história dos *objetos naturais* (que é propriamente descrição natural), mas da *própria natureza* produtiva. Ora, como nós perceberíamos a natureza em tal história? Nós a veríamos como que modificando e gerenciando, com uma e a mesma soma ou proporção de forças que ela não poderia ultrapassar, logo nós a perceberíamos em um produzir, certamente, em liberdade, mas não por isso em um todo de ausência de leis. De um lado, portanto, a natureza se tornaria objeto da história mediante a aparência de liberdade em suas produções, pois nós, de fato, não podemos determinar *a priori* as direções de suas atividades produtivas, não obstante essas direções possuam, sem dúvida alguma, sua lei determinada. De outro lado, porém, [a natureza se torna objeto da história] por intermédio da limitação e conformidade à lei inerente à natureza que estão depositadas nela devido à proporção das forças sob seu mandamento, pelo que então se torna evidente que a história não se baseia nem em conformidade absoluta a leis, tampouco em liberdade absoluta, mas somente existe lá, onde um só ideal é realizado sob infinitamente muitos desvios, realizados de tal modo que, de fato, não o individual, mas certamente o todo é congruente com ele.

Torna-se claro, porém, a partir dessa própria dedução do conceito de história, que tampouco uma série absolutamente sem lei de acontecimentos quanto uma série absolutamente conforme a leis merecem o nome de história; daí se aclara que:

a) O fator progressivo que é pensado em toda história não permite conformidade a lei alguma do tipo, por meio da qual a atividade livre seja limitada a determinada sucessão de atos que sempre retorna a si mesma.

b) Que, em geral, tudo o que sucede de acordo com um determinado mecanismo, ou que possui sua teoria *a priori*, de modo algum é objeto da história. Teoria e história são totalmente opostas. O ser humano, por esse motivo, só possui história porque aquilo que ele faz não se deixa calcular, antecipadamente, segundo teoria alguma. A arbitrariedade é, nessa medida, a deusa da história. A mitologia situa a história com o primeiro passo fora da soberania do instinto e dentro do âmbito da liberdade, iniciada com a perda da Era de Ouro, ou com a Queda, isto é, com a primeira extrusão do arbítrio. Nas concepções dos filósofos, a história termina com o reino da razão, isto é, com a Era de Ouro do direito, quando todo o arbítrio desaparece da Terra, e o ser humano é conduzido, mediante a liberdade, ao mesmo ponto em que a natureza inicialmente lhe deixara e, iniciada a história, lhe abandonara.

c) Que nem o absolutamente sem lei, nem uma série de eventos sem fim e intenção merecem o nome de história, e que apenas liberdade e conformidade a leis em união, ou o realizar gradativo de um ideal nunca plenamente perdido por todo um gênero de seres, constituem o peculiar da história.

Após essas características gerais agora deduzidas da história, deve-se investigar mais precisamente a possibilidade transcendental dela, o que nos conduz a uma filosofia da *história*, que é para a filosofia prática precisamente aquilo que a natureza é para a [filosofia] teórica.

A.

A primeira questão que pode ser feita com razão a uma filosofia da história é, sem dúvida, sobre como uma história em geral é pensável, uma vez que, se tudo o que é, é posto para cada um apenas por meio de sua consciência, também toda a história passada só pode ser posta para cada um mediante sua consciência. Ora, nós também observamos, realmente, que nenhuma consciência individual poderia ser posta com todas as determinações com as quais ela é posta e que necessariamente pertencem a ela, desde que o todo da história não tivesse ocorrido, o que poderia ser mostrado muito facilmente com exemplos, se dependesse de um passe de mágica. A história passada certamente pertence, portanto, ao fenômeno, tanto quanto a individualidade da própria consciência. Ela não é mais, mas também não menos real para todos do que é sua individualidade. Essa individualidade determinada pressupõe, dessa época específica, esse caráter, esse progresso na cultura etc., mas tal época não é possível sem toda a história passada. A história, que de qualquer maneira não possui outro objeto além da explicação do estado presente do mundo, também poderia igualmente partir do estado presente e inferir sobre a história[122] passada, e não seria uma investigação menos interessante ver como, a partir daquele, todo o passado poderia ser deduzido com rígida necessidade.

Ora, se apenas fosse feita a objeção contra essa elucidação, afirmando que a história passada não é posta com *consciência individual*, porém com nenhuma [consciência é posto] *todo* o passado, mas só são postos os acontecimentos principais dessa história que, como tais, são reconhecíveis pelo fato de que prolongaram sua influência até o tempo presente, e até a individualidade de cada particular. Em primeiro lugar, retrucamos que há uma história apenas para aqueles sobre os quais o passado fez algo, e também para aqueles apenas na medida em que o passado operou algo sobre eles. Em segundo lugar, respondemos que apenas o que *foi* na história também está realmente relacionado com a consciência individual não apenas imediatamente, mas certamente através de infinitamente muitos membros intermediários, ou será relacionado de tal modo que, quando se puder mostrar cada membro intermediário, também se tornará evidente que, para compor essa consciência, o passado *inteiro* foi necessário. Ora, mas, sem dúvida, é sabido que, assim como a maior parte das pessoas em toda época e, da mesma forma, também uma quantidade de eventos nunca

---

122. No original, em alemão, *"Historie"*, e não *"Geschichte"*, termo usado com maior frequência por Schelling para o termo "história" nesta obra. *"Historie"* parece se referir à história como campo de estudo, enquanto *"Geschichte"*, à história como fenômeno humano, objeto de reflexão filosófica. Heath traduz *"Historie"* por *"Historiography"* em Schelling (2001b) [N.T.].

teve uma existência no mundo no qual a história na realidade pertence, pois assim como é pouco para a memória na posteridade se eternizar apenas como causa física por meio de efeitos físicos, é igualmente pouco adquirir, também, uma existência na história pelo fato de que se é mero produto intelectual ou simples intermediário, através do qual um simples meio passa da cultura tecida no presente à posteridade, sem que se tenha sido a própria causa de um novo futuro. Contudo, com a consciência de cada individualidade, apenas isso é posto como o que continuou a exercer efeito até agora, mas justamente isso é, também, a única coisa que pertence à história e que existiu na história.

Porém, agora, no que diz respeito à *necessidade* transcendental da história, ela já foi deduzida nos trechos precedentes pelo fato de que a constituição de direito universal foi atribuída ao ser racional como um problema que só é realizável por meio de todo o gênero, isto é, justamente realizável apenas no curso da história. Nós nos contentamos aqui, portanto, meramente ao fazer a inferência de que o único verdadeiro objeto da história[123] só pode ser o surgimento gradativo da constituição cosmopolita, pois justamente essa é o único fundamento da história. Qualquer outra história que não seja universal só pode ser *pragmática*, isto é, direcionada segundo o conceito já mencionado pelos Antigos de algo que se dirige a um determinado fim empírico. Ao contrário, uma história universal pragmática é um conceito em si contraditório. Porém, todo o resto que é acolhido na história[124], progresso das artes, das ciências etc. não pertence propriamente à história[125] por excelência[126], ou serve nela simplesmente seja como escritura, seja como membro intermediário, pois também as descobertas nas artes e nas ciências – principalmente pelo fato de que são meio para se danificar mutuamente, ocasionando a reprodução, elevação e uma série de outros males antes desconhecidos – servem para acelerar o progresso da humanidade rumo à edificação de uma constituição universal do direito.

---

123. No original, em alemão, *"Historie"* [N.T.].

124. Em alemão, no original, *"Historie"* [N.T.].

125. No original, em alemão, *"Historie"* [N.T.].

126. Em grego, no original, *"κατ εξοX"* [N.T.].

B.

Que, no conceito de história, resida uma *progressividade* infinita, foi suficientemente demonstrado no que precedeu. Daí, certamente, não pode ser concluída imediatamente a perfectibilidade infinita do gênero humano, uma vez que aqueles que a negam poderiam também igualmente afirmar que o ser humano possui tão pouca história quanto o animal, só que ele está encerrado em um círculo eterno de ações em que, como Íxion, move-se incessantemente em sua roda, e se encontra sob contínuas oscilações e, às vezes, até mesmo sob desvios aparentes da linha reta, porém sempre retorna ao ponto do qual ele partiu. Ainda menos é de se esperar, porém, um resultado sagaz a essa pergunta, uma vez que aqueles que a examinam, contra ou a favor dela, encontram-se em grande perplexidade quanto à medida pela qual o progresso será medido. Enquanto alguns refletem sobre os progressos *morais* da humanidade, de que nós certamente queremos possuir a medida, outros refletem sobre o progresso nas *artes* e *ciências* que, todavia, considerado do ponto de vista histórico (prático), é antes um regresso ou, ao menos, um progresso anti-histórico, sobre o que podemos recorrer à própria história, e ao juízo e exemplo das nações as quais, no sentido histórico, são as clássicas (por exemplo, os romanos). Porém, se o único objeto da história é o realizar gradativo da constituição de direito, então nos resta também, como medida histórica do progresso do gênero humano, apenas a gradual aproximação a essa meta, cuja consecução final, porém, não pode ser inferida a partir da experiência, na medida em que ela ainda está em curso, tampouco pode ser demonstrada *a priori*, mas apenas pode ser um eterno artigo de fé[127] do ser humano efetuador e ativo.

C.

Agora, porém, nós passamos à característica central da história: que ela apresenta liberdade e necessidade em união, e que, apenas por intermédio dessa unificação, ela será possível.

Todavia, agora é precisamente essa união entre liberdade e legalidade no agir, que nós já deduzimos como necessária de um

---

127. No original, *"Glaubensartikel"* [N.T.].

lado totalmente diferente, que será deduzida como simplesmente necessária a partir do conceito de história.

A constituição universal de direito é condição da liberdade porque, sem ela, garantia alguma é conferida à liberdade, uma vez que a liberdade, a qual não é garantida por intermédio de uma ordem geral da natureza, existe apenas precariamente e é, como a maioria de nossos estados atuais, apenas uma planta que floresce de maneira parasitária, tolerada em geral como um capricho necessário, mas de tal modo que o indivíduo nunca tem certeza de sua liberdade. A liberdade não pode ser um privilégio, ou um bem, que apenas pode ser desfrutado como um fruto proibido. A liberdade deve ser garantida por meio de uma ordem que é tão aberta e tão imutável quanto a da natureza.

Contudo, agora essa ordem só poderá ser realizada mediante a liberdade, e sua instauração é confiada única e somente à liberdade. Isso é uma contradição. O que é condição primeira da liberdade externa é, justamente por isso, necessário, como a própria liberdade. E, no entanto, ela se realiza apenas por intermédio da liberdade, isto é, seu surgimento é deixado ao acaso. Como conciliar essa contradição?

Ela só pode ser conciliada pelo fato de que, na própria liberdade, novamente há necessidade; mas como, por sua vez, é possível pensar tal unificação?

Nós chegamos, aqui, ao mais elevado, aliás já mencionado anteriormente (II.), contudo não resolvido da filosofia transcendental.

A liberdade deve ser necessidade; a necessidade, liberdade. Ora, mas a necessidade, em oposição à liberdade, não é nada além do aconsciente. O que é aconsciente em mim é involuntário, e o que [é] com consciência, o é via meu querer em mim.

Dever existir necessidade novamente na liberdade significa, portanto, o mesmo que: mediante a própria liberdade, e na medida em que eu acredito agir livremente, o que eu não tenho em vista deve surgir aconscientemente, isto é, sem minha participação; ou, expresso de outra maneira: à atividade consciente, portanto, àquela atividade determinada livremente que nós deduzimos anteriormente, deve se opor uma aconsciente, por intermédio da qual a extrusão irrestrita da liberdade surge apesar de algo totalmente involuntário e, talvez, até mesmo contra o querer daquele que age, o que ele mesmo jamais poderia realizar por meio de seu querer. Essa proposição, tão paradoxal quanto possa parecer, não é nada além do que apenas a expressão transcendental da relação universalmente aceita e pressuposta entre liberdade e uma necessidade oculta, que ora é chamada destino, ora chamada providência, sem que nem um nem outro expresse algo claro. Em decorrência dessa relação, os homens, por meio de seu próprio agir e, contudo, contra seu querer, devem se tornar causa de algo que eles nunca quiseram, ou, em função dela, inversamente, algo deve falhar ou desonrar o que eles quiseram por meio de liberdade e com empenho de todas as suas forças.

Tal interferência de uma necessidade oculta na liberdade humana é pressuposta não apenas, por exemplo, na arte trágica, cuja existência inteira se baseia nessa pressuposição, mas até mesmo no obrar e no agir; é uma pressuposição sem a qual não se pode querer nada de maneira correta e sem a qual nenhuma disposição totalmente despreocupada com as consequências do agir poderia inspirar o ânimo humano conforme manda o dever. É o caso, pois se nenhum sacrifício é possível sem a convicção de que o gênero a que se pertence não poderia parar de progredir, então como seria possível essa convicção, se ela se edifica única e apenas na liberdade? Aqui deve haver algo mais elevado do que a liberdade humana, e com o qual, certamente, pode-se contar no operar e no agir; sem o qual nenhum ser humano poderia ousar a empreender uma ação de maiores consequências, uma vez que até mesmo o cálculo mais perfeito delas poderia ser tão inteiramente destruído pela intrusão de liberdades alheias que, a partir de sua ação, pode suceder algo totalmente diverso daquilo que ele tem como objetivo. O dever em si não pode me ordenar a ficar totalmente sereno devido às consequências de minhas ações, logo que elas são decididas, a não ser que, de um lado, meu agir [seja dependente de] mim, isto é, de minha liberdade e, de outro lado, as consequências de minhas ações, ou aquilo que se desenvolve a partir delas para todo o meu gênero, não seja dependente de modo algum de minha liberdade, mas de algo inteiramente diferente e superior.

Portanto, uma suposição que é mesmo necessária em prol da liberdade é que o ser humano, de fato certamente é livre no que diz respeito ao próprio agir, porém, no que tange ao resultado finito de suas ações, é dependente de uma necessidade que está além dele e que tem as rédeas até mesmo no jogo de sua liberdade. Essa pressuposição, agora, será explicada transcendentalmente. Explicá-la a partir da providência ou do destino significa não a explicar de modo algum, pois providência ou destino é justamente aquilo que deverá ser explicado. Não duvidamos da providência, tampouco daquilo que vocês chamam destino, pois nós sentimos o intervir dele em nosso próprio agir, em êxitos e falhas de nossos próprios projetos. Mas o que é, então, esse destino?

Se nós reduzirmos o problema a argumentos transcendentais, então isso significa: como pode, na medida em que nós agimos totalmente livres, isto é, com consciência, surgir a nós algo aconsciente que nós nunca tencionamos e que a liberdade, deixada a si mesma, nunca conseguiu realizar?

O que surge sem intenção, surge como o mundo objetivo; mas agora, através de meu livre-agir, também deve surgir algo objetivo, uma segunda natureza, a ordem jurídica. Contudo, mediante um livre-agir, nada pode me surgir de objetivo, pois tudo o que é objetivo como tal surge aconscientemente. Logo, como aquele segundo objetivo poderia surgir por intermédio do livre-agir seria inapreensível, caso uma atividade aconsciente não fizesse oposição à atividade consciente.

Porém, algo objetivo me surge aconscientemente só no intuir, logo aquela proposição significa: o objetivo em meu agir livre deve ser propriamente um intuir pelo qual nós, então, retornamos a uma proposição anterior, que em parte já foi elucidada, mas em parte só pode obter sua plena clareza aqui.

De fato, aqui o elemento objetivo consegue um sentido totalmente diverso do que ele tivera até agora. Mais especificamente, todas as minhas ações procedem como que ao seu fim último, rumo a algo que não é realizável apenas pelo indivíduo sozinho, mas apenas *por todo o gênero*; ao menos, todas as minhas ações deveriam proceder rumo a isso. O sucesso de minhas ações, portanto, não é dependente de mim, mas de vontades de todos os demais, e eu não sou capaz de atingir esse fim se todos os outros não quiserem o mesmo fim. Mas isso é precisamente duvidoso e incerto, de fato impossível, uma vez que, sem dúvida, a maioria nem sequer pensa nesse fim. Ora, como é possível sair dessa incerteza? Poder-se-ia, aqui, por exemplo, ser impelido a crer imediatamente em uma ordem moral do mundo, e postulá-la como condição de se atingir esse fim[128]. Contudo, como se conduzirá a prova de que essa ordem moral poderia ser pensada como objetiva, como totalmente independente da liberdade? A ordem moral do mundo, pode-se dizer, existe na medida em que a edificamos, mas onde, então, ela é estabelecida? Ela é o efeito comum de todas as inteligências, na medida em que todos querem, mediata ou imediatamente, nada senão justamente tal ordem. Enquanto isso não é o caso, ela ainda não existe. Cada inteligência individual pode ser considerada como uma parte integrante de Deus, ou da ordem moral do mundo. Todo ser racional pode dizer a si mesmo: ["]também a mim é conferida a realização da lei e o exercício do direito em meu campo de ação, também a mim é transmitida uma parte do governo moral do mundo, mas o que sou eu contra tantos?["] Aquela ordem existe apenas na medida em que todos os outros pensam igual a mim, e cada um pratica seu direito divino de tornar a justiça soberana.

Logo: ou eu evoco uma ordem *moral* do mundo (então, eu não consigo pensá-la como absolutamente objetiva), ou eu solicito algo totalmente objetivo, que assegure, totalmente independente da *liberdade*, o sucesso de ações para o fim supremo e, por assim dizer, garanta, então, uma vez que o único elemento objetivo no querer é o aconsciente, que eu me veja impelido a algo *aconsciente*, por meio do qual o sucesso externo de todas as ações possa ser assegurado.

De fato, apenas se uma conformidade aconsciente a fins puder reinar novamente nas ações involuntárias, isto é, totalmente desprovidas de lei do ser humano, então eu posso pensar em uma união finita de todas as ações em prol de um fim comum. Todavia, a conformidade a fins está somente no intuir, logo essa finalidade

---

128. Cf. a respeito: Assumpção (2014, 2016) [N.T.].

não é possível, a não ser que o que aparece a nós como um livre-
-agir seja objetivamente, ou considerado em si, um intuir.

Agora, de fato, aqui não se trata do agir do indivíduo, mas do agir *de todo o gênero*. Aquele segundo elemento objetivo que deve surgir a nós pode ser realizado somente mediante o gênero, isto é, na história. A história vista objetivamente, todavia, não é nada além de uma série de eventos que aparece apenas subjetivamente, como uma série de ações livres. Logo, o elemento objetivo da história, sem dúvida, é uma intuição, mas não uma intuição do indivíduo, uma vez que o indivíduo não age na história, mas o gênero; logo, o intuinte, ou o elemento objetivo da história, deve ser *um* para todo o gênero.

Agora, porém, cada indivíduo age absolutamente livre, não obstante o aspecto objetivo seja o mesmo em todas as inteligências, portanto as ações de seres racionais distintos não necessariamente concordariam, mas antes, quanto mais livre o indivíduo, mais contradição haveria no todo, a não ser que esse elemento objetivo comum a todas as inteligências fosse uma *síntese absoluta*, em que toda contradição tivesse sido resolvida e anulada antecipadamente. – Não é compreensível que, a partir do jogo totalmente desprovido de lei da liberdade – em que cada ser livre fica à deriva por si mesmo, como se não houvesse nenhum outro ser além dele (o que deve sempre ser suposto como regra) – emerja, contudo, algo racional e concordante no fim, que eu sou obrigado a pressupor em todo agir, a não ser que o aspecto objetivo em todo agir seja algo comum, mediante o qual todas as ações dos homens sejam guiadas a um fim harmonioso. Isso se dá de modo que, independentemente de como eles queiram se portar, e de quão animados eles exercitem seus arbítrios, não obstante, eles devem ser levados para lá onde não queriam sem – e até mesmo contra – suas vontades, por uma necessidade oculta a eles, por meio da qual é determinado antecipadamente – justamente por intermédio do elemento desprovido de lei do agir – que, quanto mais desprovido de lei, mais certamente eles causam um desenvolvimento da peça de teatro que eles próprios não conseguiram tencionar. Porém, essa própria necessidade só pode ser pensada por meio de uma síntese absoluta de todas as ações, a partir da qual tudo o que ocorre se desenvolve – consequentemente, também o todo da história se desdobra. Uma vez que essa síntese é absoluta, tudo o que foi de antemão tão ponderado e calculado nela, e também tudo o que pode parecer tão contraditório e desarmonioso (por mais que o pareça) encontra e possui, contudo, nessa síntese o seu fundamento de unificação. Essa própria síntese absoluta, todavia, deve ser posta no absoluto, que é o intuinte, o eterna e universalmente objetivo em todo agir livre.

Agora, todo esse panorama nos conduz, porém, a um mecanismo natural, mediante o qual o último sucesso de todas as ações é assegurado, e pelo qual, sem participação alguma da liberdade, o gênero inteiro é direcionado à meta mais elevada. Isso se deve ao fato de que o elemento eterno e único objetivo para todas as inteligências é justamente a legalidade da natureza, ou o intuir que, no querer, independe por completo da inteligência. Essa unidade do objetivo para todas as inteligências me explica, agora, apenas e simplesmente uma predeterminação de toda a história para a *intuição* por meio de uma síntese absoluta, cujo simples desenvolvimento nas séries diferentes é a história; mas não [me explica] como essa predeterminação objetiva de todas as ações concorda com a própria liberdade do agir. Aquela unidade nos explica, portanto, apenas uma determinação no conceito de história, a saber, o de *conformidade a leis* que, como agora fica claro, ocorre apenas em relação ao elemento objetivo no agir (pois, vale dizer, esse pertence realmente à natureza; logo, da mesma forma, *deve* ser conforme a leis, na medida em que ele é natureza, pelo que também seria inteiramente inútil querer produzir essa conformidade a leis objetiva do agir mediante a liberdade, uma vez que aquela produz mecanicamente e, por assim dizer, a partir de si mesma). No entanto, aquela unidade não me explica a outra determinação, a saber, a coexistência da ausência de leis, isto é, da *liberdade*, com a conformidade a leis; em outros termos, ela nos deixa sempre sem explicação em que, nesse caso, é fundada a harmonia entre aquele elemento objetivo, que produz o que produz por meio de sua própria conformidade a leis e com total independência da liberdade, e o *livre-determinante*.

O ponto atual de reflexão é acompanhado de outro – de um lado, a inteligência *em si* (o elemento absolutamente objetivo, comum a todas as inteligências); de outro, o livre-determinante, totalmente subjetivo. Por meio da *inteligência em si*, a conformidade a leis objetiva da história é predeterminada de uma vez por todas; contudo, uma vez que o elemento objetivo e o livre-determinante são plenamente independentes um do outro, cada um dependendo apenas de si, então como eu tenho certeza de que a predeterminação objetiva e a infinitude do que é possível pela liberdade se esgotam reciprocamente, e de que, portanto, aquele fator objetivo seja, de fato, uma síntese *absoluta* para o conjunto de todas as ações livres? E por meio do que, então, considerando que a liberdade é absoluta – não podendo ser determinada de modo algum pelo objetivo –, não obstante a concordância contínua entre as duas é assegurada? Se o aspecto objetivo é sempre o determinante, por meio do que, então, ele é agora determinado tão precisamente que ele é conduzido objetivamente à liberdade, a qual se externaliza apenas no arbítrio, o que não pode se basear nele mesmo, isto é, no conforme a leis? Tal harmonia preestabelecida entre o elemento objetivo (conforme a leis) e o determinante (livre), só pode ser pensável por intermédio de algo superior que está *acima* de ambos – logo, que não é nem inteligência, nem livre, mas fonte comum do inteligente e do livre, simultaneamente.

Ora, se aquele [algo] superior não é nada além do fundamento da identidade entre o absolutamente subjetivo e o absolutamente objetivo, o consciente e o aconsciente, que precisamente em prol do fenômeno se separam no agir livre, então aquele superior não pode ser nem sujeito, nem objeto, tampouco os dois simultaneamente, mas apenas a *identidade absoluta*, na qual não há duplicidade alguma e que, justamente pelo fato de que a condição de toda consciência é duplicidade, nunca pode atingir a consciência. Esse eterno aconsciente que, por assim dizer, é o eterno Sol no Reino dos Espíritos, oculta-se por meio de sua própria luz pura e, não obstante ele nunca se torne objeto, no entanto todas as ações livres expressam sua identidade. Ele é, concomitantemente, o mesmo para todas as inteligências, a raiz invisível de que todas as inteligências são apenas potências, e o eterno mediador entre o subjetivo que determina a si mesmo em nós, e o objetivo, ou intuinte, ao mesmo tempo o fundamento de conformidade a leis na liberdade, e da liberdade na conformidade a leis do objetivo.

Ora, mas pode-se perceber facilmente que não pode ser dado predicado algum para aquele *absolutamente idêntico* – que já está separado no primeiro ato da consciência e, por meio dessa separação, produz todo o sistema da finitude –, pois ele é o absolutamente simples, e também predicado que fosse obtido pela [via do] inteligente ou do livre. [Também se pode perceber] que ele, também, nunca pode ser objeto do saber, mas só pode ser objeto do eterno pressupor no agir, isto é, da fé.

Ora, mas se aquele absoluto é o único fundamento de harmonia entre o objetivo e o subjetivo no agir livre, não apenas do indivíduo, mas do gênero inteiro, então nós encontramos o traço dessa eterna e imutável identidade mais provavelmente na conformidade a leis que se passa pelo tecer de uma mão desconhecida por meio do livre-jogo do arbítrio na história.

Agora, caso nossa reflexão se direcione só ao *aconsciente* ou *objetivo* em todo agir, então nós devemos supor que todas as ações livres, logo, também toda a história, como totalmente predeterminadas, não por uma predestinação consciente, mas por uma do tipo totalmente cega, expressa pelo conceito obscuro de destino, que é o sistema do *fatalismo*. Contudo, se a reflexão se direciona apenas ao *subjetivo* voluntariamente determinante, então nos surge um sistema de absoluta ausência de leis, o verdadeiro sistema da *irreligião* e do *ateísmo*, mais precisamente, a alegação de que, em todo o fazer e agir, não há nenhuma lei e necessidade alguma. Todavia, caso a reflexão se eleve àquele absoluto que é o fundamento comum da harmonia entre a liberdade e o inteligente, então surge a nós o sistema da providência, isto é, *religião* no único verdadeiro significado do termo.

Mas, agora, aquele absoluto que, em todo lugar, só pode se *revelar*, viesse a se revelar real e plenamente na história, ou se viesse a fazê-lo apenas uma vez, isso ocorreria justamente em volta do fenômeno da liberdade. Essa revelação perfeita ocorreria se o agir livre coincidisse inteiramente com a predeterminação. Porém, se tal coincidência existisse, isto é, se a síntese absoluta se desenvolvesse por completo, então nós examinaríamos que tudo o que ocorre por meio da liberdade no curso da história foi, nesse todo, conforme a leis e que todas as ações, não obstante elas pareçam ter sido livres, foram, de fato, necessárias, precisamente para produzir esse todo. A oposição entre a atividade consciente e a aconsciente é necessariamente infinita, pois se ela fosse anulada, então também o fenômeno da liberdade teria sido anulado, uma vez que ele se baseia única e somente naquela oposição. Portanto, nós não podemos pensar em tempo algum no qual a síntese absoluta, isto é – para nos expressarmos empiricamente –, o plano da providência não tenha se desenvolvido completamente.

Se nós pensamos na história como uma peça de teatro na qual todos os participantes desempenham seu papel ao seu critério, muito livremente, então um desenvolvimento racional desse jogo confuso só poderia ser pensável pelo fato de que há um espírito, que poetiza em todos, e que o poeta cujos meros fragmentos ("os membros desmembrados do poeta")[129] são os atores individuais já pôs, antecipadamente, em tamanha harmonia o sucesso objetivo do todo com o jogo livre de todos os participantes que, no fim, realmente algo racional deve sair. Porém, agora se o poeta *existisse* independentemente de seu drama, então nós seríamos apenas os atores que efetuam o que ele compôs. Se ele não *é* independente de nós, mas se revela e se descortina apenas sucessivamente por intermédio do jogo de nossa própria liberdade, de modo que, sem essa liberdade, também ele mesmo não *seria*. Então, nós somos copoetas[130] do todo e autoinventores do papel particular que nós desempenhamos. – O fundamento último da harmonia entre a liberdade e o elemento objetivo (conforme a leis), portanto, nunca poderá ser inteiramente objetivo, caso o fenômeno da liberdade deva subsistir. – Por meio de cada inteligência individual o absoluto age, isto é, seu agir é, *ele próprio*, absoluto, na medida em que não é livre nem não-livre, mas os dois ao mesmo tempo, *absolutamente*

---

129. Em latim, no original: *"disjecti membra poëtae"*. Segundo Korten e Ziche (2005, p. 188), a passagem é de Horácio, *Sátiras*, I,4, V. 62. Os editores acrescentam (2005, p. 187-188) que Schelling interpreta a história, nessa passagem, como um jogo de improvisação, possivelmente com base em apresentações do jogo de improviso em *Wilhelm Meister*, de Goethe e *O gato de botas*, de Ludwig Tieck. Uma referência clássica indicada pelos pesquisadores é Zeltner (1965). Acrescentamos uma referência mais recente: Rezvykh (2019) [N.T.].

130. No original, em alemão, *"Mitdichter"*, possivelmente um neologismo do meio literário [N.T.].

livre e, precisamente por isso, também necessário. Mas se, agora, a inteligência parte do estado absoluto, isto é, da identidade absoluta, na qual não se deixa diferenciar e em que se torna consciente dela (diferenciando-se a si própria), o que ocorre pelo fato de que seu agir é objetivado à inteligência, passando ao mundo objetivo, então o livre e o necessário se separam no agir. Ele é livre apenas como fenômeno interno e, por isso, nós somos e nós cremos ser internamente sempre livres, não obstante o fenômeno de nossa liberdade, ou nossa liberdade, na medida em que ela passa ao mundo objetivo, esteja sob leis da natureza tanto quanto qualquer outro acontecimento.

Ora, segue do precedente que concepção da história é a única verdadeira. A história como todo é um progressivo e gradativo descortinar-se em revelação do absoluto. Logo, nunca se pode indicar na história os trechos particulares em que o vestígio da providência, ou o próprio Deus, é, por assim dizer, visível, pois Deus nunca é, se o ser é aquilo que se apresenta no mundo objetivo; *se ele fosse*, então *nós* não seríamos: mas ele se *revela* constantemente. O ser humano conduz, através de sua história, uma prova contínua da existência de Deus, uma prova que, contudo, só pode ser completada pelo todo da história. É essencial que se veja esta alternativa. *Se* Deus existe, isto é, se o mundo objetivo é uma apresentação perfeita de Deus ou – o que é o mesmo – a coincidência perfeita entre o livre e o aconsciente, então nada pode ser *diferente* do que é. Mas o mundo objetivo não o é. Ou, talvez, ele já seja uma revelação completa de Deus? – Ora, se o fenômeno da liberdade é necessariamente infinito, então também o desenvolvimento completo da síntese absoluta é infinito, e a própria história é uma revelação nunca totalmente ocorrida daquele absoluto que, em prol da consciência – logo também apenas em prol do fenômeno –, separa-se em consciente e aconsciente, livre e intuinte, mas que, *em si*, na luz inacessível em que reside, está a eterna identidade e o fundamento eterno da harmonia entre ambos.

Nós podemos presumir três períodos dessa revelação, logo também três períodos da história. O fundamento da classificação nos é dado pelos opostos, destino e providência, entre os quais a natureza está, no meio, constituindo a transição de um ao outro.

O primeiro período é aquele no qual o que prevalece ainda [atua] como destino, isto é, como poder totalmente cego e aconsciente, dilapida também as coisas mais belas e magníficas; a esse período da história, que nós podemos chamar o trágico, pertence o declínio do fulgor e da maravilha do Mundo Antigo, a queda daquela grande riqueza da qual quase não resta memória, e de cuja grandeza nós apenas inferimos a partir de suas ruínas, o declínio da humanidade mais nobre que já floresceu e cujo retorno à terra é apenas um eterno desejo.

O segundo período da história é aquele em que o que apareceu no primeiro como destino, isto é, como poder inteiramente cego, revela-se como natureza, e a lei obscura que prevaleceu naquele período aparece transformada ao menos em uma *lei natural* aberta, que coage a liberdade e o arbítrio mais desenfreado a servir a um *plano da natureza* e, dessa maneira, conduz tão gradualmente ao menos a uma conformidade mecânica a leis na história. Esse período parece iniciar com a propagação da grande República Romana, da qual se expressa o arbítrio mais animado no frenesi de conquista e de subjugação, na medida em que ela, em primeiro lugar, combina os povos em geral entre si e proporciona um contato recíproco que, até agora, havia sido apenas separado e preservado entre diferentes costumes, leis, artes e ciências. De modo aconsciente, e mesmo contra sua própria vontade, [Roma] foi compelida a servir a um plano da natureza que, em seu desenvolvimento completo, deverá levar a uma aliança geral de nações e ao Estado universal. Todos os eventos que ocorrem nesse período devem, portanto, ser vistos como mera consequência da natureza, de modo que até o declínio do Império Romano não possui nem um lado trágico, tampouco moral, mas foi necessário segundo leis naturais e, na verdade, apenas um tributo pago à natureza.

O terceiro período da história será aquele no qual aquilo que, nos anteriores, apareceu como destino e como natureza, desenvolve-se como *providência*. Nele, será evidente que mesmo o que parecia ser mera obra do destino ou da natureza já era o início de uma providência se revelando de modo incompleto.

Nós não sabemos dizer quando esse período iniciará. Mas quando esse período vir a ser, então também Deus *virá a ser*.

F. Tarefa. Explicar como o próprio eu poderia se tornar consciente da harmonia originária entre subjetivo e objetivo

Solução

I.

1) Todo agir só pode ser compreendido por meio de um elo originário entre liberdade e necessidade[131]. A prova é que todo agir, tanto do indivíduo quanto do gênero inteiro, enquanto age livremente, na condição de resultado objetivo deve, porém, ser pensado como apoiado em leis naturais. Portanto, agimos subjetivamente para o fenômeno interior, mas objetivamente nunca agimos, mas sim um outro, por assim dizer, através de nós.

2) Esse objetivo que agiu através de mim, porém, deve novamente ser eu[132]. Ora, porém *eu* sou apenas o consciente, ao passo que aquele é o aconsciente. Logo, o aconsciente em meu agir deve ser idêntico ao consciente. Agora, porém, essa identidade não se comprova no próprio agir livre, pois justamente em prol da ação livre (isto é, do vir a ser objetivo daquele objetivo), ela se anula. Logo, aquela identidade deve ser indicada além desse vir a ser objetivo[133]. Contudo, aquilo que no agir livre é o objetivo, independente de nós, aquém do fenômeno, consiste no intuir. Logo, aquela identidade deve poder ser comprovada no intuir.

No objetivo da segunda ordem, essa identidade não pode ser indicada, uma vez que aquele se realiza apenas por meio de anulação desta, e mediante uma separação que é infinita. Esse objetivo, certamente, não pode ser explicado por nada além da suposição de que, inicialmente, ele é posto em harmonia, que se separa no livre--agir em relação ao fenômeno. Esse idêntico, agora, deve ser provado inicialmente para o próprio eu, e uma vez que é fundamento explicativo da história, não pode ser demonstrado, por outro lado, a partir da história.

---

131. **Obs.**: O postulado absoluto de todo agir é um [elo] originário... [N.A.].

132. **Obs.**: O [indivíduo] livre [N.A.].

133. **Obs.**: Indicada além do livre-agir, indicada além do ponto onde o aconsciente me enfrenta como algo objetivo [N.A.].

Aquela identidade só poderia, portanto, ser indicada no objetivo da primeira ordem.

Nós deixamos o mundo objetivo surgir por meio de um mecanismo inteiramente cego da inteligência. Ora, porém seria difícil de se conceber como tal mecanismo é possível em uma natureza cujo caráter fundamental é a consciência, se aquele mecanismo já não fosse pressuposto por meio da atividade livre e consciente. Tampouco seria apreensível como um realizar de nossos fins no mundo exterior seria possível por meio de atividade livre e consciente, se já não houvesse no mundo, ainda antes que ele fosse objeto de um agir consciente, em função de uma identidade originária entre atividade aconsciente e consciente, a receptividade para tal agir.

Ora, mas se toda atividade aconsciente é conforme a fins, então todo encontro entre atividade consciente e aconsciente só pode ser demonstrado em um produto que *seja conforme a fins, sem ser produzido conforme a fins*. Tal produto deve ser a natureza, e esse é precisamente o princípio de toda teleologia, a única [área] na qual a solução do problema dado poderá ser buscada[134].

---

134. **Obs.**: E a natureza, na medida em que ela é, para nós, a primeira resposta à pergunta sobre como, ou pelo que aquela harmonia entre necessidade e liberdade, postulada para a possibilidade do agir, poderia se tornar novamente objetiva para nós [N.A.].

QUINTA SEÇÃO PRINCIPAL
TEOREMAS PRINCIPAIS DA TELEOLOGIA SEGUNDO PRINCÍPIOS DO IDEALISMO TRANSCENDENTAL

[I.][135]

Tão certo quanto o fenômeno da liberdade só é apreensível mediante uma atividade idêntica que simplesmente se separou, em relação ao fenômeno, em consciente e aconsciente[136], tão certo a natureza – como o produzido sem liberdade – deve aparecer como um produto que é conforme a fins, sem que tenha sido produzida conforme a um fim, isto é, como um produto que, embora obra do mecanismo cego, ainda assim parece como se tivesse sido produzida com consciência.

1. *A natureza deve aparecer como produto conforme a fins.* A demonstração transcendental[137] será conduzida a partir da harmonia necessária entre a atividade aconsciente e a aconsciente. A demonstração a partir da experiência não pertence à filosofia transcendental, por isso deixaremos de lado, agora mesmo, a segunda proposição, isto é é[,]

2. *A natureza não é conforme a fins no que diz respeito à produção,* isto é, não obstante ela porte em si todos os caracteres

---

135. Esta marcação não consta no original, mas a inserimos porque na p. 292 há a marcação "II." Uma interpretação possível é a de que, originalmente, a tarefa "F.", inserida ao final da quarta seção principal, seria a parte inicial da quinta seção principal, daí a parte "F." conter "I." e não "II.", e a quinta seção principal conter "II.", e não "I." [N.T.].

136. **Obs.:** Por meio de uma harmonia absoluta, que se separou, em relação ao fenômeno, em atividade consciente e aconsciente [N.A.].

137. **Obs.:** A demonstração especulativa e originária [N.A.].

de uma produção conforme a fins ela não é, contudo, em sua origem, conforme a fins, e, por meio do esforço em explicá-la a partir de uma produção conforme a fins, o caráter da natureza, e precisamente aquilo que faz dela natureza, é anulado, pois o peculiar da natureza consiste precisamente no fato de que ela, em seu mecanismo, e não obstante nada além de mecanismo cego, ainda assim é conforme a fins. Se eu anulo o mecanismo, então eu anulo a própria natureza. Todo o encanto que, por exemplo, envolve a natureza orgânica e que se pode penetrar inteiramente apenas com ajuda do idealismo transcendental consiste na contradição de que essa natureza, embora produto de forças cegas da natureza, é inteiramente finalista. Porém, precisamente essa contradição que é possível deduzir *a priori* por meio dos princípios transcendentais, será anulada por meio dos modos teleológicos de explicação[138].

A natureza, em suas formas conforme a fins, fala figurativamente a nós, diz Kant, e a interpretação de sua escrita cifrada nos fornece o fenômeno da liberdade em nós. No produto natural, ainda está reunido o que, na ação livre, foi separado no que diz respeito ao fenômeno. Toda planta é totalmente o que ela deve ser, o livre nela é necessário, e o necessário, livre. O ser humano é um eterno fragmento[139], pois ou sua ação é necessária – e, portanto, não-livre –, ou livre – e, então, não necessária e conforme a fins. O fenômeno completo da liberdade e necessidade no mundo externo me fornece somente a natureza orgânica[140], e isso já poderia ter sido inferido com base no lugar que ela ocupa na série de produções na filosofia teórica, na medida em que ela, de acordo com nossas derivações, já se tornou um produzir objetivo – portanto, nesta medida, se aproxima do agir livre –, porém é [também] um intuir aconsciente do produzir, na medida, portanto, em que novamente é um produzir cego.

---

138. **Obs.**: Pois nestes [modos] a natureza é apresentada enquanto conforme a fins, uma vez que se persiste na intenção de produção. O peculiar, porém, é que, precisamente lá onde não há intenção e não há fim algum, aparece a maior finalidade [N.A.].

139. No original, em alemão, *"Brüchstück"*, e não *"Fragment"*, forma mais utilizada pelos românticos. Todavia, Novalis usa *"Brüchstück"*, ainda que raramente [N.T.].

140. **Obs.**: No individual ou na natureza como todo, que é um ser absolutamente orgânico [N.A.].

Ora, esta contradição, de que um e o mesmo produto seja, ao mesmo tempo, cego e, todavia, conforme a fins, não é explicável em sistema algum além daquele do idealismo transcendental, na medida em que todos os outros ou negam a finalidade aos produtos, ou ao mecanismo do produzir e, portanto, devem anular a coexistência deles. Ou se supõe que a matéria forma a si mesma de produtos conforme a fins, por meio do que ao menos se torna apreensível como a matéria e o conceito de fim se penetram nos produtos – então se escreve que a matéria ou tem realidade absoluta, o que ocorre no hilozoísmo, um sistema contraditório, na medida em que ele supõe a *própria matéria* como inteligente, ou não, então a matéria deve ser pensada como mero modo de intuição de um ser inteligente, de modo que, em seguida, o conceito de fim e o objeto não penetrem propriamente na matéria, mas na intuição de um ser onde, então, o próprio hilozoísmo conduz novamente ao idealismo transcendental. Ou, ainda, supõe-se a matéria como absolutamente inativa, e deixa-se a finalidade em seus produtos ser produzida por meio de uma inteligência externa a ela, vale dizer, que o conceito dessa finalidade precede a própria produção, então não se explica como o conceito e o objeto se penetram ao infinito e como, em uma palavra, o produto não é produto artístico, mas produto natural[141], pois a diferença entre produto artístico e produto natural consiste precisamente em que, naquele, o conceito expressa apenas a superfície do objeto, porém neste ele transita ao próprio objeto e é totalmente inseparável dele. Essa identidade absoluta entre o conceito de fim e o próprio objeto, porém, agora é simplesmente explicável a partir de uma produção na qual atividade consciente e aconsciente se unificam, porém tal [produção] só é possível em uma inteligência. Ora, porém, pode-se compreender como uma inteligência criadora poderia apresentar um mundo a si mesma, porém não como ela poderia apresentar um mundo a outros fora de si. Portanto, vemo-nos aqui novamente impelidos de volta ao idealismo transcendental.

---

141. Hilozoísmo é a concepção de que há vida em toda matéria, tal como no pensamento de Leibniz. Este denso parágrafo traz uma discussão com a segunda parte da *Crítica da faculdade de julgar* (1790) de Kant, a Crítica da faculdade de julgar teleológica. Cf. Assumpção (2015a). Nesse artigo, a discussão com Schelling é voltada para um texto anterior, *Ideias para uma filosofia da natureza* (1797), mas os elementos em confronto com Kant se mantêm e a exposição sobre Kant pode auxiliar na compreensão do parágrafo [N.T.].

Tanto a finalidade da natureza no todo quanto nos produtos individuais pode ser compreendida a partir de uma intuição na qual a noção do conceito e o próprio objeto são, de modo originário e indiferenciado, unificados; pois, então, o produto deve aparecer, de fato, como conforme a fins, uma vez que a própria produção já foi determinada por meio do princípio, o qual se separa, no que tange à consciência, em livre e não-livre. Por outro lado, o conceito de fim não pode ser pensado como anterior à produção, pois nessa intuição ambos ainda não são indiferenciáveis. Ora, fica tão claro por si mesmo, a partir do [percorrido] até agora, que não é necessário explicação posterior alguma (e tampouco elucidação por meio de exemplos) para o fato de que todos os modos teleológicos de explicação, isto é, aqueles que deixam o conceito de fim, correspondente à atividade consciente, anteceder o objeto, correspondente à atividade aconsciente, de fato anulam toda verdadeira explicação natural e, com isso, perdem-se para o saber em sua completude.

II.

A natureza, em seu mecanismo cego e mecânico, representa-me, contudo, uma identidade originária entre a atividade consciente e a aconsciente, mas ela não me representa aquela identidade como alguma cujo fundamento final está *no próprio eu*. O filósofo transcendental vê bem que o princípio da mesma é o último em nós[142], o que já se separa no primeiro ato da consciência de si, e a partir do qual o todo da consciência é encarregado com todas as suas determinações, mas o *próprio eu* não o vê. Ora, mas a tarefa de toda a ciência não era precisamente aquela[:] ["]como o próprio eu se torna o fundamento último da harmonia entre subjetivo e objetivo?["]

Portanto, na própria inteligência, deve-se poder indicar uma intuição por meio da qual, em *um e no mesmo* fenômeno, o eu é consciente *para si mesmo* e, simultaneamente, aconsciente, e somente por meio de tal intuição lançamos, por assim dizer, a inteligência totalmente para fora de si mesma, somente por meio de tal [intuição], portanto, também todo o problema da filosofia

---

142. Obs.: O Em Si, a essência da alma [N.A.].

transcendental (explicar a concordância entre subjetivo e objetivo) é resolvido.

Por meio da primeira determinação – vale dizer, que a atividade consciente e aconsciente se tornam objetivas *em uma e na mesma intuição* –, diferencia-se esta intuição daquela que, na filosofia prática, fomos capazes de derivar[143], onde a inteligência era consciente apenas para a intuição interna, porém era aconsciente para a externa.

Por meio da segunda determinação – isto é, que o eu se torna consciente em uma e na mesma intuição *para si mesmo* e, simultaneamente, aconsciente –, diferencia-se a intuição aqui postulada daquela que nós temos nos produtos da natureza, onde de fato nós reconhecemos aquela identidade, porém não como identidade, cujo princípio está no próprio eu. Cada organização é um monograma[144] de uma identidade originária; porém, para reconhecer a si neste reflexo, o eu já deve ter se reconhecido, imediatamente, nessa identidade.

Nós não temos nada a fazer, senão analisar os traços dessa intuição aqui derivada para encontrar a própria intuição que, julgando de antemão, não pode ser nenhuma outra além da intuição artística[145].

---

143. **Obs.:** Da autointuição no agir *livre* [N.A.].

144. **Obs.:** Uma extensão circinal [N.A.].

145. No original, em alemão, *"Kunstanschauung"* [N.T.].

SEXTA SEÇÃO PRINCIPAL
DEDUÇÃO DE UM ÓRGÃO DA FILOSOFIA, OU: TEOREMAS PRINCIPAIS DA FILOSOFIA DA ARTE SEGUNDO PRINCÍPIOS DO IDEALISMO TRANSCENDENTAL

§ 1. Dedução do produto artístico em geral

A intuição postulada deve condensar o que existe separadamente no fenômeno da liberdade e na intuição do produto natural, isto é, *identidade entre consciente e aconsciente no eu, e consciência dessa identidade*. O produto dessa intuição, portanto, de um lado será próximo do produto natural; de outro lado, será afim ao produto da liberdade, e deverá unificar em si as características de ambos. Se nós conhecemos o produto da intuição, então nós também conhecemos a própria intuição; nós precisamos, portanto, derivar apenas o produto para derivar a intuição.

O produto terá em comum com o produto da liberdade o fato de que ele é produzido com liberdade, [em comum] com o produto da natureza, o fato de ser algo produzido de modo aconsciente. Na primeira consideração, portanto, será o inverso do produto natural orgânico. Se, a partir do produto orgânico, a atividade aconsciente (cega) é refletida como consciente, então, inversamente, a partir do produto do qual aqui falamos, a atividade consciente é refletida como aconsciente (objetiva); ou, se o produto orgânico me reflete a atividade aconsciente como determinada mediante a consciente, então, de maneira inversa, o produto que aqui é derivado reflete-me a atividade consciente como determinada por meio da aconsciente. Em suma: a natureza inicia aconsciente e termina consciente, a produção não é conforme a fins, porém o produto certamente o é. O eu, na atividade da qual aqui se fala, deve iniciar com consciência (subjetivamente) e encerrar no aconsciente ou *objetivo*; o eu é consciente segundo a produção, aconsciente na consideração do produto.

Ora, porém, nós deveríamos explicar a nós mesmos esta intuição de modo transcendental, em que a atividade aconsciente, por assim dizer, entretece-se pela consciente até atingir a identidade completa com ela? – Por enquanto, refletimos sobre o fato de que a atividade deve ser consciente. Ora, todavia é totalmente impossível que algo objetivo seja produzido com consciência – o que, todavia, aqui sucede. Objetivo é apenas o que surge aconscientemente, logo o propriamente objetivo naquela intuição também não deve poder ser conduzido pela consciência. Nós podemos, a respeito disso, nos referir imediatamente à prova já efetuada no caso da ação livre, vale dizer, que o objetivo na mesma vem a ser por meio de algo independente da liberdade. A diferença é apenas a seguinte, que na ação livre a identidade entre ambas as atividades deve ser anulada precisamente pelo fato de que o agir aparece como livre. Também as duas atividades no agir livre *nunca* podem vir a ser absolutamente idênticas, por que também o objeto da ação livre necessariamente é algo *infinito*, nunca completamente realizado, pois, se ele fosse completamente realizado, então as atividades consciente e objetiva coincidiriam em uma, isto é, o fenômeno da liberdade cessaria. Agora, o que foi totalmente impossível por meio da liberdade deverá ser possível mediante a ação agora postulada a qual, todavia, precisamente como preço disso, deverá cessar de ser uma ação livre e se tornará uma [ação] na qual liberdade e necessidade são absolutamente unificadas. Ora, todavia, a produção deve operar de modo consciente, o que é impossível sem que as duas [atividades] sejam separadas. Aqui, também, há uma nítida contradição. Atividade consciente e aconsciente devem ser absolutamente uma no produto, precisamente como também são no produto orgânico, porém elas devem ser de outro tipo, ambas devem ser uma *para o próprio eu*. Isso, porém, é impossível, como quando o eu se conscientiza da produção. Contudo, sendo o eu ciente da produção, então as duas atividades devem ser separadas, pois isso é condição necessária da consciência da produção. Portanto, ambas as atividades devem ser uma, pois, caso contrário, não há identidade alguma;

ambas devem ser separadas, pois, caso contrário, há identidade, porém não para o eu. Como se resolver essa contradição?

Ambas as atividades devem ser separadas em relação ao fenômeno, ao tornar-se objetivo da produção[146], precisamente do modo como, na ação livre, elas devem ser separadas em relação ao tornar-se objetivo do intuir. Porém, elas não podem ser separadas *ao infinito* como na ação livre, pois, caso contrário, o objetivo nunca seria uma apresentação completa daquela identidade[147]. A identidade de ambas teve que ser anulada apenas em relação à consciência, mas a produção deve encerrar em aconsciência[148], portanto, deve haver um ponto onde ambas coincidem em uma – e, inversamente, onde ambas coincidem em um, a produção deve cessar, para parecer algo livre[149].

Se esse ponto na produção é alcançado, então o produzir deve cessar absolutamente, e deve ser impossível ao produtor produzir mais, uma vez que a condição de todo produzir é precisamente a oposição entre a atividade consciente e a aconsciente; contudo, aqui essas devem coincidir absolutamente, devendo, por isso, toda discussão ser abolida, toda contradição [ser] unificada.

A inteligência, portanto, terminará em reconhecimento completo da identidade expressa no produto, cujo princípio reside nela mesma, isto é, ela se tornará em uma autointuição perfeita[150]. Ora, como foi a livre-tendência à autointuição naquela identidade o que, inicialmente, cindiu a inteligência consigo mesma, então o sentimento que conduz àquela intuição é o sentimento de uma satisfação infinita. Todo impulso a produzir permanece quieto com

---

146. No original, em alemão arcaico, "[...] *des Objectivwerdens der Production*" [N.T.].

147. **Obs.**: Aquilo que, para a ação livre consiste em um progresso infinito, deverá, na produção presente, se tornar em algo *presente*, em algo finito real, objetivo [N.A.].

148. No original, em alemão, "*Bewusstlosigkeit*" [N.T.].

149. **Obs.**: Então, a atividade livre passa totalmente para a objetiva, a necessária. A produção, portanto, é no início livre, ao passo que o produto aparece como identidade absoluta entre a atividade livre e a necessária [N.A.].

150. **Obs.**: Pois ela (a inteligência) é, ela mesma, o produtor; porém, ao mesmo tempo, ela libertou totalmente essa identidade dela mesma: ela se tornou totalmente objetiva a ela, isto é, *ela* se tornou plenamente objetiva *para si mesma* [N.A.].

o acabamento do produto, todas as contradições são revogadas, todos enigmas, resolvidos. Uma vez que a produção partiu da liberdade, isto é, de uma oposição infinita entre duas atividades, então a inteligência não pode atribuir à *liberdade* uma unificação absoluta de ambas, na qual a produção encerra, pois, simultaneamente com o acabamento do produto, todo fenômeno da liberdade é removido; ela [a inteligência] se sentirá, mediante essa mesma unificação, surpresa e *afortunada*, isto é, ela testemunhará ao mesmo tempo, por assim dizer, um favor voluntário de uma natureza superior, que tornou, através dela, o impossível em possível.

Este desconhecido, todavia, que aqui põe a atividade objetiva e a atividade consciente em uma harmonia inesperada, não é nada além daquele absoluto[151] que contém o fundamento geral da harmonia preestabelecida entre o consciente e o aconsciente. Portanto, se aquele absoluto também reflete a partir do produto, então ele aparece à inteligência como algo que está sobre ela e que, diferentemente da liberdade, acrescenta o sem finalidade ao que iniciou com liberdade e propósito.

Este idêntico imutável, que não pode atingir consciência alguma e que apenas irradia de volta do produto é, para o produtor, precisamente aquilo que, para o ativo, é o destino; isto é, um poder obscuro desconhecido que acrescenta à obra parcial de liberdade o completo, ou objetivo. Como aquele poder por meio do qual nosso agir livre realiza, sem nosso saber, e até mesmo contra nossa vontade, fins não representados, chamado destino, indica-se com o conceito obscuro de *gênio* o inapreensível que, sem apoio da liberdade e, em certa medida, contra a liberdade, acrescenta ao consciente o objetivo.

O produto postulado não é nada além do produto do gênio[152], ou, como o gênio é possível apenas na arte, o *produto artístico*.

A dedução está completa, e para começar não temos nada a fazer além de indicar, por meio de análise completa, que todos os traços da produção postulada coincidem na [produção] estética.

---

151. **Obs.**: O eu primordial (*"Urselbst"*, no original) [N.A.].

152. **Obs.**: Produto do gênio (*"Produkt des Genies"*), no original [N.A.]. [No corpo do texto, Schelling usa *"Genieproduct"*, cuja tradução em português é basicamente a mesma. Uma alternativa seria "produto genial", no sentido de "produto de um gênio"] [N.T.].

Que toda produção estética consista em uma oposição de atividades é algo que já se conclui em razão dos depoimentos de todos os artistas, de que eles são impelidos involuntariamente à produção de suas obras, de que, por meio da produção das mesmas, satisfazem apenas um impulso irresistível de sua natureza. Afinal, se todo impulso parte de uma contradição, então, posta a contradição de que a atividade livre se torna involuntária, também o impulso artístico[153] deve proceder de tal sentimento de uma contradição interna. Contudo, essa contradição, como ela põe em movimento o ser humano inteiro, com todas as suas forças, é, sem dúvida, uma contradição que afeta o derradeiro nele, a raiz de toda a sua existência[154]. É como se, no ser humano excepcional – entre os quais, sobretudo, estão os artistas, no sentido mais elevado da palavra –, aquele idêntico imutável do qual toda a existência procede, seu invólucro, com o qual ele se circunda de outras, fosse depositado e, assim como ele é imediatamente afetado pelas coisas, também ele atua de volta de maneira imediata sobre elas. Portanto, só pode ser a contradição entre o consciente e o aconsciente na ação livre que põe o impulso artístico em movimento, assim como, inversamente, apenas à arte pode ser dada a capacidade de satisfazer nossa aspiração sem fim e, também, de resolver a derradeira e mais extrema contradição em nós.

Assim como a produção estética procede do sentimento de uma contradição aparentemente insolúvel[155], ela encerra – segundo a confissão de todos os artistas e de todos que compartilham de seu entusiasmo –, com o sentimento de uma harmonia infinita, e que esse sentimento que acompanha o acabamento é, simultaneamente, uma *comoção*[156]. Isso já prova que o artista atribui a resolução completa da contradição que enxerga em suas obras não a sua obra de arte, não a si mesmo, mas a um favor voluntário de sua natureza que, tão inexoravelmente quanto ela o pôs em conflito com ele

---

153. No original, em alemão, *"künstlerische Trieb"* [N.T.].

154. **Obs.**: O verdadeiro Em si [N.A.].

155. A interpretação da arte surgindo a partir da contradição entre dois impulsos (o impulso lúdico e o impulso formal) está em Schiller, mais especificamente em *Sobre a educação estética do ser humano em uma série de cartas* (1795), especialmente as cartas 16, 18 e 19 (Korten; Ziche, 2005, p. 192) [N.T.].

156. A respeito, cf. também *Sobre a educação estética do ser humano em uma série de cartas* (1795), de Schiller, especialmente a carta 15 (Korten; Ziche, 2005, p. 192) [N.T.].

mesmo, tão graciosamente ela removeu dele a dor dessa contradição. Afinal, assim como o artista é impelido involuntariamente, inclusive com relutância interna, à produção (por isso o dito dos antigos: *pati Deum*[157] etc., por isso, em geral, a representação de entusiasmo através de um sopro estranho), também o objetivo vem à sua produção, por assim dizer, sem seu apoio, isto é, ele mesmo simplesmente objetivo. Assim como o homem fatídico não realiza o que ele quer ou pretende fazer, mas o que ele deve efetuar mediante um destino inapreensível, sob cuja influência ele permanece, assim parece ao artista, tão pleno de propósito que ele é, considerar aquilo que é o propriamente objetivo em sua produção sob a influência de um poder que o isola de todos os outros homens, e que lhe compele a pronunciar ou apresentar coisas que ele mesmo não examina completamente, e cujo sentido é infinito. Ora, como cada encontro absoluto das duas atividades que fogem uma da outra não é explicável de modo algum, senão como um mero fenômeno que, não obstante inapreensível[158], todavia não pode ser recusado; a arte, portanto, é a única e eterna revelação que há, e o milagre que, ainda que existisse apenas uma vez, dever-nos-ia convencer da realidade absoluta daquele algo mais elevado.

Ora, além disso, se a arte for acabada por meio de duas atividades completamente diferentes uma da outra, então o gênio não é nem uma nem outra, mas o que está sobre as duas. Se nós devemos buscar uma dessas duas atividades, vale dizer, a consciente, no que em geral é chamado *Arte*[159] e que, todavia, é apenas uma parte da arte, a saber, aquilo nesta que é exercitado com consciência, ponderação e reflexão, e também o que pode ser ensinado e aprendido, e alcançado por meio de tradição mediante o próprio exercício. Em oposição, na [atividade] aconsciente, que

---

157. Em latim, no original. Segundo Korten e Ziche (2005, p. 192), essa formulação precisa até o presente não foi encontrada. Possivelmente, remete à tradução latina do *Fedro* de Platão, por Marsílio Ficino [N.T.].

158. Obs.: Do ponto de vista da simples reflexão [N.A.].

159. Para diferenciarmos os termos "arte" e "poesia" em seus usos diversos mais comuns dos usos técnicos que Schelling emprega nesta obra, usaremos letras maiúsculas. "Arte", dessa forma, referir-se-á à atividade consciente na produção artística e "Poesia", à atividade aconsciente no produzir artístico. Cf. Assumpção (2022, p. 31n) [N.T.].

entra na arte, buscaremos aquilo que, nesta, não é aprendido, não se alcança por meio de exercício e tampouco de outro modo, mas que somente pode ser inato, apenas por meio de um favor livre da natureza, sendo aquilo que nós poderemos chamar, com uma palavra, *Poesia*[160] na arte.

Fica claro, porém, precisamente por si mesmo, que seria uma questão altamente inútil qual dos dois componentes teria a prioridade sobre o outro, pois, de fato, cada um deles não possui valor algum sem o outro, e apenas os dois juntos produzem o mais elevado. Afinal, embora o que não é alcançado mediante exercício, mas é inato a nós seja considerado o mais esplêndido, os deuses teceram tão fortemente o exercício daquela força originária também com o mais sincero empenho do ser humano, com a diligência e deliberação que a própria Poesia, onde é inata, sem a Arte geraria apenas produtos mortos, com os quais nenhum entendimento humano poderia se deleitar e que, por meio da força totalmente cega que ali atua, todo juízo e mesmo a intuição seriam repelidos deles. Inversamente, pode-se antes esperar que a arte sem poesia possa alcançar algo, em parte porque não é fácil um homem de natureza ser sem toda Poesia, embora muitos sejam sem toda Arte, em parte porque o estudo constante das ideias de grandes mestres corresponde, até certo ponto, a uma reposição da falta inicial de vigor objetivo, embora, com isso, apenas uma aparência de poesia possa surgir em que sejam facilmente distinguíveis [não só] sua superficialidade em oposição à profundeza insondável que o verdadeiro artista deixa involuntariamente em sua obra, não obstante tenha trabalhado nela com a maior circunspeção e que nem ele, nem outros conseguem penetrar totalmente nela, [mas também] em muitos outros traços, por exemplo, o grande valor que ele [o artista sem muita Poesia] confere ao elemento simplesmente mecânico da arte, a pobreza da forma, na qual ela se move etc.

Torna-se claro, porém, de si mesmo, que tanto a Poesia quanto a Arte, individualmente e por si mesmas, não poderiam produzir

---

160. Em alguns pensadores do primeiro romantismo alemão, o conceito de "Poesia" é generalizado para um conceito estético abrangente, abarcando as atividades artísticas em geral. É o caso com Schelling, Friedrich Schlegel e com o pré-romântico Schiller (Korten; Ziche, 2005, p. 194) [N.T.].

o acabado com uma existência separada[161] e que, portanto – uma vez que a identidade de ambas só pode ser originariamente, sendo totalmente impossível e inalcançável mediante a liberdade –, [a obra] acabada só é possível pelo gênio, que é, precisamente por esse motivo, o que o eu é para a filosofia, vale dizer, o supremo absolutamente real, que ele mesmo nunca é objetivo, porém é causa de todo objetivo.

§ 2. Caráter do produto artístico

a) A obra de arte nos reflete a identidade entre a atividade consciente e a atividade aconsciente. Porém, a oposição entre essas duas é infinita, e será anulada sem todo o apoio da liberdade. A característica fundamental da obra de arte é, portanto, uma *infinitude aconsciente*. O artista parece ter apresentado em sua obra, além do que ele nela colocou com intenção evidente, como que instintivamente uma infinitude da qual nenhum entendimento finito é capaz de entender totalmente como se desenvolve. Para deixarmos claro com apenas um exemplo, temos a mitologia grega, a qual é irrecusável que contenha em si um sentido infinito e símbolos para todas as ideias da parte de um povo, e que tenha surgido de uma forma que é impossível supor uma intencionalidade contínua na invenção e na harmonia com a qual tudo é unificado em um grande todo. O mesmo é o caso com toda verdadeira obra de arte, na medida em que cada uma, como se nela estivesse uma infinitude de intenções, é capaz de uma interpretação infinita, pela qual ninguém pode dizer se esta infinidade estava no próprio artista ou apenas na obra de arte. Em oposição, no produto que apenas finge o caráter da obra de arte, intenção e regra estão na superfície e aparecem tão limitadas e delimitadas que o produto não é nada além do molde fiel da atividade consciente do artista, e inteiramente apenas um objeto para a reflexão, porém não para a intuição que ama se aprofundar no intuído, e quer apenas repousar no infinito.

---

161. **Obs.**: Nenhuma das duas possui prioridade. Precisamente apenas indiferenciação entre ambas (a Arte e a Poesia) é aquilo que é refletido na obra de arte [N.A.].

b) Toda produção estética parte do sentimento de uma contradição infinita, portanto também o sentimento que acompanha o acabamento da obra de arte deve ser o sentimento de satisfação infinita, e esse sentimento também deve, por sua vez, passar à própria obra de arte. A expressão externa da obra de arte, portanto, é a expressão de calma e da grandeza quieta – mesmo onde a maior tensão da dor ou da alegria deverá ser expressa.

c) Toda produção estética inicia de uma separação, em si, infinita de duas atividades que são separadas em cada produzir livre. Agora, porém, como essas duas atividades deverão ser apresentadas no produto como unificadas, então, por meio dela, um infinito é apresentado finitamente. Porém, o infinito apresentado de modo finito é beleza. O caráter fundamental de toda obra de arte, que apreende em si as duas [atividades] precedentes é, portanto, a *beleza*, e sem beleza não há obra de arte. Afinal, se há obras de arte mesmo sublimes, e beleza e sublimidade[162] são opostos entre si em certa consideração, na medida em que uma paisagem natural, por exemplo, pode ser bela sem, por essa razão, ser sublime e vice-versa, então, todavia, a oposição entre beleza e sublimidade é tal que apenas tem lugar em relação ao objeto, porém não em relação ao sujeito da intuição, na medida em que a diferença entre obra de arte bela e sublime consiste apenas no fato de que, onde há beleza, a contradição infinita no próprio objeto é anulada ao passo que, onde há sublimidade, a contradição não está unificada no próprio objeto, mas é apenas elevada a uma altura na qual ela se anula involuntariamente na intuição – o que, então, é o mesmo que se ela tivesse se anulado no objeto. Pode-se indicar muito facilmente que a sublimidade se baseia na mesma contradição em que também o belo se baseia na medida em que, sempre que um objeto é chamado sublime, por meio da atividade aconsciente acolhe-se uma grandeza que não é possível de se absorver na [atividade] consciente, por meio da qual, então, o eu é deslocado para um conflito consigo mesmo, o qual só pode terminar em uma intuição estética, a qual

---

162. Em alemão, no original, *"die Erhabenheit"*, forma substantivada, e não *"das Erhabene"* (o sublime, forma substantivada). Abaixo, no mesmo parágrafo, haverá o uso tanto de *"das Erhabene"* quanto de *"erhaben"* como adjetivo, que traduzimos por "sublime", nas duas ocorrências [N.T.].

põe as duas atividades em inesperada harmonia – só que, aqui, a intuição que não está no artista, mas no próprio sujeito intuinte, é totalmente involuntária na medida em que o sublime (totalmente distinto do simplesmente aventureiro que, por assim dizer, põe a imaginação em uma contradição que, todavia, não vale o esforço de se resolver) põe todas as formas do ânimo em movimento, para resolver a contradição que ameaça toda a existência intelectual.

Agora, após as características da obra de arte terem sido derivadas, então, simultaneamente, também é abordada a diferença entre essas e todos os outros produtos.

O produto orgânico se diferencia do produto artístico principalmente pelo fato de que a produção orgânica não parte da consciência, portanto não da contradição infinita que é condição da produção estética. O produto natural orgânico, portanto, também não é necessariamente *belo* e, se ele é belo, então a beleza aparecerá como totalmente contingente, pois sua condição não será pensada como existente na natureza, de onde se pode explicar o interesse totalmente peculiar na beleza natural, não na medida em que é beleza em geral, mas na medida em que é determinada beleza *natural*. Disso, é autoevidente que o que se toma da imitação da natureza como princípio da arte é muito longe da noção de que a simples beleza contingente da natureza dê regra à arte, mas, antes, que aquilo produzido pela arte em seu acabamento é princípio e norma para o ajuizamento acerca da beleza natural.

Em que medida o produto estético se diferencia do artefato comum é fácil de se avaliar, uma vez que toda produção estética, em seu princípio, é absolutamente livre, na medida em que o artista pode ser impelido a ela por meio de uma contradição, certamente, porém apenas por uma tal que esteja no mais elevado de sua natureza, ao passo que todas as demais produções são causadas por uma contradição que está fora do próprio produtor e, portanto, todas possuem um fim externo a si[163]. A partir dessa independência de todos os fins externos, surge aquela santidade e pureza da arte, que vai tão longe que não apenas rejeita a afinidade com tudo o que é simplesmente agradável aos sentidos, algo

---

163. **Obs.**: Passagem absoluta ao objetivo [N.A.].

que, exigido da arte, é o próprio caráter da barbaridade, ou com o útil, que é possível de se exigir da arte apenas em uma época que põe os esforços mais elevados do espírito humano em descobertas econômicas[164], mas [rejeita] mesmo a afinidade com tudo o que pertence à moralidade, e deixa atrás de si até mesmo a ciência que, em relação ao seu desinteresse, beira mais próxima da arte, simplesmente pelo fato de que ela é sempre direcionada a um fim externo a ela e, por último, deve ela mesma servir apenas como meio para o mais elevado (a arte).

O que em particular diz respeito à relação da arte com a ciência, ambas são tão opostas em sua tendência que, quando a ciência já resolveu toda sua tarefa, como a arte sempre resolveu, ambas deveriam coincidir em uma e passar a uma, o que é prova de que suas direções são totalmente opostas. Afinal, embora a ciência em sua função mais elevada possua uma e a mesma tarefa que a arte, então ainda essa tarefa, por causa do modo de resolvê-la, é infinita para a ciência, de modo que se pode dizer que a arte é o modelo para a ciência, e onde a arte está, a ciência ainda deve chegar. Disso também é possível explicar por que e em que medida não há gênio algum nas ciências – não como se fosse impossível que uma tarefa científica fosse resolvida de modo genial, mas porque a mesma tarefa cuja solução pudesse ser encontrada mediante gênio, também fosse solúvel mecanicamente, o mesmo, por exemplo, com o sistema gravitacional newtoniano, que poderia ter sido uma descoberta genial, e de fato o foi em seu primeiro descobridor, Kepler, mas que poderia ter sido também uma descoberta totalmente científica, o que também foi por meio de Newton. Apenas aquilo que a arte produz é somente e *apenas* possível por meio do gênio, uma vez que, em toda tarefa que a arte resolveu, uma contradição infinita foi unificada. O que a ciência produz *pode* ser produzido pelo gênio, mas não é necessariamente produzido dessa forma. Permanece, por isso, problemático nas ciências, isto é, não se pode dizer sempre, de modo determinado, onde não é, mas nunca onde é. Há apenas poucas características a partir das quais se infere gênio nas ciências (que se possa inferi-las, já é uma peculiaridade da matéria). Por exemplo, certamente não é o caso onde um todo,

---

164. **Obs.**: Beterrabas forrageiras [N.A.].

seja um sistema e afins, surge em partes e, por assim dizer, mediante composição. Ter-se-ia que supor, inversamente, o gênio onde, claramente, a ideia do todo precede as partes individuais, pois a ideia de todo não pode vir a ser claramente, a não ser que ela tenha se desenvolvido em partes individuais e, inversamente, as partes individuais só são possíveis através da ideia de todo, parecendo aqui haver uma contradição, a qual só é possível mediante um ato de gênio, isto é, por meio de uma coincidência inesperada entre a atividade aconsciente e a consciente. Outro motivo de suposição do gênio na ciência seria se alguém dissesse algo e observasse coisas cujo sentido ele não pudesse ter compreendido inteiramente, seja por causa da época em que ele viveu, ou porque teria sido impossível a ele examinar inteiramente suas outras afirmações; onde ele aparentemente disse algo com consciência, na verdade ele só pôde pronunciar aconscientemente. Certamente, poderia ser mostrado facilmente e de maneiras diferentes que também esses motivos de suposição poderiam ser altamente incertos.

O gênio é, dessa maneira, diferente de tudo aquilo que é apenas talento ou engenho, uma vez que, por meio do mesmo, é resolvida uma contradição que é absolutamente insolúvel por meio de outros modos. Em tudo, também no produzir mais comum e mais cotidiano, uma atividade aconsciente opera junto com a consciente; porém, apenas um produzir cuja condição seja uma oposição entre ambas as atividades é estético, e *apenas* possível por meio do gênio.

§ 3. Corolários

Após termos derivado a essência e o caráter do produto artístico de modo tão completo quanto necessário para a investigação presente, não nos resta nada além de indicar a relação na qual a filosofia da arte está em geral com o todo do sistema de filosofia.

1) Toda a filosofia procede, e deve proceder, de um princípio que seja, como o absolutamente idêntico, totalmente não objetivo. Ora, porém como este absolutamente não objetivo deve ser compreendido e evocado na consciência – o que é necessário se ele é condição da compreensão de toda a filosofia? Que ele tampouco

seja apreendido por meio de conceitos, como pôde ser apresentado, não carece de demonstração. Portanto, não resta nada além de ele ser apresentado em uma intuição imediata a qual, todavia, ela mesma é inapreensível e, como o objeto dela deve ser algo totalmente não objetivo, inclusive em si mesma parecerá contraditória. Ora, porém, se houvesse tal intuição que possui o absolutamente idêntico, em si nem subjetivo nem objetivo como objeto e caso se quisesse referir essa intuição, que só pode ser intelectual, à experiência imediata, por meio do que, então, também essa intuição poderia se tornar novamente objetiva, isto é, como pode ser posto sem dúvida de que ela não se baseia apenas em uma simples ilusão subjetiva, se não há uma objetividade universal e reconhecida por todos os seres humanos dessa intuição? Essa objetividade universalmente reconhecida e incontestável da intuição intelectual é a própria arte, pois a intuição estética é, precisamente, a [intuição] intelectual tornada objetiva. A obra de arte apenas reflete a mim o que não é refletido através de mais nada, aquele absolutamente idêntico, o que até no eu já foi separado; portanto, o que o filósofo, já no primeiro ato da consciência, deixou ser separado (e que seria, caso contrário, inacessível a toda intuição) vem a ser irradiado de volta pelo milagre da arte aos produtos dessa.

Porém, não apenas o primeiro princípio da filosofia, e a primeira intuição, da qual ela parte, mas também todo o mecanismo que a filosofia deriva e do qual ela mesma consiste será objetivo apenas mediante a produção estética.

A filosofia parte de uma ruptura infinita de atividades opostas[165]; porém, também na mesma desunião se baseia toda produção estética e a ruptura só será totalmente anulada por meio de cada apresentação individual da arte. Ora, o que, então, é esta faculdade maravilhosa por meio da qual, segundo a observação do filósofo, uma oposição infinita se anula na intuição produtiva? Nós até agora não pudemos tornar esse mecanismo completamente apreensivo, pois é apenas a capacidade artística que pode revelá-lo completamente. Esta capacidade produtiva é a mesma por meio da qual

---

165. **Obs.**: A filosofia deixa todo produzir de intuição proceder de uma separação de atividades anteriormente não opostas [N.A.].

também a arte atinge o impossível, ou seja, anular uma oposição infinita em um produto finito. Ela é a capacidade poética[166], que na primeira potência é a intuição originária e, inversamente, é apenas a intuição produtiva se repetindo na potência mais elevada, aquilo que chamamos capacidade poética. É um e o mesmo o que é ativo em ambas, a única coisa por meio da qual nós somos capazes de pensar também o contraditório e de apreendê-lo – a imaginação. Portanto, são também produtos de uma e da mesma atividade, o que aparece a nós além da consciência como real, aquém da consciência como ideal, ou como mundo artístico. Porém, precisamente por isso que, em condições de outro modo totalmente iguais de origem, a origem de uma está além, e da outra aquém da consciência, faz a diferença eterna e nunca anulável entre ambas.

Afinal, embora o mundo real proceda totalmente da mesma oposição originária da qual também o mundo artístico [procede] que, igualmente, deve ser pensado como um grande todo, e que apresenta em todos os seus produtos apenas o um infinito, então aquela oposição além da consciência é infinita apenas na medida em que algo infinito é apresentado por meio do mundo objetivo como *todo*, nunca porém, por meio do objeto individual. No lugar disso, como cada oposição para a arte é infinita em relação a *cada objeto individual*, e cada produto singular da mesma apresenta a infinitude. Pois, ainda que a produção estética parta da liberdade, e se precisamente para a liberdade esta oposição entre a atividade consciente e a aconsciente é absoluta, então há propriamente apenas uma obra de arte absoluta que, de fato, pode existir em exemplares totalmente distintos, porém é apenas uma, mesmo que ainda não deva existir na forma mais originária. Contra essa concepção, não pode haver objeção de que a grande generosidade associada aos predicados da obra de arte não pode coexistir com ela. Não há uma obra de arte que não seja algo apresentado imediatamente ou, ao menos, em reflexo. Por exemplo, se nós chamarmos obras de arte também tais poemas que, segundo sua natureza, apresentam apenas o individual e o subjetivo? Então, nós também deveríamos exemplificar cada epigrama que conserve apenas uma impressão

---

166. No original, em alemão, *"Dichtungsvermögen"*. Pode ser traduzida, também, por "faculdade poética". O termo aparece na *Antropologia segundo um ponto de vista pragmático* (1798), de Immanuel Kant [N.T.].

presente, uma sensação instantânea, com esse nome; como, de fato, os grandes mestres que se exercitaram em tais tipos de poemas buscaram, apenas pelo *todo* de seus poemas, produzir a própria objetividade e, apenas como meio, buscaram apresentar uma vida totalmente infinita e refleti-la através de múltiplos espelhos.

2) Se a intuição estética é apenas a transcendental[167] tornada objetiva, então compreende-se por si mesmo que a arte é o único verdadeiro e eterno *órganon* e, ao mesmo tempo, escritura da filosofia, que sempre e progressivamente autentica o que a filosofia não pode apresentar externamente, vale dizer, o aconsciente no agir e no produzir, e sua identidade originária com o consciente. A arte é, precisamente por isso, o mais elevado para a filosofia, uma vez que esta abre àquela como que o Dia de Todos os Santos onde, em eterna e mais originária unificação, por assim dizer, queima em Uma Chama o que é secretado na natureza e na história e que, na vida e no agir, da mesma forma como no pensamento, deve fluir eternamente em si. A concepção de natureza que o filósofo faz artificialmente para si é, para a arte, a mais inicial e mais natural. O que nós chamamos natureza é um poema que é fechado em uma escrita secreta maravilhosa. Todavia, o enigma poderia se revelar, se nós reconhecêssemos aí dentro a Odisseia do Espírito que, milagrosamente iludido, buscando a si mesmo, foge de si mesmo; pois, por meio do mundo sensível, apenas se vislumbram palavras de sentido, apenas por meio da névoa semitransparente da Terra da Fantasia, que nós buscamos. Cada pintura soberana surge, por assim dizer, pelo fato de que o septo invisível que separa o mundo real e o ideal foi levantado, e é apenas a abertura por meio da qual chegam aquelas formas e paisagens do mundo da fantasia, que apenas reluzem através do real. A natureza não é para o artista mais do que é para o filósofo, a saber, apenas o mundo ideal aparecendo sob limitações permanentes, ou apenas o reflexo incompleto de um mundo que não está fora dele, mas que existe nele.

De onde, então, essa afinidade entre a filosofia e a arte pode ser, apesar da oposição entre as duas, é uma questão já suficientemente respondida pelo precedente.

---

167. Obs.: Intelectual [N.A.].

Encerramos, por isso, com o seguinte comentário. – Um sistema está completo quando ele retorna ao seu ponto de início. Porém, precisamente esse é o caso com nosso sistema. Então, exatamente este fundamento originário de toda harmonia entre subjetivo e objetivo, que em sua identidade originária só poderia ser apresentado como por meio da intuição intelectual, é aquilo por meio do qual a obra de arte é totalmente produzida a partir do subjetivo e tornada inteiramente objetiva, de modo tal que nós conduzimos nosso objeto, o próprio eu, gradativamente ao ponto a partir do qual nós mesmos estávamos quando nós começamos a filosofar.

Ora, contudo, se é apenas a arte que pode ter sucesso em tornar objetivo com validade objetiva o que o filósofo só é capaz de apresentar subjetivamente, então ainda há mais uma conclusão a se extrair: a filosofia, na infância da ciência, nasceu da poesia e foi nutrida por ela e, com ela, todas aquelas ciências que foram, por meio dela, conduzidas ao acabamento; [podemos] esperar, portanto, que ela, após o seu acabamento, fluirá de volta à poesia, como tantas correntezas individuais, de volta ao Oceano universal da Poesia, do qual elas partiram. Qual, porém, seria o termo médio do retorno da ciência à poesia, não é em geral difícil dizer, uma vez que tal termo médio existe na mitologia, antes que essa, como agora parece, tenha operado uma cisão insolúvel[168]. Como, porém, uma nova mitologia, que não pode ser descoberta do poeta individual, mas pode surgir uma nova [mitologia] apenas para um novo poeta, por assim dizer, representante de um gênero, isso é um problema cuja solução compete esperar apenas dos destinos futuros do mundo e do curso posterior da história.

---

168. A condução mais extensa deste pensamento contém um ensaio já elaborado há vários anos *Sobre mitologia*, que agora deve aparecer brevemente [N.A.]. [Na verdade, o primeiro texto exclusivamente sobre mitologia que Schelling publica após o *Sistema do idealismo transcendental* é *Sobre as divindades da Samotrácia*, de 1815, de modo que, segundo Korten e Ziche (2005, p. 20), (a) ou Schelling estava trabalhando nesse texto, mas desistiu de publicá-lo durante muitos anos, ou (b) refere-se às reflexões sobre mitologia nos cursos de *Filosofia da arte*, de 1802-1805; ou, ainda, (c) estaria se referindo a uma republicação do seu ensaio de juventude *Über die Mythen, historische Sagen und Philosopheme der ältesten Welt* (Sobre os mitos, sagas históricas e filosofemas do mundo mais antigo), de 1793. Cf. Schelling (1976). Cf. tb. Assumpção (2013) [N.T.].

OBSERVAÇÃO GERAL AO TODO DO SISTEMA

Se o leitor, que até agora seguiu atentamente nosso caminho e agora reflete sobre a conexão do todo mais uma vez, então ele fará, sem dúvida, as seguintes observações:

Que o todo do sistema esteja entre dois extremos, um indicado pela intuição intelectual, outro indicado pela intuição estética. O que é a intuição intelectual para o filósofo, é a [intuição] estética para seu objeto. A primeira, como ela é necessária apenas em relação à direção particular do espírito que ela adota no filosofar, não ocorre em geral na consciência comum; a outra, como ela não é nada além da intuição intelectual tornada válida universalmente, ou objetiva, ao menos *pode* ocorrer em toda consciência. Pode-se examinar, precisamente por isso, com que base e por que a filosofia *como* filosofia nunca poderá ter validade universal. Aquilo a que se dá a objetividade absoluta é a arte. Retire-se, dizem, a objetividade da arte, e ela cessa de ser o que é, tornando-se filosofia; forneça à filosofia a objetividade, então ela cessa de ser filosofia e se torna arte. – A filosofia alcança, certamente, o mais elevado, mas ela eleva até este ponto apenas, por assim dizer, um fragmento do ser humano. A arte transporta *o ser humano inteiro*, como ele é, para lá, vale dizer, para o conhecimento do mais elevado e nisso se baseia a eterna diferença e a maravilha da arte.

Que, além disso, a conexão total da filosofia transcendental se baseia apenas em um potencializar contínuo da autointuição, da primeira, mais simples na consciência de si até a mais elevada, a [intuição] estética.

As seguintes são as potências que o objeto da filosofia percorre para produzir o edifício completo da consciência de si.

O ato da consciência de si no qual, primeiramente, aquela identidade absoluta se separa, não é senão um ato da *intuição de si em geral.* Portanto, por meio desse ato, ainda nada determinado pode ser posto no eu, uma vez que apenas por meio deste em geral, toda determinação em geral é posta. Neste primeiro ato, aquele idêntico é primeiro sujeito e objeto em geral, isto é, ele se torna em geral um eu – não para si mesmo, mas certamente para a reflexão filosofante.

(Aquilo de que o idêntico abstrai e, por assim dizer, está *antes* desse ato, simplesmente não se pode perguntar. Afinal, ele é aquilo que, *apenas* se revela por meio da consciência de si, e que não se pode separar em lugar algum desse ato.)

A segunda intuição de si é aquela em função da qual o eu intui aquela determinação posta no objetivo de sua atividade, o que ocorre na sensação. Nesta intuição, o eu é *objeto para si mesmo*, ao passo que ele era, na precedente, objeto e sujeito apenas para os filósofos.

Na terceira autointuição, o eu também se torna, como sentiente, objeto para si, isto é, também o até agora subjetivo no eu é transportado ao objetivo; portanto, tudo no eu também é, agora, objetivo, ou o eu é *totalmente* objetivo e, *como* objetivo, sujeito e objeto ao mesmo tempo.

Desse momento da consciência, por isso, nada mais pode permanecer para trás, exceto o que será encontrado após o surgimento da consciência como o absolutamente objetivo (o mundo exterior). – Nesta intuição, que já é potencializada, precisamente por ser produtiva, estão contidas, além da atividade objetiva e subjetiva, que aqui são *ambas* objetivas, ainda a terceira [atividade], a propriamente intuinte ou *ideal*, a mesma que, posteriormente, emerge como *consciente* e que, todavia, uma vez que ela só é a terceira a partir de ambas, também não se separa delas, e nem é oposta a elas. – Nessa intuição, portanto, já se apreende uma atividade consciente, ou a atividade aconsciente objetiva é determinada por meio de uma atividade consciente, só que esta não é diferenciada como tal.

A seguinte intuição será aquela em função da qual o próprio eu se intui como produtivo. Ora, porém, como o eu é agora *meramente* objetivo, então também essa intuição será *simplesmente* objetiva, isto é, novamente será aconsciente. Nessa intuição, de fato, há uma atividade ideal que possui como objeto aquela intuição intuinte, igualmente ideal, envolvida no que foi visto anteriormente; a atividade intuinte, portanto, aqui é a segunda potência, isto é, uma atividade conforme a fins, porém aconscientemente conforme a fins. O que permanece dessa intuição na consciência, vale dizer, aparecerá enquanto conforme a fins, porém não como produto gerado conforme a fins. Tal é a *organização* em sua extensão total.

Por meio desses quatro degraus, o eu como inteligência é completado. É evidente que, até este ponto, a natureza se mantém no mesmo passo que o eu e que, portanto, sem dúvida, falta à natureza apenas o último degrau por meio do qual aquela intuição atinge para si o mesmo significado que ela tem para o eu. O que, porém, é esse último degrau, esclarece-se pelo seguinte.

Se o eu fosse continuar a ser *puramente objetivo*, então a consciência de si poderia se potencializar, ainda assim, ao infinito, porém por meio disso, apenas a série de produtos na natureza se prolongaria, porém nunca surgiria a consciência. A consciência só é possível pelo seguinte: que o que é meramente objetivo no eu se torna objetivo *ao próprio eu*. Porém, o motivo disso *não* pode estar *no próprio eu*. Afinal, o eu é absolutamente idêntico àquele *meramente* objetivo. Também pode estar apenas fora do eu, que gradativamente é limitado mediante progressiva delimitação rumo à inteligência – e mesmo até a individualidade. Porém, *fora* do indivíduo, isto é, independentemente dele, há apenas a *própria inteligência*. Todavia, a própria inteligência deve (segundo o mecanismo derivado), onde ela está, restringir-se à individualidade. O fundamento buscado fora do indivíduo, portanto, só pode residir em um *outro indivíduo*.

O absolutamente objetivo pode se tornar objeto *ao próprio eu* apenas por meio da influência de outro ser racional. Todavia, o propósito dessa influência já deve estar presente nesses seres. Portanto, a liberdade na natureza já deverá estar pressuposta (a natureza não a produz) e, onde ela já não está como primeira, ela não pode surgir. Aqui, portanto, fica claro que, embora a natureza seja totalmente idêntica à inteligência neste ponto, e que percorra com ela as mesmas potências, a liberdade, *quando* ela é (*como* ela também é, não se pode provar teoricamente), deve estar (*natura prior*) sobre a natureza.

Uma nova sucessão de degraus de ações – que não são possíveis por meio da natureza, mas que a deixa para trás de si – também se inicia com esse ponto.

O absolutamente objetivo, ou a conformidade a fins do intuir será, ela própria, objeto ao eu. Porém, o intuir será objeto para o intuinte apenas mediante o querer. O objetivo no querer é o próprio intuir, ou a pura finalidade da natureza; o subjetivo, uma atividade ideal direcionada àquela finalidade em si. O ato no qual isso ocorre é o *ato absoluto da vontade*.

O próprio ato absoluto da vontade se torna novamente objeto ao eu através disso: o objetivo no querer, dirigido a algo externo, torna-se objeto ao eu como impulso natural, e o subjetivo, dirigido à conformidade à lei em si, torna-se objeto ao eu como vontade absoluta, isto é, como imperativo categórico. Porém, isso, por sua vez, não é possível sem uma atividade que está sobre as duas. Essa atividade é o *arbítrio*, ou a atividade livre com consciência.

Agora, porém, se essa atividade livre com consciência, que no agir é oposta à objetiva, embora deva ser como se uma com ela, é intuída em sua identidade originária com o objetivo, o que é totalmente impossível por meio da liberdade; então, por meio disso, finalmente surge a potência mais elevada da autointuição que, como ela mesma já está fora das *condições* da consciência e, de fato, a consciência criadora que se cria desde o início deve aparecer, onde ela está, como totalmente contingente, e esse elemento plenamente contingente na maior potência da autointuição é o que foi indicado pela ideia de *gênio*.

Esses são os momentos imutáveis e obrigatórios para todo saber na história da consciência de si, que são indicados na experiência por meio de uma contínua sucessão de degraus. Estes, por sua vez, podem ser indicados e continuados, desde a simples matéria até a organização (por meio da qual a natureza produtiva aconsciente retorna a si mesma) e, desta, através da razão e do arbítrio até a maior unificação de liberdade e necessidade na arte (por meio da qual a natureza produtiva em si se encerra em si mesma com consciência e se completa).

REFERÊNCIAS

AMORA, K. C. Schelling e o caráter dual da luz. *Philósophos – Revista de Filosofia*, [*s. l.*], v. 13, n. 1, p. 109-124, 2009.

ASMUTH, C. "A unidade, o ligante, princípio, substância, suporte, o saber, a imagem precisamente de si mesmo": o programa da Doutrina da Ciência de Fichte. *In*: GUIMARÃES, B. A.; ASSUMPÇÃO, G. A.; OTTE, G. (org.). *O romantismo alemão e seu legado*. São Paulo: LiberArs, 2023. p. 81-92.

ASSUMPÇÃO, G. A. A nova ontologia de Nicolai Hartmann, o teleologismo e a sede de sentido. *Problemata – Revista Internacional de Filosofia*, [*s. l.*], v. 14, n. 1, p. 5-14, 2023.

ASSUMPÇÃO, G. A. A recepção em duas vias da teologia em Schelling na década de 1790. *Revista Cogitationes*, [*s. l.*], v. IV, n. 11, p. 4-18, 2013.

ASSUMPÇÃO, G. A. Arte e filosofia *versus* arte e natureza: abordagens schellinguianas. *Artefilosofia*, [*s. l.*], v. 22, n. 22, p. 104-125, 2017.

ASSUMPÇÃO, G. A. *Criação das artes plásticas e produtividade da natureza em Friedrich Schelling*. São Paulo: Loyola, 2022.

ASSUMPÇÃO, G. A. Crítica do juízo teleológico e organismo em Kant e Schelling. *Doispontos*, [*s. l.*], v. 12, n. 2, p. 123-135, 2015a.

ASSUMPÇÃO, G. A. Intuição intelectual em Fichte e Faktum da razão em Kant. *In*: GAUDIO, M. L.; SOLÉ, M. J. (ed.). *Fichte en el laberinto del idealismo*. Ciudad Autónoma de Buenos Aires: Ragif, 2019. p. 511-523. Disponível em: http://ragif.com.ar/wp-content/uploads/2019/10/Fichte-en-el-laberinto-del-idealismo.pdf – Acesso em: 5 ago. 2023.

ASSUMPÇÃO, G. A. Jung e Leibniz sobre a questão corpo/alma: da harmonia preestabelecida à sincronicidade. *Ensaios filosóficos*, [*s. l.*], v. 12, 2015b. Disponível em: https://www.academia.edu/67136285/Jung_e_Leibniz_sobre_a_quest%C3%A3o_corpo_alma_da_harmonia_preestabelecida_%C3%A0_sincronicidade – Acesso em: 31 maio 2023.

ASSUMPÇÃO, G. A. Os postulados da razão prática pura e o cristianismo. *Síntese – Rev. de Filosofia*, [*s. l.*], v. 43, n. 135, p. 99-120, 2016.

ASSUMPÇÃO, G. A. Sobre a fé: confrontando Kant e Feuerbach. *Kínesis*, [*s. l.*], v. VI, n. 11, p. 88-96, 2014.

ASSUMPÇÃO, G. A.; FERREIRA, L. Críticas à subjetividade moderna em Friedrich von Hardenberg (Novalis) e Friedrich Schelling. *In*: GUIMARÃES, B. A.; ASSUMPÇÃO, G. A.; OTTE, G. (org.). *O romantismo alemão e seu legado*. São Paulo: LiberArs, 2023. p. 111-125.

AZEVEDO, C. A. A filosofia da arte e os primeiros elementos para a formulação da filosofia da mitologia. *Artefilosofia*, [*s. l.*], v. 8, n. 15, p. 15-24, 2013.

BEIERWALTES, W. Einleitung. *In*: SCHELLING, F. *Texte zur Philosophie der Kunst*. Stuttgart: Reclam, 1982. p. 3-35.

BEISER, F. *German Idealism: the Struggle against Subjectivism, 1871-1801*. Cambridge: Harvard University Press, 2002.

BLUMENBACH, J. F. *Sobre o impulso de formação e a geração*. Tradução: I.C. Fragelli. Santo André: UFABC, 2019.

CAFFARENA, J. G. Afinidades de la Filosofía Práctica Kantiana com la Tradición Cristiana. *Revista Portuguesa de Filosofia*, [*s. l.*], v. 61, n. 2, p. 469-482, 2005.

CSIKSZENTMIHALYI, M. *The Evolving Self: a Psychology for the Third Millenium*. Nova York: Harper Perennial Modern Classics, 2018.

CUNHA, J. G. M. O lugar da intersubjetividade no Sistema do idealismo transcendental de Schelling. *Discurso*, [*s. l.*], v. 51, n. 2, p. 163-183, 2021.

DANZ, C. *Die philosophische Christologie F.W.J. Schellings*. Stuttgart/ Bad Cannstatt: Frommann-Holzboog, 1996.

DURNER, M.; JANTZEN, J.; MOISO, F. (org.). *Friedrich Wilhelm Joseph Schelling Historisch-kritische Ausgabe. Ergängzungsband: Wissenschafthistorischer Bericht zu Schellings Naturphilosophische Schriften 1797-1800*. Stuttgart: Frommann-Holzboog, 1994.

DÜSING, K. Die Rezeption der Kantischen Postulatenlehre in den frühen philosophischen Entwürfen Schellings und Hegels. *In*: HUBNER, R. (org.). *Das älteste Systemprogramm*. Bonn: Bouvier, 1973. p. 53-90.

FICHTE, J. G. *Grundlage des Naturrechts*. Berlim: [*s. n.*], 1834 (Fichtes Werke).

FICHTE, J. G. Zweite Einleitung in die Wissenschaftslehre. *In*: FICHTE, J. G. *Fichtes Werke. Hrsg. I. H. Fichte. Band I: Zur theoretischen Philosophie I*. Berlim: Walter de Gruyter & Co., 1971. p. 451-518.

HARTMANN, N. *Teleologisches Denken*. Berlim: Walter de Gruyter & Co., 1951.

HEMSTERHUIS, F. *Sobre o homem e suas relações*. Tradução: P.P. Pimenta. São Paulo: Iluminuras, 2000.

HÖSLE, V. *Deus enquanto razão: Ensaios sobre teologia filosófica*. Tradução: G.A. Assumpção. São Paulo: Loyola, 2022.

HÖSLE, V. *Die Krise der Gegenwart und die Verantwortung der Philosophie: Transzendentalpragmatik, Letztbegründung, Ethik*. 3. ed. Munique: C.H. Beck, 1997.

JACOBS, W. *Schelling lesen*. Stuttgart – Bad Cannstatt: Frommann--Holzboog, 2004.

JIMÉNEZ, A. R. Schelling y las tres Epochen del proceso de autodeterminación del absoluto en el System de 1800. *Daimon – Revista Internacional de Filosofía*, [*s. l.*], n. 86, p. 85-99, 2022.

JUNG, C. G. *Tipos psicológicos*. Tradução: L.M.E. Orth. Petrópolis: Vozes, 2015.

KORTEN, H.; ZICHE, P. Editorischer Bericht. *In*: SCHELLING, F. W. J. *Friedrich Wilhelm Joseph Schelling Historisch-Kritische Ausgabe*. Stuttgart: Frommann-Holzboog, 2005 (I, v. 9). v. 2, p. 3-60.

KUSSUMI, M. M. Natureza e finitude: sobre a noção de individuação em F.W.J. Schelling. *In*: GUIMARÃES, B. A.; ASSUMPÇÃO, G. A.; OTTE, G. (orgs.). *O romantismo alemão e seu legado*. São Paulo: LiberArs, 2023. p. 65-80.

LEIBNIZ, G. W. Os princípios da filosofia ditos a Monadologia. *In*: NEWTON, ISAAC; LEIBNIZ, GOTTFRIED WILHELM. NEWTON. LEIBNIZ (I). Tradução: M. Chauí. São Paulo: Abril Cultural, 1979 (Col. Os pensadores). p. 103-115.

LEIBNIZ, G. W. Specimen dynamicum – Pro admirandis Naturae legibus circa Corporum vires & mutuas actiones detegendis, & ad suas causas revocandis. *In*: OPERA OMNIA. [*S. l.: s. n.*], 1768. v. 3.

LEYTE, A. Schelling y la música. *Anuário Filosófico*, [*s. l.*], v. 29, p. 107-123, 1996.

MATTHEWS, B. *Schelling's Organic Form of Philosophy: Life as the Schema of Freedom*. Albânia: Suny, 2011.

NOVALIS. *O esboço geral (Das Allgemeine Brouillon): notas para uma enciclopédia romântica*. Tradução: G.A. Assumpção. São Paulo: Dialética, 2023.

PUENTE, F. R. *As concepções antropológicas de Schelling*. São Paulo: Loyola, 1997.

REZVYKH, P. Theater, World History, and Mythology: Theatrical Metaphors in Schelling's Philosophy. *In*: KÜPPER, J.; PENSAKAYA, E. (org.). *Theater as Metaphor*. Berlim/Boston: De Gruyter, 2019. p. 159-167. Disponível em: https://doi.org/10.1515/9783110622034-011 – Acesso em: 30 nov. 2023.

RINCON, M. A. Espinosismo da física de Schelling. *Cadernos Espinosanos*, [*s. l.*], n. 48, p. 181-207, 2023.

RUTHERFORD, D. *Leibniz and the Rational Order of Nature*. Cambridge: Cambridge University Press, 1998.

SCHELLING, F. W. J. *Briefwechsel 1786-1799*. Stuttgart: Frommann-Holzboog, 2001a (Friedrich Wilhelm Joseph Schelling Historisch-kritische Ausgabe. Reihe III: Briefe 1).

SCHELLING, F. W. J. *Dedução geral do processo dinâmico*. Tradução: G.A. Assumpção. São Paulo: LiberArs, 2018.

SCHELLING, F. W. J. *Filosofia da Arte*. São Paulo: Edusp, 2001b.

SCHELLING, F. W. J. Über die Mythen, historische Sagen und Philosopheme der ältesten Welt. In: SCHELLING, F. W. J. *Friedrich Wilhelm Joseph Schelling Historisch-kritische Ausgabe*. Reihe I: Werke 1. Stuttgart: Frommann-Holzboog, 1976. p. 183-246.

SCHELLING, F. W. J. Vom Ich als Prinzip der Philosophie oder über das Unbedingte im menschlichen Wissen. *In*: SCHELLING, F. W. J. *Friedrich Wilhelm Joseph Schelling Historisch-kritische Ausgabe*. Stuttgart: Frommann-Holzboog, 1980. (, v. I). v. 2, p. 1-175.

SUZUKI, M. Filosofia da arte ou arte de filosofar? *In*: SCHELLING, F. W. J. *Filosofia da Arte*. Tradução: M. Suzuki. São Paulo: Edusp, 2001. p. 9-15.

TILLIETTE, X. *Schelling: une philosophie en devenir I*. Paris: J. Vrin, 1970.

VETÖ, M. *De Kant à Schelling: les deux voies de l'idéalisme allemand*. Grenoble: Jérôme Millon, 1998. v. 1

WARDA, A. *Immanuel Kants Bücher*. Berlim: Martin Breslauer, 1992.

ZELTNER, H. Das Grösse Welttheater: Zu Schellings Geschichtsphilosophie. *In*: KOKTANEK, A. M. (org.). *Schelling-Studien. Festgabe für Manfred Schröter zum 95. Geburtstag*. Munique/Viena: [*s. n.*], 1965. p. 113-130.

Confira outros títulos da coleção em

livrariavozes.com.br/colecoes/pensamento-humano

ou pelo Qr Code

Conecte-se conosco:

f   facebook.com/editoravozes

◉   @editoravozes

𝕏   @editora_vozes

▶   youtube.com/editoravozes

☎   +55 24 2233-9033

www.vozes.com.br

Conheça nossas lojas:

www.livrariavozes.com.br

Belo Horizonte – Brasília – Campinas – Cuiabá – Curitiba
Fortaleza – Juiz de Fora – Petrópolis – Recife – São Paulo

EDITORA VOZES LTDA.
Rua Frei Luís, 100 – Centro – Cep 25689-900 – Petrópolis, RJ
Tel.: (24) 2233-9000 – E-mail: vendas@vozes.com.br